"十四五"普通高等教育规划教材
高职教育在线开放课程新形态一体化教材

 校企合作创新型教材

总主编 常 茹

企业财务管理实务

任芳丽 ◎ 主编

"十四五"普通高等教育规划教材 校企合作创新型教材

高职教育在线开放课程新形态一体化教材

总主编 常 茹

企业财务管理实务

任芳丽◎主 编

吴珊珊 张 宽 贾 莉◎副主编

图书在版编目(CIP)数据

企业财务管理实务 / 任芳丽主编. —上海：立信会计出版社，2023.8
ISBN 978-7-5429-7357-3

Ⅰ.①企… Ⅱ.①任… Ⅲ.①企业管理-财务管理-高等职业教育-教材 Ⅳ.①F275

中国国家版本馆CIP数据核字(2023)第155499号

策划编辑	张巧玲
责任编辑	张巧玲
助理编辑	张忠秀
美术编辑	吴博闻

企业财务管理实务
QIYE CAIWU GUANLI SHIWU

出版发行	立信会计出版社			
地　　址	上海市中山西路2230号	邮政编码	200235	
电　　话	(021)64411389	传　真	(021)64411325	
网　　址	www.lixinph.com	电子邮箱	lixinaph2019@126.com	
网上书店	http://lixin.jd.com		http://lxkjcbs.tmall.com	
经　　销	各地新华书店			
印　　刷	浙江天地海印刷有限公司			
开　　本	787毫米×1092毫米 1/16			
印　　张	21			
字　　数	460千字			
版　　次	2023年8月第1版			
印　　次	2023年8月第1次			
书　　号	ISBN 978-7-5429-7357-3/F			
定　　价	68.00元			

如有印订差错，请与本社联系调换

总　序

随着我国开启向第二个百年奋进的新征程，新一轮科技革命和产业变革深入发展，在经济转型升级和创新发展中新的商业模式层出不穷，深刻影响会计政策的发展与走向，会计工作在职能职责、组织方式、处理流程、工具手段等方面发生着重大而深刻的变化，挑战与机遇并存。

陕西财经职业技术学院于1960年设立财会专业，2000年开始招收财务会计专业专科生，是陕西省最早培养财经专业人才的院校之一。经过多年的建设，我院的大数据与会计专业取得了长足发展，已成为陕西省高等职业教育重点专业、大数据职业院校专业综合改革试点"优秀"专业、教育部《高等职业教育创新发展行动计划（2015—2018年）》确定的骨干建设专业、陕西省省级"一流专业"。目前，我院已形成了以大数据与会计专业为核心，大数据与财务管理、大数据与审计、会计信息化、财税大数据应用四个专业为辅助，对接现代会计服务业，面向会计核算、绩效管理、财务大数据分析、内部审计、涉税管理等岗位，全面覆盖会计服务实施过程中数据采集、核算、管理、监督全链条的陕西省双高专业群"大数据与会计专业群"。在"双高"专业群的建设过程中，我院参照《职业教育专业目录（2021年）》要求，立足服务区域经济发展，优化设计"大数据与会计专业群"发展路径，尤其对教师、教材、教法"三教"改革不断进行深层次探索，此次开发新型校企双元活页式系列教材，是深化校企双元育人模式的体现与延展，亦是多年来会计专业建设累积成果的一次集中展示，形成了以下几点鲜明特色。

第一，教材价值导向全面树立。本系列教材紧跟时代步伐，服务国家需求，落实立德树人根本任务，结合课程特点，推动习近平新时代中国特色社会主义思想融入教材体系，有机地将社会主义核心价值观等育人元素融入教材内容，力求打造"有特色、有深度、有温度"的会计类专业课程思政体系。

第二，教材编写团队多元聚力。本系列教材组织具有长期应用型人才培养经验的一线教师和企业专技人员高度参与，在借鉴传统教材的前提下，以会计类工作流程与客观需求为基础，结合学生能力状况和特征，关注技术的可行性与变化性，设计出有针对性的新型活页式教材，形成校企融合、共同开发"组合、融合、聚合"的发展新格局。

第三，教材融通职业发展需求。本系列教材内容突出会计类教材服务经济发展、服务学生职业发展和职业能力素养的特色。本系列教材在内容上将岗位知识和技能要求有效衔接起来，把1＋X等级证书的专业知识与技能目标转化为相对应的专业学习领域的知识与技能目标，对接行业技能竞赛，尤其是教育部、省教育厅等组织的技能竞赛，将比赛大纲及时融入教材内容，综合提升学生的职业能力和素养，力求实现"岗课融通、证课融通、赛课融通"。

第四，教材配套资源优质丰富。本系列教材的多门配套课程已入选陕西省职业教育在线精品课程，编者将课程资源与教材编写紧密结合，开发了涵盖课程标准、电子课件、操作演示、虚拟互动、典型案例、票证账表、法规政策等丰富的教学资源，并将知识点二维码嵌入活页中，对重难点知识进行精炼总结与强化，有效服务于线上教学、混合式教学等新型教学模式，真正实现资源"优质、多样、多能"。

筚路蓝缕启山林，栉风沐雨砥砺行。建院六十年来，陕财人不懈坚守与传承、实干与创新，在会计行走于技术革命浪潮的风口，在职业教育寻求高质量发展的历史新起点，捧出倾力撰写的本系列教材，既是为我院会计专业教学改革进行的又一场深刻探索，亦是为中国会计职业教育发展承担的一份不让之责。此次系列教材的出版，得到了多家企业的大力支持，在此表示诚挚的谢意。各位同仁，让我们一起在会计转型的道路上勇往直前，推动职业教育创新实践，成为时代的见证者和奋斗者！

常　茹

2023年8月

前　言

党的二十大报告强调"全面贯彻党的教育方针，落实立德树人根本任务，培养德智体美劳全面发展的社会主义建设者和接班人"，对"培养什么人，怎么培养人，为谁培养人"这一根本问题，提出明确要求。本教材围绕立德树人根本任务，基于工作流程和学习认知规律，对接筹资管理、投资管理、往来款项管理、存货管理、绩效管理等岗位的知识与技能需求促进学生德技并修，帮助学生树立正确的理财观念。

本教材在内容设计上以企业财务活动为主线，包括企业财务管理认知、建立企业财务管理基本价值观、筹资管理、项目投资管理、证券投资管理、营运资金管理、收益分配管理。本教材主要特点如下。

1. 政治性、思想性与教育教学理念的统一

本教材通过"项目引例""寓德于技"的设计以及"任务指导""任务实施""任务拓展"等形式把培养学生的社会主义核心价值观、工匠精神、职业道德、职业素养和创新创业能力、财富观念等融入教学内容和教学活动设计中，着重培养学生的财务管理职业能力，秉持"以学生为主体、以教师为主导""教学做一体化"的高职教育教学改革新思路，注重融合。

2. 以工作过程重构课程内容，突出以学生为主体的理念

本教材通过对原有课程知识进行解构，围绕工作过程对课程内容进行重构，以企业财务管理岗位的工作任务为单元组织内容，以企业财务管理相关业务操作为主体，遵循"企业财务管理实务"课程特点和学生认知规律，设计教学做一体化教材。在结构编排上，每部分内容开始先提出本项目的学习目标，呈现学习导图，帮助学生明晰学习内容；以财务管理岗位工作任务为引领，构建学习情境，融入任务相关知识点，通过提出任务要求，辅助相应任务指导，再以具体业务实施操作为主体深入解析，培养学生职业胜任力；通过同步训练内化知识，通过任务拓展拓宽思维；在项目结束时以项目训练的方式帮助学生自我检查评价，同时依托校企合作，对接技能竞赛平台，提升学生职业技能。

3. 校企协同开发，资源共享共通

本教材以企业理财工作任务为核心，依托新道财务数智化训赛平台、智能财税共享云服务平台、EPC理实实训平台，由学校教师负责教材理论部分的撰写，由企业专家负责教

材案例的设计以及课程训练内容的编写,同时教材资源依托学银在线平台,按工作过程、岗位需求协同开发设计教材、推进"课赛融通",致力于解决校企协同育人、人才培养建设体系过程存在的脱节问题,旨在打通协同育人壁垒,实现课程内容与职业标准对接,促进学生职业能力与核心素养发展,培养符合社会发展和行业需求的高素质技术技能人才。

4. 教学资源丰富,呈现形式灵活

本教材着重在"便教""利学"上努力创新,强化教材的使用功能;配套有课程标准、电子课件、教学视频资源、操作录屏资源、拓展学习文本资源,有"想一想"、同步训练、项目练习、课赛融通项目训练等课前课中课后练习配套答案资源;通过现代教育技术的数字化教学资源,既方便学生在线学习以及碎片化学习,也方便教师教学参考,提高教学效率。本教材内容简明扼要、浅显易懂;双色印刷、重点鲜明;素材丰富,贴近实际。

本教材由任芳丽任主编,由吴珊珊、张宽、贾莉任副主编。本教材的具体编写分工如下:项目二任务一、项目四、项目五由陕西财经职业技术学院任芳丽编写;项目一、项目二任务二、项目三由陕西财经职业技术学院吴珊珊编写;项目六、项目七由陕西财经职业技术学院张宽编写;各项目的项目引例由新道科技股份有限公司贾莉编写。"课赛融通项目训练"部分的案例,取自新道财务数智化训赛平台、智能财税共享云服务平台、EPC理实实训平台。本教材在编写过程中参阅了财务管理方面的各种教材、案例资料,吸收、借鉴和引用了大量国内学者的理论成果、有关资料等,得到了有关领导和专家的大力支持,在此我们一并表示深深的感谢!

本教材既可作为高职高专财经类与管理类专业教材,也可作为教学辅导、在职人员培训和技能竞赛的参考书。

本教材在编写过程中可能有不足和疏漏之处,敬请广大读者和同行批评指正。

编者

2023 年 6 月

目　录

项目一　企业财务管理认知 ... 1
- 任务一　理解财务管理内涵 ... 3
- 任务二　明确财务管理目标 ... 15
- 任务三　分析财务管理环境 ... 25
- 项目练习 ... 35

项目二　建立企业财务管理基本价值观 ... 37
- 任务一　建立资金时间价值观 ... 39
- 任务二　衡量风险价值 ... 87
- 项目练习 ... 97

项目三　筹资管理 ... 101
- 任务一　筹资管理岗位认知 ... 103
- 任务二　选择筹资方式 ... 111
- 任务三　测算资本成本 ... 137
- 任务四　分析杠杆效应 ... 145
- 任务五　优化资本结构 ... 159
- 项目练习 ... 169

项目四　项目投资管理 ... 177
- 任务一　编制项目投资现金流量表 ... 185
- 任务二　计算项目投资决策指标 ... 195
- 任务三　项目投资方案决策 ... 209
- 项目练习 ... 215

项目五　证券投资管理 ... 227
- 任务一　确定证券投资必要收益率 ... 233

任务二　债券投资决策 ……………………………………………… 237
　　任务三　股票投资决策 ……………………………………………… 241
　　项目练习 …………………………………………………………………… 249

项目六　营运资金管理 ……………………………………………………… 251
　　任务一　现金管理 …………………………………………………… 255
　　任务二　应收账款管理 ……………………………………………… 263
　　任务三　存货管理 …………………………………………………… 275
　　任务四　流动负债管理 ……………………………………………… 285
　　项目练习 …………………………………………………………………… 291

项目七　收益分配管理 ……………………………………………………… 297
　　任务一　选择股利政策 ……………………………………………… 301
　　任务二　确定股利支付形式 ………………………………………… 311
　　任务三　确定股利支付程序 ………………………………………… 315
　　项目练习 …………………………………………………………………… 317

附录 ……………………………………………………………………………… 321

项目一 企业财务管理认知

学习目标

- **知识目标**

  理解财务管理的内涵;

  熟悉企业财务管理的环节;

  熟悉财务管理目标的各种观点及其特点;

  熟悉不同主体之间利益冲突及其协调方法;

  熟悉企业财务管理的环境。

- **能力目标**

  能够初步分析具体企业财务活动的主要内容和财务关系;

  能够分析具体企业财务管理的目标及其对公司经营的影响;

  能够初步分析具体企业经济、金融、法律环境对企业财务管理的影响。

- **素质目标**

  引导学生树立职业理想信念;

  引导学生规划职业目标;提高学生爱岗敬业、遵纪守法的职业素养;

  引导学生提高社会责任感。

学习导图

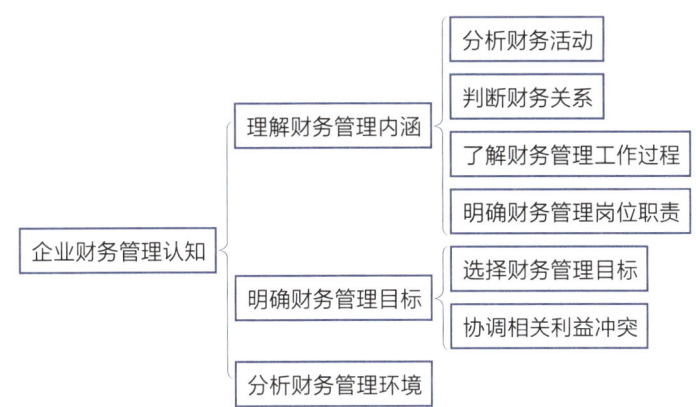

医心理学の出口

任务一　理解财务管理内涵

 项目引例

> 小王是刚刚毕业的体育专业大学生,她决定自主创业。她根据在大学中所学到的知识,以及利用假期参与各类实习所积累的一些工作经验,在反复进行可行性论证后,准备在西安体育场附近开设一家健身俱乐部,主营业务为瑜伽,兼营咖啡店。小王计划先搞单体式俱乐部,在未来5~8年实现连锁式俱乐部。
>
> 小王曾考察过几家瑜伽健身俱乐部,并对其经营有一定的了解。但万事开头难,小王要面对诸多问题,如俱乐部选址和场地租借、场地设计与装修、工商税务登记与银行开户、员工招聘与培训等。小王请了学财务管理专业的好朋友帮助她梳理出相关的财务管理事项,认为最需要解决的问题如下:①俱乐部开业时需花多少钱?②钱从哪儿来?开办俱乐部必须得有本金投入,这部分钱从何而来?对本金不足以满足全部投资所需的缺口,该如何筹措?③俱乐部该如何经营?她需要制定周全的商业计划书,以对经营策略、收入来源及其方式、成本控制等进行全面经营规划。④俱乐部未来发展规划与预期收益分配该如何协调?她还需要考虑未来收益该如何合理规划及分配。

创业过程中涉及的问题琐碎而庞杂,为了帮助小王的创业成功,我们得了解什么是财务管理?财务管理涉及哪些内容?通过学习一定的财务管理知识,可以帮助我们客观分析财务活动,厘清财务关系。

子任务一　分析财务活动

 任务要求

分析在[项目引例]中,小王的创业过程涉及了财务管理中哪些财务活动。

知识准备

一、财务管理的对象

管理,是指管理者通过正确组织活动过程,协调组织内部关系,来达到优化组织内部资源最终实现组织目标的活动。

财务,简单来说就是和钱财打交道的活动,泛指社会各经济环节中涉及钱、财、物的经济活动。财务活动是资金收支活动的总称,是指企业为了达到既定目标所进行的资金的筹集、投放、使用和分配等一系列活动,是以现金收支为主的企业资金运动的总称,所以财务管理的对象可以概括为资金运动。

在市场经济条件下,商品是使用价值和价值的统一体。企业再生产过程也表现为使用价值的生产和交换过程与价值的形成和实现过程的统一。在这个过程中,劳动者将生产中消耗掉的生产资料的价值转移到商品中去,并且创造出新的价值,通过商品的出售,转移价值并使新创造的价值得以实现。再生产过程中资金和商品密不可分,并随企业的生产经营过程而不断运动,从一种形态转化为另一种形态,周而复始,不断循环,形成了资金运动过程。

二、财务管理的内容

财务管理是基于企业再生产过程中客观存在的财务活动和财务关系而产生的,是企业组织财务活动,处理财务关系的一项经济管理工作。其中,财务活动具体包括筹资活动、投资活动、资金营运活动和收益分配活动四个部分。

(一)筹资活动

筹资是指企业通过各种融资渠道,运用不同方式,从企业外部有关单位、个人或从企业内部筹措企业经营活动所需资金的财务活动,它是资金运动的起点。

企业出于正常经营、扩大再生产、对外投资等目的,往往需要大量资金。这些资金可以通过企业内部积累来提供,不足时还必须通过外部渠道取得,如向银行借款、发行公司债券、发行普通股股票等。企业通过筹资通常可以形成两种不同性质的资金来源:一是企业权益资金;二是企业债务资金。权益资金来源于所有者,包括吸收直接投资、发行股票和利用留用利润等方式。债务资金来源于债权人,包括银行借款、商业信用、发行债券和租赁等方式。

在筹资管理中,一方面,企业需要根据战略发展的目标和投资计划来确定各个时期企业总体的筹资规模,以保证投资所需的资金;另一方面,要通过筹资渠道、筹资方式或工具的选择,合理确定筹资结构,降低筹资成本和筹资风险,提高企业价值。因此,合理确定筹资规模、选择筹资方式和筹资渠道,降低筹资成本和筹资风险,优化筹资结构,增加企业收益,是财务管理的重要内容之一。

(二)投资活动

投资是指企业资金的运用,是指将筹集的资金投入生产经营过程中来获得收益或避免风险而进行的资金投放活动,它是企业进行生产经营活动的前提。

企业投资可分为广义的投资和狭义的投资两种。广义的投资包括对外投资和企业内部投资,对外投资是指将资金投放于本企业以外的其他企业或有价证券等金融资产方面,以获取投资收益的活动,如投资购买其他公司股票、债券,或与其他企业联营等。对内投资是指将资金投放到企业自己的厂房、设备、应收账款和存货等资产方面,通过正常的生产经营活动赚取收益,如购置固定资产、无形资产、流动资产等。狭义的投资,是指企业以现金、实物或无形资产,采用一定的方式对外进行投资。

投资管理是企业财务管理的重要环节,也是财务管理的重要内容之一。投资决策的成败,对企业未来的发展具有根本性影响,因为不同的投资项目具有不同的风险和收益水平。对于短期投资,决策应遵从成本效益原则,确定其合理的占用量,并尽量提高其周转速度,提高资金的利用效率。而对于长期投资,由于其投资时间长、风险大,企业在投资过程中必须考虑如何选择投资项目、确定投资规模(为确保获取最佳投资效益,企业应投入的资金数额),同时要合理安排合适的投资结构,提高投资效益、降低投资风险。在投资决策过程中还要重视资金的时间价值和投资风险价值的计算,进而通过投资给企业增加价值。

(三) 资金营运活动

资金营运活动是指企业正常的生产经营过程中所发生的一系列资金收付的活动。企业为满足企业日常营业活动的需要而垫支的资金,称为营运资金。

首先,企业需要采购材料或商品,从事生产和销售活动,并支付工资和其他营业费用;其次,企业把商品或产品售出后,便可取得收入,收回资金;最后,如果资金不能满足企业经营需要,企业还要采取短期借款方式来筹集所需资金。因此,营运资金管理中,一方面包括企业生产经营中占用在现金、短期投资、应收及预付款项和存货等流动资产上的资金管理;另一方面包括为弥补企业生产经营过程中资金的不足,还要采取短期借款等方式筹集所需资金的流动负债管理。

资金营运活动是企业日常资金管理的重要环节。周而复始的资金循环,构成了资金的周转,资金周转速度的快慢,直接影响企业的获利能力和风险程度。在一定时期内,营运资金周转快,就可以利用同样数量的资金,生产出更多的产品,取得更多的收入,获得更多的利润,更好地降低企业的风险。在营运资金管理中,企业需要确定营运资金的持有政策、合理的营运资金融资政策以及合理的营运资金管理策略,具体包括:现金和交易性金融资产持有计划的确定;应收账款的信用标准、信用条件和收账政策的确定;存货周期、存货数量、订货计划的制订;短期借款计划、商业信用筹资计划的确定等。另外,企业需要合理配置资金,妥善安排流动资产与流动负债的比例关系,使企业有足够的偿债能力,防止营运资金的闲置。

(四) 收益分配活动

广义的收益分配活动是指对投资收入和利润进行分割和分派的过程。企业通过投资活动、营运活动取得收入,并实现资金的增值。企业获取的收入,先用来弥补生产经营过程中的耗费,再按规定上缴各项税费、提取盈余公积后向投资者进行分配,或留在企业作为新的资金来源。而狭义的收益分配活动仅指对企业净利润的分配。

本教材中,我们仅讨论狭义的收益分配,即利润分配。利润分配过程实际上是利润在国家(税收)、企业(留存收益)和投资者(股利)之间的分配。这种分配既要遵守相关法律、章程,又要结合企业当时的外部环境和内部条件,从而决定各方留存比率。在利润分配决策过程中,我们至少应明确以下两点:一是利润分配的过程绝不是一个孤立的过程,它与企业后续的投资和筹资紧密相连;二是利润分配的数额与方式会影响到股票价格及人们对公司的预期。

狭义的收益分配要解决的问题是企业获得的税后利润中,有多少分配给投资者,有多少用于企业职工的奖励,有多少留在企业作为投资之用。如果利润分配多,留存于企业的利润就会减少,这样会影响企业再投资能力,使未来收益减少,不利于企业长期发展;如果利润分配过少,可能引起投资者和职工不满,因此,企业必须根据实际情况制定最佳利润分配政策。

资金的留存或退出企业直接影响企业资金运动的规模和资金结构,从而影响企业的收益和风险程度。在收益分配管理中,企业要考虑如何制定出其最佳的收益分配政策,如何合理确定分配规模和分配方式,在分配过程中,如何兼顾股东和企业相关者的利益,既要有利于企业长期稳定发展,又要在保障股东利益的前提下兼顾企业相关者的利益,以确保企业取得最大的长期效益。

财务管理的四项活动是相互联系,相互依存的,它们随着企业生产过程的不断进行,共同构成企业的财务活动,形成周而复始的资金循环和周转。

三、财务管理的特点

企业生产经营活动的复杂性,决定了企业管理必须包括多方面的内容,如生产管理、技术管理、人力资源管理、设备管理、销售管理、财务管理等,各项管理工作互相联系、紧密配合,同时又有科学的分工和各自的特点。其中,财务管理的特点主要体现在以下三个方面。

(一) 财务管理是一项综合性的管理工作

企业管理中的各种专业化管理,有的侧重于使用价值的管理,有的侧重于劳动要素的管理,有的侧重于信息的管理。而财务管理主要是通过价值形式,把企业的一切物质条件、经营过程和经营结果都加以合理的规划和控制,从而达到企业效益不断提高、财富不断增值的目的。因此,财务管理既是企业管理的一个独立的方面,又是一项综合性的管理工作。

(二) 财务管理与企业各方面都具有广泛联系

在企业中,一切涉及资金的收支活动,都与财务管理有关。比如,每一个部门都会通过资金的使用与财务部门发生联系;每一个部门都要在合理使用资金、节约支出等方面接受财务部门的指导,受到财务制度的约束,以此来保证企业经济效益的提高。

(三) 财务管理能迅速反映企业的生产经营状况

在企业管理中,决策是否得当,经营是否合理,技术是否先进,产销是否顺畅,都可以迅速地在企业的财务指标中得到反映。财务部门应通过自己的工作、向企业领导及时通报有关财务指标的变化情况,以便把各部门的工作纳入提高经济效益的轨道,努力实现财务管理的目标。

任务指导

财务管理是现代企业管理的核心组成部分,它主要利用价值形式对企业所从事的生产经营活动进行管理,是企业为了实现理财目标,在遵循国家有关财经法规制度和资金运动规律的基础上,正确组织企业财务活动、合理协调企业同各方面财务关系的一项经济管理工作。而企业财务活动无外乎四个方面:筹资活动、投资活动、资金营运活动和收益分配活动。学习财务活动内容,我们的任务是客观分析财务活动,厘清财务关系。

任务实施

小王的俱乐部开业时花多少钱的问题,属于投资活动的内容;开办俱乐部必须有本金投入,这部分钱从哪来的问题,属于筹资活动的内容;日常运营资金如果有缺口,该如何筹措的问题,属于营运管理活动的内容;俱乐部预期收益分配该如何协调的问题,属于利润分配活动的内容。

同步训练

判断财务活动,以山水恒大公司经济工作会议为例

2021年年初山水恒大公司召开年度经济工作会议,总经理方虹总结山水恒大公司2020年各项经济指标完成情况并对业绩显著的部门和个人进行表彰。同时,根据各部门上报的经济指标,经财务部编制、预算委员会批准,总经理方虹下达了公司2021年财务预算指标。总经理方虹在公司年度经济工作会议上说:

经过全体员工的共同努力,2020年公司全面完成了各项预定目标,并取得了骄人的业绩。

(1) 全年实现销售22亿元,比计划的20亿元增长了10%。

(2) 全年实现利润1.2亿元,比计划的1亿元增长了20%。

(3) 全年实现净利9 000万元,比计划的7 500万元增长了20%。

(4) 全年上缴国家税收6 500万元,比计划的5 800万元增长了12.07%。

(5) 2020年投资5 000万元,年末资产总额达5.5亿元,比年初4.8亿元增长了14.58%。

(6) 2020年年末净资产达3.85亿元,比年初3亿元增长了28.33%。

(7) 2020年年末每股净收益达3.85元,比年初3.1元增长了24.19%。

经过大家讨论,财务部已经编制了2021年的财务预算,经过公司董事会的审议,我受董事会的委托,向大家下达2021年公司的各项财务预算指标:

(1) 全年销售目标为25亿元。

(2) 全年利润目标为1.35亿元。

(3) 全年净利目标为1亿元。

(4) 全年税收目标为7 000万元。

(5) 年末资产目标为6亿元。

(6) 年末净资产目标为4亿元。

(7) 年末每股净收益目标为4元。

为实现这些目标,公司决定筹集资金3 000万元,投资建设两条生产线,以进一步扩大企业的生产经营规模。会后请财务部将2021年财务预算下达给各部门。

请问:山水恒大公司的年度经济工作会议是否主要是安排财务活动?这些财务活动是否包括了筹资活动、投资活动、资金营运活动和收益分配活动?

子任务二 判断财务关系

 任务要求

> 在前面所述的[任务引例]中,小王在创业过程中,会与哪些利益相关者产生经济利益关系?

 知识准备

企业在投资活动、筹资活动、资金营运活动和收益分配活动中,与有关各方面发生一定的经济利益关系,我们将这种经济利益关系称为财务关系,具体表现在以下几个方面。

一、企业与政府之间的财务关系

作为国家行政管理者的政府,担负着维护社会正常秩序、保卫国家安全,组织和管理社会活动等任务,为企业生产经营活动提供公平竞争的经营环境和公共设施等条件,这需要相当的财政收入作保障来行使其行政职能。因此,一方面,政府有权无偿参与企业利润的分配;另一方面,任何企业都必须按照国家税法的规定缴纳各种税款,企业及时足额地纳税是企业对国家的贡献,也是对社会应尽的义务。企业与政府之间的财务关系体现为企业在妥善安排税收战略筹划的基础上依法纳税和依法征税的义务权利关系,是一种强制的无偿分配关系。

二、企业与投资者(所有者)之间的财务关系

企业与投资者(所有者)之间的财务关系是指企业的投资者向企业投入资金、企业向投资者支付投资收益所形成的经济利益关系。投资者(所有者)是企业联系最密切的利益相关者。企业通过吸收直接投资、发行股票、联营并购等方式吸收投资者投入的资金,企业利用投资者的资金进行经营,实现利润后,按照投资者的出资比例或合同、章程的规定,向投资者支付投资收益。投资者(所有者)按照规定履行出资后,依法对企业净资产拥有所有权,并享有企业经营所产生的净利润或承担净亏损,企业拥有投资者投资所形成的法人财产权,并以全部法人财产依法自主经营,对投资者承担资本保值和增值的责任。企业与投资者之间的财务关系,体现了所有权性质的筹资与投资的关系。

三、企业与债权人的财务关系

企业与债权人的关系最主要的是企业向债权人借入资金并按照合同的规定还本付息

所形成的财务关系。企业除了利用自有资本进行经营外,还有可能根据需要借入一定数量的资金,以扩大企业经营规模。企业的债权人包括向企业提供贷款和其他资金的银行、非银行金融机构、其他单位和个人、债券购买者及提供商业信用的供应商等。企业利用债权人的资金,要按约定的利息率及时向债权人支付利息,债务到期时,要合理调度资金,按时向债权人归还资金。企业与债权人之间的财务关系,在性质上体现了债务与债权的关系。在这种关系中,债权人一般不能直接参与企业经营管理,对企业的重大活动不享有表决权,也不参与企业利润分配,但在企业破产清算时享有优先求偿权。

四、企业与被投资者之间的财务关系

企业与被投资者之间的财务关系,主要是指企业以购买股票或联营、并购等投资形式向其他企业投资所形成的经济关系。随着市场经济的不断深化和发展,企业经营规模和经营范围的不断扩大,这种关系越来越广泛。企业应按照约定履行出资义务,并依据其出资份额参与被投资企业的经营管理和利润分配。企业与被投资者之间的财务关系体现了所有权性质的投资与筹资的关系。

五、企业与债务人之间的财务关系

企业与债务人之间的财务关系主要是指企业将其资金以购买债券、提供借款或商业信用等形式出借给其他单位所形成的经济关系。企业将资金出借后,有权要求其债务人按合同、协议等约定的条件支付利息和归还本金。企业与债务人之间的财务关系在性质上体现了债权与债务的关系。

六、企业与供应商、客户之间的财务关系

企业与供应商之间的财务关系主要是企业向供应商购买商品或者接受劳务形成的经济关系;企业与客户之间的财务关系主要是企业向客户销售商品或者提供劳务形成的经济关系。

七、企业与职工之间的财务关系

职工作为的劳动者,他们以自身提供的劳动作为参加企业分配的依据。企业根据劳动者的劳动情况,用其收入向职工支付工资、津贴、奖金、年代为缴纳养老保险、医疗保险、失业保险、住房公积金等,此外企业还可以根据自身发展的需要,为职工提供学习、培训的机会,为企业创造更多的收益。因此,企业与职工之间的财务关系是企业向职工支付劳动收益过程中形成的财务关系,体现着职工与企业在劳动成果上的分配关系。

八、企业与内部各部门之间的财务关系

企业与内部各部门之间的财务关系主要是指企业内部各部门之间在生产经营环节中相互提供产品或劳务所形成的经济关系。具有一定规模的企业,为了提高管理效率,通常按照责、权、利的关系,在企业内部实行分工与协作,形成利益相对独立的内部责任单位。为了明确各责任单位的责任和利益,责任单位之间相互提供产品和劳务,也需要进行计价和结算。这种财务关系,体现了企业内部各部门之间的利益关系。

企业只有正确处理和协调好这些财务关系,才能够有效地协调各利益主体之间的利

益冲突,减少利益冲突导致企业总体收益和价值下降的不利影响,企业组织才得以继续生存和发展。

寓德于技

华为的成功与财务管理

华为创立于1987年,是全球领先的ICT(信息与通信)基础设施和智能终端提供商。目前华为约有19.7万名员工,业务遍及170多个国家和地区,服务全球30多亿人口。华为与运营商、合作伙伴一起,累计签署超过3 000个5G行业应用商用合同。全球700多个城市、267家世界500强企业选择华为作为数字化转型的合作伙伴。政企市场合作伙伴数量超过30 000家,其中销售伙伴超过20 000家,解决方案伙伴超过1 800家,服务与运营伙伴超过6 200家,人才联盟伙伴超过2 000家。华为联合伙伴在超过600个场景落地和探索智能体应用,覆盖政府与公共事业、交通、工业、能源、金融医疗、科研等行业。华为帮助全球多家运营商在LTE15G网络评测中全面领先;在GlobalData发布的报告中,华为5GRAN和LTERAN综合竞争力均排名第一,蝉联"唯一领导者"桂冠。

华为厉行绿色节能,PowerStar解决方案已在中国商用超过40万个站点,每一年带来约2亿度电的节省。截至2021年底,华为数字能源助力客户累计实现绿色发电4 829亿度,节约用电约142亿度,减少二氧化碳排放近2.3亿吨,相当于种植3.2亿棵树。

华为成功的真正核心点是什么?任正非说是财务体系和人力资源体系。华为的财务体系已形成全球统一的会计核算与审计监控体系,并具有绝对的全球财务系统的优势。华为财务可分为四大职能:会计核算、资金管理、财经管理、审计监控。全球统一的会计核算与审计监控如同长江的堤坝,保证了财经管理的有效开展。一个优秀的企业是离不开好的财务管理制度的,了解的人都知道,华为的财务管理是非常厉害的,可以说是业界标杆了。

华为实行财务集中管理,打破了法人实体概念,重新建构了公司的运行逻辑。这是华为财务管理最大的特色。任正非对财务人员期待很高,明确提出不懂业务的财务人员只能提供低价值的服务,CFO应该能随时接替CEO。

一个优秀的企业离不开好的财务管理制度,越是发展好的公司越是有自己的规章制度,尤其好的公司财务部规章制度更为严格,不仅员工要遵循,高层领导及老总也要遵循。

作为一个世界级企业,华为一直积极履行自己的社会责任。华为明确并持续聚焦可持续发展战略:消除数字鸿沟、保障网络稳定安全运行、推进绿色环保、实现共同发展。以"构建优秀的可持续管理发展体系,坚持道德和合规经营,持续加强利益相关方的沟通,促进和谐商业生态环境,确保公司可持续发展,关爱员工,回报客户和社会。"为可持续发展使命。求实创新、奋发进取,这是一个优秀企业的态度,是所有企业学习的榜样。

资料来源:华为公司简介。资料有删减。

任务指导

企业在组织财务活动中,与各方面有着广泛的联系,产生了经济利益关系,我们把这些与企业有经济利益关系的主体称为企业的利益相关者。企业与利益相关者之间的经济利益关系称为财务关系。通过财务关系内容的学习,我们的任务是能判断财务关系的各种类型。

任务实施

小王的俱乐部开业初期筹集资金时可能需要与债权人或者投资人产生经济利益关系。向消费者出售健身卡提供健身指导服务等活动中会和客户产生经济利益关系。购买健身器材会和供应商产生经济利益关系。招募员工时向员工支付工资等活动会发生和员工之间的经济利益关系。经营过程中按照规定需要缴纳相关税款,会与税务机关产生经济利益关系。预期收益进行分配时,会与投资人产生经济利益关系。

同步训练

分析财务关系,以山水恒大公司利润分配为例

山水恒大公司 2020 年度实现利润 12 000 万元,按照 25% 的税率计算,应上缴国家所得税 3 000 万元,获得净利润 9 000 万元,年初未分配利润 5 000 万元,年末可供分配利润 14 000 万元,按照 10% 提取法定盈余公积,按公司章程分配投资者利润在 30%~50%。

请问:在该利润分配中涉及哪些财务关系?处理这些财务关系时是否应有主次之分?假设从公司发展出发,你选择分配投资者利润的比例是多少?

子任务三 了解财务管理工作过程

任务要求

财务管理的工作过程有哪些呢?

任务指导

财务管理的工作过程也就是财务管理环节,是指为了达到既定财务管理目标而进行财务管理工作的一整套程序和相应的方法。财务管理工作过程是一个系统,该系统的纽带是资金。财务管理工作过程包括五个方面,如图 1-1 所示。

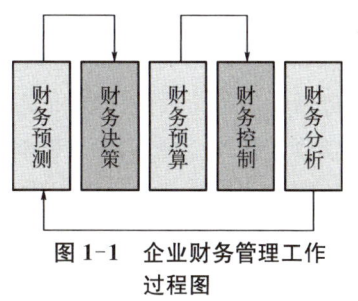

图 1-1 企业财务管理工作过程图

一、财务预测

财务预测,是指财务人员在企业整体战略目标和规划的指导下,结合以往连续数期财务活动的历史资料,对企业预测期财务活动、财务成果及未来的发展前景采用专门方法所进行的科学预计和测算。

财务预测环节的工作主要包括以下步骤:

(1) 明确预测目标。

(2) 搜集相关资料。

(3) 确定预测方法。

(4) 建立预测模型。

(5) 确定预测结果。

常见财务预测内容包括:测算各项生产经营方案的经济效益;预计财务收支的发展变化;测定各项定额和标准等。财务预测可以减少财务活动的盲目性,同时能够为财务决策提供依据。

二、财务决策

财务决策,是企业财务管理人员按照财务战略目标的总体要求,利用专门的方法对财务预测所作出的各种备选方案进行比较和分析、并从中选出最佳方案的过程。财务决策包括筹资决策、投资决策、资金营运决策和资金分配决策。

财务决策环节的工作主要包括以下步骤:

(1) 确定决策目标。

(2) 收集相关资料。

(3) 拟定备选方案。

(4) 分析决策指标。

(5) 评价备选方案。

(6) 选择最优方案。

企业管理的重心是财务管理,而财务管理的核心又是财务决策。正确的财务决策能使企业在不断变化的、复杂的财务环境中稳步前进,不断壮大;而错误的财务决策却可能使企业资金短缺、债务缠身、利润下滑甚至遭受灭顶之灾。因此可以说,决策的成功与否直接关系到企业的兴衰成败。

三、财务预算

财务预算,是指财务管理工作者在企业整体战略目标和规划的指导下,结合各种预测信息和各项财务决策来确定预算期内各种预算指标的过程。财务预算是对企业预算期的财务活动进行全面的计划和安排,并形成专门的以货币为主要计量形式的书面文件。财务预算包括现金预算、预计利润表和预计资产负债表等。

财务预算环节的主要工作包括以下步骤:

(1) 分析财务环境,确定预算指标。

(2) 协调财务能力,组织综合平衡。

(3) 选择预算方法，编制财务预算。

财务预算是财务预测、财务决策的进一步深化，它是以财务决策确立的方案和财务预测提供的信息为基础，并加以具体化，同时财务预算也是财务控制的主要依据和财务考核的重要标准。

四、财务控制

财务控制，是指在财务管理过程中，利用有关信息和特定手段，以财务预算为依据，对预算和计划的执行进行追踪监督，对企业财务活动施加影响和调节，对执行过程中出现的问题进行调整和修正，以保证预算的实现的一项工作。财务控制的方法很多，常用的方法是进行防护性控制和反馈性控制。财务控制一般要以财务预算或各种财务标准为依据，与日常财务活动进行比较、分析，找出两者之间的差异及形成差异的原因，采取有效措施，消除不利差异，使实际活动按照预定目标进行。

财务控制环节的主要工作包括以下步骤：

(1) 制定控制标准，分解落实责任。

(2) 实施追踪控制，及时调整误差。

(3) 分析执行情况，做好考核奖惩。

财务控制是保证财务目标和财务计划实现的重要手段。在控制过程中，企业应设计适当合理的财务控制制度以监控预算的执行；对财务活动的各个环节进行风险控制和管理，以保证目标和预算的执行；协调企业各部门及企业外部各方面的关系，并充分利用各方面的资源，为企业谋取更大的利益。

五、财务分析

财务分析，是指分析主体根据企业财务报表等信息资料，运用特定的专门方法，对企业一定时期的财务状况、财务成果以及未来趋势所作的系统分析和评价的一项工作。

财务分析环节的主要工作包括以下步骤：

(1) 搜集资料，掌握信息。

(2) 指标对比，揭露矛盾。

(3) 分析原因，明确责任。

(4) 提出措施，改进工作。

财务分析既是对已完成的财务活动的总结，也是财务预测的前提，在财务管理的循环过程中起着承上启下的作用。通过财务分析，可以评价企业过去的财务成果通过分析了解企业目前的财务状况，预测未来的财务发展变化趋势，为企业的投资者、债权人、管理者、政府和其他利益相关者提供有用的决策信息。财务分析也是评价和衡量企业、部门以及各级管理人员经营业绩的重要依据，是挖掘潜力、改进工作、实现财务管理目标和企业战略目标的重要手段，是合理实施企业决策的重要步骤。

任务实施

财务管理的基本环节包括财务预测、财务决策、财务预算、财务控制和财务分析五个环节。它们相互联系、相互制约形成周而复始的财务管理循环过程,构成完整的财务管理工作体系。

子任务四　明确财务管理岗位职责

任务要求

企业财务管理的岗位职责都有哪些?

任务指导

企业财务管理机构通常因企业的规模大小而不同。一般在小型企业中不单独设置财务管理组织机构,财务管理工作是作为会计工作的一部分来完成的,会计人员除进行会计核算外,还要同时履行财务管理人员的职责。在大中型企业中,由于企业规模的扩大,财务决策在企业战略中的地位越来越突出,所以需要单独设置财务管理组织机构。

如果要胜任企业财务管理工作岗位,除应具备基本的组织能力、沟通能力、协调能力、判断能力外,还必须通过会计专业课程的学习,具备财务会计、管理会计、税务会计核算、筹资、投资、分配等财务管理岗位的职业能力。

1-1 拓展资源——企业组织形式

任务实施

在实际工作中,财务管理岗位包括筹集资金岗位、投资管理岗位、现金管理岗位、信用管理岗位、利润分配管理岗位以及财务分析与预算岗位。

(1)筹集资金岗位,主要职责是预测资金需要量,确定融资渠道和选择最佳融资方式,以保证企业生产经营资金的需要。

(2)投资管理岗位,主要职责是做好投资决策工作,并与各投资机构保持良好关系。

(3)现金管理岗位,主要职责是确定现金的最佳余额,合理控制现金流量。

(4)信用管理岗位,主要职责是制定信用政策,催收企业的应收账款等。

(5)利润分配管理岗位,主要职责是制定出适合企业的股利(利润)分配政策,协助董事会处理好股利(利润)分配工作。

(6)财务分析与预算岗位,主要职责是通过财务报表分析,向企业管理当局提供决策支持信息,编制财务预算,进行财务控制。

任务拓展

小组任务:学生开展分组活动,5~6人一组,设置组名。组内分工以财务岗位为依据,优势互补,结合大学生创业模拟一个投资项目,组建公司,确定经营方向、组织架构,分析需要组织哪些财务活动并处理哪些财务关系。

任务二 明确财务管理目标

项目引例

> 毕业生小王和两位志同道合的同学赵俊、张伟共同出资150万元开设了一家健身俱乐部。在俱乐部发展初期,三位创始股东都以企业的长远发展为目标,关注企业的持续增长能力,所以,他们注重加大投入,不断推出新项目,这些措施有力地提高了俱乐部在当地的竞争力,也实现了营业收入的高速增长。在开始的几年间,销售业绩以每年30%的速度提升。然而,随着利润不断快速增长,三位创始股东开始在收益分配上产生了分歧。股东赵俊、张伟倾向于分红,而小王则认为应将俱乐部取得的利益用于扩大规模,以提高俱乐部的持续发展能力,实现长远利益的最大化。由此产生的矛盾不断升级,最终导致坚持长期发展的小王被迫出让持有的1/3股份而离开俱乐部。
>
> 但是,此结果引起了广大供应商的不满,因为他们的业务发展都与该俱乐部密切相关,他们深信俱乐部的持续增长将为他们带来更多的机会。于是,他们威胁如果小王离开,他们将断绝与俱乐部的业务往来。面对这一情况,其他两位股东提出他们可以离开,条件是小王必须收购他们的股份。小王的长期发展战略需要较多投资,这样做将导致企业陷入没有资金维持生产的境地。这时,众多供应商伸出了援助之手,他们或者主动延长应收账款的期限,或者预付货款,最终使小王又重新回到了俱乐部,成为掌门人。
>
> 经历了股权变更的风波后,健身俱乐部在小王的管理下,不断加大投入,目前在同行业中处于领先地位,影响力和竞争力不断提升。

财务管理目标是指企业进行财务管理活动所要达到的结果,也是评价企业财务活动是否合理有效的基本标准。财务管理目标决定着财务管理的基本方向,是企业一切财务活动的出发点和归宿。因此,企业理财需要树立正确的财务管理目标,用来指导各种财务管理活动,评价理财行为。

子任务一 选择财务管理目标

任务要求

> 本项目任务二的[任务引例]中健身俱乐部三位创始股东发生冲突的原因是什么?涉及了哪些财务管理目标?

 **知识准备**

一、财务管理的总目标

企业的目标是创造价值,财务管理的目标必须为企业的目标服务,与企业的目标一致。目前关于财务管理目标的代表性理论归纳起来主要有以下几种观点。

(一) 利润最大化

利润最大化,即以追求利润最大化作为财务管理的目标。该观点认为利润代表了企业新创造的价值,利润越多说明企业的财富增加得越多,就越接近企业的目标。企业获取利润的多少代表着企业竞争能力的大小,决定着企业的生存和发展。

利润最大化目标的主要优点是企业追求利润最大化,就必须讲究经济核算,加强管理,改进技术,提高劳动生产率,降低产品成本。这些措施都有利于企业资源的合理配置,有利于企业整体经济效益的提高。

但是,以利润最大化作为财务管理的目标,存在着以下缺陷:

(1) 没有考虑利润实现的时间,即没考虑资金的时间价值。

(2) 没有考虑风险问题,不同行业有不同的风险,同等利润在不同行业中的意义也不相同。

(3) 没有反映创造的利润与投入的资本之间的关系。

(4) 可能导致企业短期的财务决策倾向,影响企业的长远发展。由于利润指标一般按年计算,因此,企业决策也往往会服务于年度指标的完成或实现。

也有学者将资本利润率最大化(每股收益最大化)作为企业财务管理的目标,但其实质仍然是利润最大化。除了能反映所创造利润与投入资本之间的关系,资本利润率最大化与利润最大化目标的缺陷基本相同。

(二) 股东财富最大化

股东财富最大化,是指以实现股东财富最大化作为财务管理的目标。该观点认为,股东创办公司的目的就是追求财富,因此,企业财务管理的目的应最大限度地满足股东追求财富的要求。在上市公司,股东财富由其所拥有的股票数量和其市场价格决定。在股票数量一定的情况下,股票价格达到最高,股东财富达到最大。因此,股东财富最大化目标的衡量指标是股价。

与利润最大化目标相比,股东财富最大化目标的主要优点有:

(1) 考虑了时间价值因素,因为股价在不同的时间有不同的反应。

(2) 考虑了风险因素,因为通常股价会对风险作出敏感的反应,且股票的内在价值是按照风险调整折现率折现后的现值。

(3) 在一定程度上能避免企业的短期行为,因为不仅目前的利润会影响股价,预期未来的利润同样会对股价产生重要影响。

(4) 股东财富最大化能够充分体现股东对投入的资本保值增值的要求。

但是,以股东财富最大化作为财务管理目标,存在以下缺点:

(1) 目标适应范围小，通常只适应上市公司，非上市公司难于应用，因为非上市公司无法随时准确获得公司股价。

(2) 股价作为衡量指标不尽合理。因为股价受众多因素的影响，特别是企业外部因素，有些可能是非正常因素，这些都是企业在财务管理中无法控制的，因此，股价不能完全准确地反映企业财务管理状况。

(3) 股东财富最大化过分强调股东利益的最大化，而对其他相关者利益重视不够。

以股东财富最大化作为公司财务管理目标的观点，具有十分广泛的影响。是目前国内外财务管理学中提及最多的观点。虽然在理论上还存在争议，但股东财富最大化还是被越来越多的人所接受，有很多管理规范的企业常以股东财富最大化作为其财务管理目标。

（三）企业价值最大化

企业价值最大化，是指以追求企业价值最大化作为财务管理的目标。企业价值是指企业全部资产的市场价值，即企业资产未来预期现金流量的现值。企业价值不仅包括新创造的价值，还包含企业潜在的或预期的获利能力。

企业价值最大化要求企业财务上合理经营，采用最优的财务政策，充分考虑资金的时间价值和风险与收益的关系，在保证企业长期稳定发展的基础上使企业总价值达到最大。

以企业价值最大化作为财务管理的目标，其优点主要表现在：

(1) 考虑了资金的时间价值，并用资金时间价值的原理进行了计量。

(2) 考虑了风险和收益的关系。

(3) 将企业长期、稳定的发展和持续的获利能力放在首位，能克服管理上的片面性和短期行为，因为不仅目前的利润会影响企业价值，预期未来的利润同样会对企业价值产生重要影响。

(4) 用价值代替价格作为衡量理财目标的指标更加合理，它克服了过多受到外界市场因素的干扰，反映了股东财富不仅表现为企业现实的盈利，而且更重要的表现为企业的持久盈利能力、抗御风险的能力。

(5) 将企业短期利益和长期发展结合起来，有利于社会资源合理配置。

但是，以企业价值最大化作为财务管理目标也存在以下缺点：

(1) 企业价值过于理论化，不易操作。尽管对于上市公司，股票价格的变动在一定程度上揭示了企业价值的变化，但是股价是多种因素共同作用的结果，特别是在资本市场效率低下的情况下，股票价格很难反映企业的价值。

(2) 为了控股或稳定购销关系，现代企业不少采用环形持股的方式，相互持股。法人股东对股票市价的敏感程度远不及个人股东，对股票价值的增加没有足够的兴趣。

(3) 对于非股票上市企业，只有对企业进行专门的评估才能真正确定其价值。而在评估企业的资产时，由于受评估标准和评估方式的影响，这种估价不易做到客观和准确，这也导致企业价值确定的困难。

近年来，随着上市公司数量的增加，以及上市公司在国民经济中的地位、作用的增强，企业价值最大化目标逐渐得到了广泛的认可。

(四) 相关者利益最大化

在现代企业是多边契约关系的总和的前提下,要确立科学的财务管理目标,需要考虑哪些利益关系会对企业发展产生影响。在市场经济中,企业的财务管理主体更加细化和多元化。股东作为企业所有者,在企业中拥有最大的权利,并承担着最大的义务和风险,但是债权人、员工、企业经营者、客户、供应商和政府也为企业承担着风险。因此,企业的利益相关者不仅包括股东,还包括债权人、员工、企业经营者、客户、供应商、政府等。在确定企业财务管理目标时,不能忽视这些相关者的利益。

相关者利益最大化目标的具体内容包括以下几个方面:

(1) 强调风险和收益的均衡,将风险限制在企业可以承受的范围内。

(2) 强调股东的首要地位,并强调企业与股东之间的协调关系。

(3) 强调对企业经营者的监督和控制,建立有效的激励机制以便企业战略目标的顺利实施。

(4) 关心本企业普通职工的利益,创造优美和谐的工作环境和提供合理恰当的福利待遇,培养职工长期努力为企业工作。

(5) 不断加强与债权人的关系,培养可靠的资金供应者。

(6) 关心客户的长期利益,以便保持销售收入的长期稳定增长。

(7) 加强与供应商的协作,共同面对市场竞争,并注重企业形象的宣传,遵守承诺,讲究信誉。

(8) 保持与政府部门的良好关系。

以相关者利益最大化作为财务管理目标,具有以下优点:

(1) 有利于企业长期稳定发展。这一目标注重企业在发展过程中考虑并满足各利益相关者的利益关系。在追求长期稳定发展的过程中,站在企业的角度上进行投资研究,避免只站在股东的角度进行投资可能导致的一系列问题。

(2) 体现了合作共赢的价值理念,有利于实现企业经济效益和社会效益的统一。由于兼顾了企业、股东、政府、客户等的利益,企业就不仅仅是一个单纯谋利的组织,还承担了一定的社会责任。企业在寻求其自身的发展和利益最大化过程中,由于需要维护客户及其他利益相关者的利益,就会依法经营、依法管理、正确处理各种财务关系,自觉维护和确实保障国家、集体和社会公众的合法权益。

(3) 这一目标本身是一个多元化、多层次的目标体系,较好地兼顾了各利益主体的利益。这一目标可使企业各利益主体相互作用、相互协调,并在使企业利益、股东利益达到最大化的同时,也使其他利益相关者利益达到最大化。也就是将企业财富这块"蛋糕"做到最大化的同时,保证每个利益主体所得的"蛋糕"更多。

(4) 体现了前瞻性和现实性的统一。企业作为利益相关者之一,有其一套评价指标:如未来企业收益贴现值;股东的评价指标可以使用股票市价;债权人可以寻求风险最小、利息最大;工人可以确保工资福利;政府可考虑社会效益等。不同的利益相关者有各自的指标,只要合理合法、互利互惠、相互协调,就可以实现所有相关者利益最大化。

从以上观点可见,相关者利益最大化是目前最为理想的理财目标,但该目标在实际中几乎无法操作,因而本教材的观点仍采用企业价值最大化作为财务管理的目标。

二、财务管理的具体目标

财务管理目标是有层次的,有总目标和具体目标之分。总目标应该考虑各利益相关者的利益需求,应具有全局指导性。具体目标根据总目标来展开,应具有实际可操作性。

企业价值最大化的财务管理总目标及其具体目标的关系如图1-2所示。

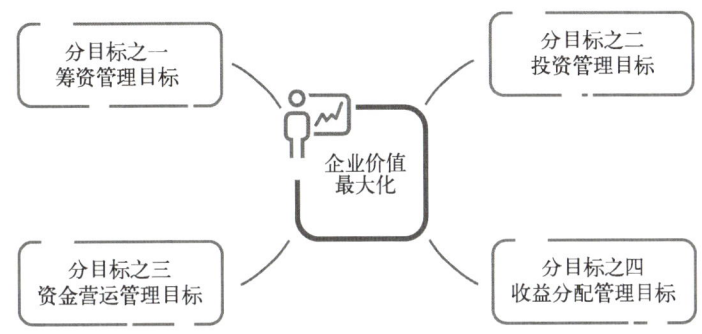

图1-2 财务管理目标体系图

在总目标的指导下,企业财务管理的具体目标为:

(1) 筹资管理目标。该目标要求所筹资的数量既要满足企业生产经营的需要,又要使筹资成本达到最低。筹资管理目标的实现对财务管理总目标实现的影响是双重的,一方面,筹资成本较低,有利于提高企业效益;另一方面,按投资需要筹资,防止盲目筹资。具体可以考虑采用加权资本成本、财务杠杆系数来进行分析评价。

(2) 投资管理目标。该目标要求以较高的投资回报与适度风险,进行企业发展所需的内部投资与外部投资。企业经营者要在认真分析影响投资决策各种因素的基础进行投资收益和风险的权衡,作出决策,从而使企业价值不断提高。投资管理目标的实现对财务管理总目标实现的影响也是双重的,一方面,通过对内投资,提高生产经营能力和技术水平,通过对外投资,寻求新的利润增长点,均有利于增加收益;另一方面,按企业发展的需要进行投资,有利于增加企业价值,实现企业价值最大化。具体可以考虑用净现值(NPV)、内含收益率(IRR)来分析评价。

(3) 资金营运管理目标。该目标要求企业对流动资产进行有效配置,提高流动资产利用水平,改善流动资产周转状况,以提高企业获利能力和保障适度的偿债能力。这一目标考核可以考虑采用周转率指标,比如存货周转率、应收账款周转率。

(4) 收益分配管理目标。该目标要求企业按国家规定与企业发展需要,处理好积累和分配的关系及各方面的利益关系,保持企业的良好信誉。通过收益分配目标的实现,形成企业积累,增加发展潜力,有利于提升企业价值。实现这一目标必须努力挖掘企业潜力,使企业合理利用人力物力,以尽可能少的耗费取得尽可能多的经营成果,实现利润的合理分配。这一目标的评价需要利益相关各方共同作出表示,所以难以用具体指标来衡量。

综上所述,一方面,财务管理总目标对具体目标起着主导作用,各具体目标要围绕着总目标展开;另一方面,各个具体目标的实现是总目标实现的基础,总目标的实现依赖于各具体目标的责任单位共同努力。

任务指导

财务管理的目标决定着财务管理的基本方向,是企业一切财务活动的出发点和归宿。学习财务管理目标的首要任务是熟悉每一个理财目标的内涵,能够评价每一个理财目标的优缺点,结合企业实际情况来选择合理的理财目标。

任务实施

任务引例中,小王坚持用取得的收益扩大规模,致力于长远发展,而其他股东要求更多的分红。从表面上看,创始人股东之间产生冲突的直接原因是对收益分配政策上的分歧,但从本质上来看,这种分歧其实反映了三个创始人股东对公司财务管理目标的不同理解,小王的做法损害了以当期收益最大化为目标的股东的利益。但是,他把握市场机会,提高企业的持续发展能力,企业的竞争力,这恰好是企业价值最大化目标的具体表现。

子任务二 协调相关利益冲突

任务要求

在[任务引例]中提到了哪些利益相关者,他们能否对企业的控制权产生影响?

知识准备

一、所有者与经营者利益的冲突与协调

作为企业的所有者,不是每个股东都能对公司的管理和决策亲力亲为。随着所有权与经营权的分离,所有者与经营者之间的委托代理关系产生了。所有者委托经营者代表他们的利益管理企业,所有者期望他投入的资本能够保值增值,经营者作为代理人要得到相应的经济收益和社会声誉。双方在具体目标上的差异可能导致在决策上发生冲突。

(一)经营者的目标

(1)增加收益,包括物质的和非物质的收益,如增加工资、奖金、提高荣誉、提供足够的保障和社会地位等。

(2)增加休闲时间,工作尽量轻松,包括减少名义工作时间和有效工作时间,降低工作强度等。

(3) 避免风险。经营者努力工作可能得不到应有的收益,当他们的行为和结果存在不确定性时,总是力图避免风险希望得到一份足够保障的收益。

(二) 经营者对所有者(或股东)利益的背离

由于经营者的目标与所有者(或股东)的目标不完全一致,他们有可能为了自身的目标而背离所有者(或股东)的利益,主要表现为以下两个方面。

1. 工作不努力,存在道德风险

经营者为了自身的利益,可能不去努力实现企业的目标。一般来说,经营者没有必要冒险工作,因为若冒险成功受益的是所有者(股东),而一旦失败,经营者的名誉将受损。

2. 逆向选择,贪图享受

经营者可能借工作之名,损害企业利益,如将企业的资产和利益占为己有,将劣质产品高价卖给另外的企业,或将优质产品低价卖给自己的企业等。

(三) 所有者与经营者利益冲突的协调措施

所有者与经营者利益冲突妨碍了企业财务管理目标的实现,为了协调这种利益冲突,所有者通常采取约束和激励的措施来防止经营者行为的偏离。

1. 约束措施

约束措施通常包括解聘和接收。解聘是一种通过所有者约束经营者的办法。所有者对经营者予以监督,如果经营者未能使企业价值达到最大,就会解聘经营者;经营者害怕被解聘就需要努力工作而被迫实现财务管理目标。接收是一种通过市场约束经营者的办法。如果经营者决策失误或经营不力,该企业就可能被其他企业强行接收或吞并,经营者将面临经济利益和社会声誉的丧失,为了避免这种结果的出现经营者就会努力工作。

2. 激励措施

激励是一种将经营者的收益与其绩效挂钩,从而使经营者自觉采取能够实现企业价值最大化的措施。激励有两种基本方式:一是"股票期权"方式,即允许经营者以固定的价格购买一定数量的公司股票,股票的价格高于固定的价格越多,经营者所得的收益就越多。经营者为了获取更大的股票溢价,必然会主动采取能够提高股价的行动。二是"绩效股"方式,即公司运用每股利润、资产收益率等指标来评价经营者的业绩,视其业绩大小给予经营者数量不等的股票作为收益。如果公司的经营业绩未能达到规定目标,经营者将部分丧失原先持有的"绩效股"。这种方式促使经营者为了多得"绩效股"而采取相关措施提高公司的经营业绩。同时,为了使每股市价最大化,也会采取各种措施使股价稳定上升。

二、所有者与债权人利益的冲突与协调

当企业向债权人借入资金后,两者之间也形成了一种债务债权关系。所有者的财务目标可能与债权人期望实现的目标会发生矛盾。企业借款的目的是解决经营中资金不足的问题,或是扩大经营规模,或是各种资金周转;债权人的目的是利用闲置资金获取利息收入,到期收回本息。所有者(股东)可能会为了自身的利益,通过经营者损害债权人的利益。

1-2 拓展资源——股票期权计划

(一)所有者(股东)通过经营者损害债权人利益的主要方式

(1)所有者(股东)可能要求经营者改变举债资金的原定用途,将其用于风险更高的项目,这会增大偿债的风险,债权人的负债价值也必然会实际降低。若高风险的项目成功,额外的利润就会被所有者独享;一旦失败,债权人却要与所有者共同负担由此而造成的损失,这对债权人来说风险与收益是不对称的。

(2)所有者(股东)可能未征得现有债权人同意,而要求经营者发行新债券或举借新债,这使企业的负债比率增大,增加企业破产的可能性,致使旧债券或老债券的偿还保障程度降低。如果企业破产,新债权人将会和旧债权人一起分配破产后的财产,因此,这将降低旧债的相对价值。

(二)所有者与债权人利益冲突的协调措施

1. 限制性借款

限制性借款是债权人通过借款合同规定借款用途、借款担保条款、借款信用条件等条件限制,使所有者不能随意增大偿债风险。例如,规定资金的用途,规定在还本付息之前不得发行新债券与举借新债,或限制发债与举债的数额等。

2. 收回借款或停止借款

当债权人如果发现企业有侵蚀其债权价值的意图时,可以收回债权或不再给予新的借款的措施,从而保护自身权益。

寓德于技

尔康制药公司利润造假

湖南尔康制药有限公司成立于2003年10月,是国内品种最全、规模最大的专业药用辅料生产龙头企业,与国内70%以上的制药企业有业务往来。目前,共拥有129个辅料品种、44个原料药品种和151个成药批文。尔康制药自称"打造医药辅料的超市",曾经号称是全国医药上市公司前十强。据了解,自2011年9月上市以来,到2018年,近7年时间,尔康制药已引来5次舆论质疑。由于涉嫌虚增利润,尔康制药遭到股民的大规模质疑,已被湖南证监局立案调查。2017年5月9日,其全资子公司湖南尔康(柬埔寨)投资有限公司存在216吨改性淀粉销售退回未确认,导致尔康制药净收入虚增,且公司还同时涉嫌虚构公司资产。从公司自查公告来看,政策抢跑与销售退货是此次虚构利润的主因。最终被证监会处以60万元罚款,15名责任人员则被处以3万元至30万元不等的罚款。

在2017年财务造假丑闻曝出后的第三天,董事长帅放文还在股东大会上发声表示,尔康制药不存在任何财务造假和虚增利润的行为。随后,尔康制药变动了自己的财报数据,似乎变相承认了造假事件,帅放文也站出来向投资者表达歉意,还表示已经开始着手准备相关投资者的赔偿事宜,"只要我活着,就要把它全部赔掉"。后经证监部门查明,尔康制药在2015年和2016年两年间也确实存在造假问题,分别虚增营收0.18亿元、2.55亿元,虚增净利0.16亿元、2.32亿元,因违规行为被罚201万元。截至

2021年11月15日,共有838名投资者原告以证券虚假陈述责任纠纷为由,分别向法院提起诉讼,要求尔康制药就信息披露违法行为承担民事赔偿责任,累计诉讼金额约5.3亿元。

受到相关负面消息的影响,尔康药业的业绩近年来也是年年下滑。尔康制药最新发布的年度业绩预告显示,2021年公司业绩预计亏损6.5亿元至8.2亿元,是公司自2011年上市以来的首次亏损。因业绩预亏严重,随后深交所下发关注函,要求其对重大亏损作出说明并将有关材料报送并对外披露。

资料来源:"尔康制药财务造假虚增净利2.48亿 遭罚60万15人受罚",中国经济网。资料有删减。

以利润最大化为目标,会促使企业提高生产经营效率,提升股价,但也可能会诱导企业做出虚构利润、危害投资人的行为。诚信经营是企业长远发展的根本保证。

任务指导

企业的利益相关者包括:股东、经营者、债权人、客户、供应商、员工、政府等,企业利益相关者很多,但和企业关系最为密切的是所有者、经营者和债权人。所有者(股东)、经营者、债权人等利益相关者之间往往会发生一定的冲突。通过财务管理目标学习,我们的任务是如何协调企业利益相关者的利益冲突。

这里要把握的原则是:力求企业相关利益者的利益分配均衡,也就是减少各相关利益者之间的利益冲突所导致的企业总体收益和价值的下降,使利益分配在数量上和时间上达到动态的协调平衡。

任务实施

相关利益者包括企业外部的相关利益者如投资人、债权人、供应商、客户等。企业内部相关的利益者包括职工、内部各单位等。引例中提到的供应商就是俱乐部最重要的利益相关者。重要利益相关者可能会对企业的控制权产生一定影响,只有当企业以价值最大化为目标,站在长远的角度增加企业的整体财富,利益相关者的利益才能得到有效满足,反之,利益相关者则会为了维护自身利益而对股东施加影响,从而可能导致企业的控股权产生变更,进而影响公司发展。

同步训练

中石化公司财务管理目标的变迁

中石化公司在经济转型和国有企业改革的历程中,经历了以下过程:

(1)包干制和激励机制阶段。20世纪90年代中期以前,工业生产总值持续高速增长,这个时期的工业生产总值一直是中石化公司的主要生产经营目标。

(2)现代企业制度阶段。随着企业自主权的进一步加大,市场经济体系的进一步完善,以及国有企业亏损的不断恶化,政府希望通过建立现代企业制度和引进国外先进的企业管理经验来激励国有企业实现利润最大化目标。但是在1999年之前有多个年度,利润总额和净利润均处于负增长,这说明利润最大化的目标没有实现。

(3) 国有企业上市阶段。由于股票初始上市(IPO)效应,利润总额与净利润在1999年有较大幅度增长,在2000年稍有下降,之后平稳增长;每股收益率在2000年有较大幅度增长,在2001年稍有下降,之后平稳增长。该时期中石化公司香港股票市场股价持续波动增长,涨幅远高于道琼斯股票指数以及上证综合指数,这表明股东价值最大化是财务管理的目标之一。

(4) 国有资产保护和可持续发展阶段。随着科学发展观的提出和建立和谐社会的要求,中石化公司更加关注企业社会责任,建立了健康、安全、环境体系等,此阶段财务管理的目标是相关利益者最大化。相关利益者最大化要求企业在实现自身利益的同时,还要正确处理其与国家、社会、消费者和债权人等之间的关系,并尽可能使这些社会公众的利益得到最大的满足。相关利益者最大化是一个综合目标,即投资人、债权人、经营者、政府和社会各方利益最大化。

从中石化公司的发展历程中,你感悟到了公司财务管理的目标及其变化了吗?

 任务拓展

> 小组任务:5~6人一组,结合前期各组模拟创建的投资项目,分析并确立本项目的目标使命。

任务三　分析财务管理环境

任务引例

> 2020年突如其来的新冠疫情对很多行业都造成非常大的影响。首当其冲的便是餐饮行业,几乎遭到毁灭性的打击,西贝、海底捞一度暂停营业,星巴克上百家门店关闭;旅游行业也是如此,春节本是出门旅游的绝佳时机,每年春节都是旅游行业的旺季,无论是国内游还是境外游,人数都是爆棚的。而由于疫情的影响,各种航班、车次纷纷取消,往年人头攒动的热闹景区闭门歇业,偌大的景区空空荡荡、冷冷清清,旅游是重灾区,已成定论。据东呈国际集团提供的数据,2020年全国门店春节期间平均订单取消率超过40%;仅春节期间,出租率比2019年下滑近50%,收入同比下滑80%;还有其他行业,如零售、交通运输、娱乐文化、线下教育等行业受疫情影响都比较大,尤其是一些中小企业,企业营业能力、现金流以及还款能力都有一定程度的减弱。小王所开设的健身俱乐部也因疫情原因暂停营业。具体营业时间要等待有关部门通知。小王十分苦恼和无奈。

企业财务活动是在一定环境下进行的,必然会受到环境的影响。财务管理要获得成功,就必须深刻认识和研究自己所面临的各种环境。

知识准备

财务管理环境又称理财环境,是对企业财务活动和财务管理产生影响作用的企业内外各种条件或因素的统称。内部环境是指企业内部影响财务活动的各种条件或因素,主要包括采购环境、生产环境、销售环境等,它是企业可以从总体上采取一定措施加以控制和改变的因素:如生产技术条件、产品结构、设备利用率、企业资本实力、经营管理水平和决策者的素质等方面。外部环境主要是指企业外部影响财务活动的各种条件或因素,主要包括经济环境、法律环境和金融环境等。分析财务管理环境,可以提高企业财务行为对环境的适应能力、应变能力和利用能力,以便更好地实现企业财务管理目标,本章只阐述外部环境。

一、经济环境

经济环境是指企业进行财务活动的宏观经济状况,主要包括经济发展水平、经济体制、经济周期、通货膨胀水平、宏观经济政策和市场竞争等。

(一) 经济发展水平

财务管理的发展水平是与经济发展水平密切相关的,经济发展水平越高,财务管理水平越高;财务管理水平的提高,又能促进经济水平的提高。近年来,我国的国民经济保持了较高的增长速度,各项建设方兴未艾,从而给企业扩大规模、调整方向、打开市场,以及

拓宽财务活动的领域带来了机遇。企业要想维持现有的市场地位,就必须努力保持企业较高的增长速度。同时,在经济高速发展的过程中,资金短缺将是长期存在的,这又给企业财务管理带来了严峻的考验。要使企业高速成长,要求企业必须改变财务理念、财务管理模式及方法等,从而促进财务管理水平提高。

(二)经济体制

在计划经济体制下,财务管理活动内容比较单一,财务管理方法简单。企业虽然是一个独立的经济实体但在计划经济体制下企业没有独立的理财权,国家统一筹划企业资金来源、统一对资金投放进行管理,企业利润统一上缴,国家统负盈亏。在市场经济体制下,财务管理活动内容比较丰富,财务管理方法也复杂多样。企业成为"自主经营、自负盈亏"的经济实体,有独立的经营权和理财权,其可以根据自身条件和外部环境的需要,合理确定资本需要量、选择恰当的筹资方法,把筹集到的资本进行合理投资,最后将收益根据需要进行合理分配。总之,在市场经济体制下企业有了自主权,可以作出财务决策并组织实施。

(三)经济周期

在经济运行过程中,经济扩张和经济紧缩会周期性地交替循环,这种循环称为经济周期。在市场经济条件下,经济发展有其内在的规律,无论人们采用什么样的调控手段,宏观经济都不可避免地会出现或强或弱的波动,这种波动性一般经历复苏、繁荣、衰退和萧条四个循环阶段。

经济的周期性波动对财务管理有着非常重要的影响。处于不同经济周期的企业,其生产规模、销售能力、获利能力以及由此而产生的资本需求都会出现重大差异。例如,在萧条阶段,由于整个宏观经济不景气,企业很可能处于紧缩状态中,产量和销量均会下降,投资锐减;在繁荣时期,市场需求旺盛,销售大幅上升,企业为扩大生产,需要加大投资,以增添机器设备、存货和劳动力,这就要求财务人员迅速地筹集所需资金,同时,根据宏观经济周期性波动,适当调整财务政策。西方财务学者归纳了经济周期不同阶段的财务管理战略要点,如图1-3所示。

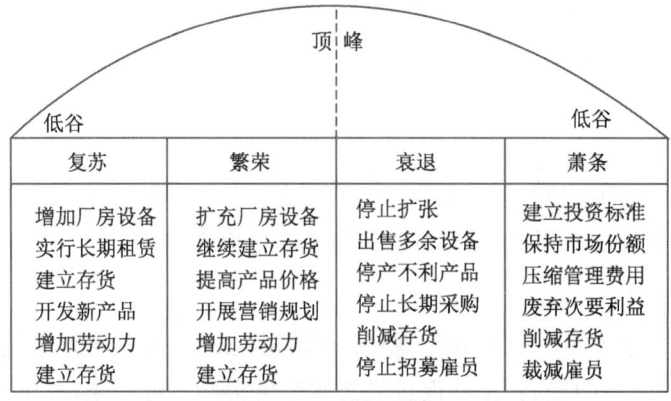

图1-3　经济周期不同阶段的财务管理战略

(四）通货膨胀水平

通货膨胀,是指物价水平普遍持续上涨。通货膨胀产生的原因很多,主要有：通货的需求大于供给,政府支出的增加以及货币供应量增长引起的货币贬值等。

通货膨胀始终伴随着经济社会,对企业财务管理影响显著,主要表现在以下几个方面：

(1) 企业原材料的采购成本、人工成本、固定资产的购置成本等增加,对资金的需求量增加。

(2) 利率提高,企业筹资成本提高,筹资数量受到限制。

(3) 固定资产等长期资产按历史成本计价所带来的成本补偿不足,也会使资金短缺现象加剧。

(4) 成本补偿不足造成虚增利润、多缴税金、多分利润。

虽然企业对通货膨胀本身是无能为力的,但可以通过有效的财务管理的手段,降低通货膨胀给企业带来的不利影响。如在通货膨胀初期,货币面临着贬值的风险,这时企业可以加大投资,避免风险,实现资本保值；与客户签订长期购货合同,减少物价上涨造成的损失。在通货膨胀持续期,可以采用偏紧的信用政策,减少企业债权或调整财务政策,防止或减少企业资本流失。

(五）宏观经济政策

国家具有调控宏观经济的职能,经济政策就是国家进行宏观调控的重要手段。国家的产业政策、金融政策、财税政策等对企业的投资活动、筹资活动和分配活动都有影响。例如,财税政策会影响企业的资金结构和投资项目的选择；金融政策的货币发行量、信贷规模会影响企业的资金来源和投资的预期收益；会计制度的改革会影响会计要素的确认和计量,进而对企业财务活动的预测、决策及事后评价都产生影响；价格政策会影响资金的投向、投资的回收期及预期收益；财税政策会影响企业的资金结构和投资项目的选择等。因此,企业在进行财务管理时,应认真研究国家经济政策,预测其变化趋势,在国家宏观经济政策指导下,从事生产经营活动和财务管理活动。

(六）市场竞争

市场经济中的企业总是处于激烈的竞争之中,任何企业都无法避免,市场竞争涉及产品、技术、人才、管理、营销等各个方面。竞争对企业而言,既是威胁,又是机会。同行竞争使企业销售增长受到威胁,产品价格下降,营销费用增加,利润水平降低；但企业为了改善竞争地位,往往要加强管理,优化投资,增收节支,提高资产的使用效果,这将极大地提高企业的竞争能力,有利于企业的生存和发展。

竞争是"商业战争",综合体现了企业的全部实力和智慧,经济增长、通货膨胀、利率波动带来的财务问题,以及企业的对策都会在竞争中体现出来。

二、法律环境

财务管理的法律环境是指企业和外部发生经济关系时所应遵守的各项法律规范。影响企业财务活动的法律规范很多,主要包括企业组织法规、税收法规和财务法规。

(一) 企业组织法规

企业是市场经济的主体,必须依法建立,不同类型的企业所适用的法律规范也有所不同。这些法律规范主要有:《中华人民共和国公司法》(以下简称《公司法》)《中华人民共和国证券法》《中华人民共和国公司登记管理条例》《中华人民共和国全民所有制工业企业法》《中华人民共和国外商企业法》《中华人民共和国合资经营企业法》《中华人民共和国中外合作经营企业法》《中华人民共和国个人独资企业法》《中华人民共和国合伙企业法》《中华人民共和国企业破产法》等。这些法律规范既是企业的组织法,又是企业的行为法。例如,《公司法》对公司的设立条件、设立程序、组织机构、组织变更、续止的条件、终止的程序等都做了明确的规定,还包括股东的人数、法定资本的最低限额、资本的筹集方式等,只有按规定条件和程序建立的企业,才能被称为"公司"。《公司法》还对公司生产经营的主要方面做出了规定,包括股票的发行和交易、债券的发行和转让、利润的分配等,公司一旦成立,其主要的活动(包括财务管理活动)都要按照《公司法》的规定来进行。

(二) 税收法规

国家财政收入的主要来源是企业所缴纳的税金,而国家财政状况和财政政策,对企业资金供应和税收负担都有着重要的影响。国家税种的设置、税率的调整,还具有调节生产经营的作用。企业的财务决策应当适应税收政策的导向,合理安排资金的投放,以追求最佳的经济效益。国家税收制度,特别是工商税收制度,是企业财务管理的重要外部条件。我国的税收主要包括五大类,即所得税类、流转税类、资源税类、财产税类和行为税类。

税负是企业的一种费用,会增加企业的现金流出,对企业理财有重要的影响。企业都希望在不违反税法的前提下减少税务负担。税负的减少,只能依靠对投资、筹资和利润分配等进行财务决策时的精心安排和筹划,而不允许在纳税行为已经发生时去偷税、漏税。精通税法,对于财务主管人员有着重要的意义。

(三) 财务法规

财务法规是规范企业财务活动、协调企业财务关系的行为准则。财务法规对于促进企业依法自主经营、自负盈亏、自我发展、自我约束,使企业成为产权明晰、权责明确、政企分开、科学管理的现代企业,具有十分重要的意义。财务法规主要包括《中华人民共和国会计法》(以下简称《会计法》)、《企业财务通则》等。其中,《会计法》作为我国会计工作的根本大法,是我国进行会计工作的基本依据;《企业财务通则》是各类企业从事财务活动、实施财务管理和监督所必须遵循的基本原则和规范,它对以下问题做出了规定:建立资本金制度、固定资产的折旧、成本的开支范围以及利润的分配。财务法规还包括分行业的财务制度和企业内部财务制度。行业财务制度是根据《企业财务通则》制定的,为适应不同行业的特点和管理要求,由财政部制定的行业规范;企业内部财务制度是企业管理者当局根据《企业财务通则》和行业财务制度制定的,用来规范企业内部财务行为,处理企业内部财务关系的具体规则。

除上述法规外,与企业财务相关的其他经济法规还有许多,如各种证券法规、结算法规、合同法规等。

三、金融环境

金融环境是指企业经营管理过程中与企业资金融通有关的环境。金融政策和金融市场的变化,直接影响企业的筹资、投资和资金营运活动。因此,金融环境是企业最为重要的财务管理环境。金融环境因素包括金融机构、金融工具、金融市场和利率等。

(一) 金融机构

社会资金从资金供应者手中转移到资金需求者手中,大多需要通过金融机构来实现。目前金融机构主要包括银行和非银行金融机构。

1. 银行

银行是指经营存款、放款、汇兑、储蓄等金融业务,承担信用中介的金融机构。银行的主要职能是充当信用中介、充当企业之间的支付中介、提供信用工具、充当投资手段和充当国民经济的宏观调控手段。我国银行主要包括:①中央银行,即中国人民银行;②国有商业银行,如中国工商银行、中国农业银行、中国银行和中国建设银行等;③国家政策性银行,如中国进出口银行、中国农业发展银行、国家开发银行等;④其他股份制银行,如中信银行、广东发展银行、平安银行、招商银行、光大银行等。

2. 非银行金融机构

非银行金融机构主要包括金融资产管理公司、信托投资公司、财务公司和金融租赁公司等。

(二) 金融工具

金融工具,是能够证明债权债务关系或所有权关系并据以进行货币资金交易的合法凭证,它对于交易双方所应承担的义务与享有的权利均具有法律效力。

我国金融工具主要包括票据、股票、债券、基金、衍生金融工具等。金融工具一般具有期限性、流动性、收益性、风险性四个特征。期限性是指金融工具一般规定了偿还期,即借款人拿到借款开始,到借款全部偿还为止所经历的时间;流动性是指金融资产在转换成货币时,其价值不会蒙受损失的能力;收益性是指持有的金融工具能够带来一定收益;风险性是指投资于金融工具的本金是否会遭受损失的可能性,一般包括信用风险和市场风险。

(三) 金融市场

金融市场,是指资金供应者和资金需求者双方通过金融工具进行交易的场所。金融市场可以是有形的市场,如银行、证券交易所等;也可以是无形的市场,如利用电脑、电话等设施通过经纪人进行资金融通活动。

金融市场的要素主要包括:市场主体,即参与金融市场交易活动而形成买卖双方的各经济单位;金融工具,即借以进行金融交易的工具,一般包括债权债务凭证和所有权凭证;交易价格,即反映在一定时期内转让货币资金使用权的收益;组织方式,即金融市场采用的交易方式。金融市场按组织方式的不同可划分为两部分:一是有组织的、集中的场内交易市场即证券交易所,它是证券市场的主体和核心;二是非组织化的、分散的场外交易市场,它是证券交易所的必要补充。

金融市场对企业财务管理具有以下重要意义:

(1) 金融市场是企业筹集和投资的场所,企业在符合有关法律规定的条件下,经过批准以发行股票、债券的方式筹集资金,也可以将企业的资金投放于有价证券,或者进行与证券相关的其他财务交易。

(2) 企业通过金融市场实现长期资金与短期资金的互相转化。企业财务管理人员可以通过出售所持有的长期有价证券使其转化为短期资金;同样的,企业的短期资金也可以通过购买股票、债券转化为长期投资。长短期资金的互相转化,在财务管理上从属于企业资金收益性和流动性关系的有效处理,从属于企业经营发展战略。

(3) 由金融市场传递的信息,如资金供求和利率、汇率股价变化等,将有助于企业进行财务管理的决策。

因此,财务人员应熟悉金融市场的各种类型和管理规则,有效地利用金融市场来组织资金的筹措和进行资本投资等活动。

(四) 利率

利率也称利息率,是资金的增值额同投入资金价值的比率,是衡量资金增值程度的量化指标。从资金的借贷关系来看,利率是一个在特定时期运用资金资源的交易价格。资金作为一种特殊商品,是以利率为价格标准的,资金的融通实质上是资源通过利率这个价格标准实行再分配。因此,利率在资金分配及企业财务决策过程中起着重要作用。

1. 利率的类型

(1) 按利率之间的变动关系划分,利率可以分为基准利率和套算利率。

基准利率又称基本利率,是指在多种利率并存的条件下起决定作用的利率。所谓"起决定作用",是指一旦这种利率变动,其他利率也会相应变动。因此,了解基准利率水平的变化趋势,就可以了解全部利率的变化趋势。基准利率在西方通常是中央银行的再贴现率,在我国则是中国人民银行对商业银行的存、贷款利率。

套算利率是指在基准利率确定后,各金融机构根据基准利率和借贷款项的特点而换算出的利率。例如,某金融机构规定,贷款给 AAA 级、AA 级、A 级企业的利率,应分别在基准利率的基础上加 0.5%、1%、1.5%,加总计算所得的利率便是套算利率。

(2) 按债权人取得的收益情况划分,利率可以分为实际利率和名义利率。

实际利率是指在物价不变从而货币购买力不变的情况下的利率,或者是指在物价有变化时扣除通货膨胀补偿以后的利率。

名义利率是指包含对通货膨胀补偿的利率。实际利率和名义利率之间的关系可以表示如下:

$$名义利率 = 实际利率 + 预计通货膨胀率$$

(3) 按利率与市场资金供求情况的关系划分,利率可以分为固定利率和浮动利率。

固定利率是指在借贷期内固定不变的利率。受通货膨胀的影响,实行固定利率会使债权人的利益受到损害。

浮动利率是指在借贷期内可以调整的利率。在通货膨胀的条件下采用浮动利率,可使债权人减少损失。

(4) 按利率变动与市场的关系划分,利率可以分为市场利率和法定利率。

市场利率是指根据资金市场上的供求关系,随市场规律而自由变动的利率。

法定利率是指由政府金融管理部门或者中央银行确定的利率。

2. 利率计算的一般公式

正如商品的价格由供应和需求两方面来决定一样,资金这种特殊商品的价格——利率,也主要是由供应与需求来决定。但除了这两个因素以外,经济周期、通货膨胀、国家货币政策和财政政策、国际政治经济关系、国家利率管制程度等因素,对利率的变动均有不同程度的影响。因此,资金的利率通常由纯利率、通货膨胀补偿率(或称通货膨胀贴水)和风险收益率三个部分组成。利率的一般计算公式如下:

$$利率 = 纯利率 + 通货膨胀补偿率 + 风险收益率$$

纯利率,是指没有风险和通货膨胀情况下的社会平均资金利润率,没有通货膨胀下的国债利率也可以作为纯利率。纯利率的高低主要受社会平均利润率、资金供求关系和国家宏观调控的影响。社会平均利润率是影响纯利率高低的一个基本因素,利息率高低依附于社会平均利润率的高低;资金供过于求时,利率下降,资金供大于求时,利率上升;政府为抑制经济发展过热,有可能削减资金的供应,从而使利率上升,反之,为刺激经济发展,政府有可能增加货币供应,从而使利率下降。

通货膨胀会造成货币贬值,投资者的真实收益下降。因此,为了补偿因通货膨胀所造成的货币贬值损失,投资者会对因承担通货膨胀损失而要求相应的、在纯粹利率基础上的各种贴补收益,即通货膨胀补偿率。

风险收益率包括违约风险收益率、流动性风险收益率和到期风险收益率。

违约风险是投资者承担的债务人到期无法还本付息的可能性。违约风险收益率是指为了弥补因债务人无法按时还本付息而带来的风险,由债权人要求提高的利率。违约风险越大,投资者要求的收益率就越高。

流动性是指企业资产的变现力,就是资产以合理的价格转化为现金的能力。流动性风险收益率是指为了弥补因债务人资产流动性不好而带来的风险,由债权人要求提高的利率,又称为变现力风险贴补率。

到期风险是指因到期时间长短不同而形成的利率变动的风险。一般而言,到期时间越长,利率变化的可能性就越大,一旦利率上升,导致证券价格下降,投资者就会遭受损失。到期风险收益率就是对投资者承担利率变动风险的一种补偿。

对于企业财务管理而言,准确地预测利率的变动趋势是非常必要的,在预期利率上升时,企业应使用长期资金;在预期利率下降时,企业应使用短期资金,以降低利息成本负担。由于利率趋势的预测较为困难,进行财务管理时,应合理确定长、短期资金的结构,使企业在各种利率环境下能够尽量降低损失。

1-3 拓展资源——什么是"负利率"

寓德于技

奔驰奥迪裁员与社会责任

2021年9月,梅赛德斯-奔驰公司的所有者戴姆勒在与工会就计划达成一致后,透露公司将裁员3%。它们就削减成本和裁员的一系列措施达成一致,包括扩大兼职退休计划和在德国提供的离职补偿计划,还削减了10%的全球管理职位。此前其他车企也在努力削减电动汽车投资成本,同时努力应对销售疲弱局面。目前,汽车制造商正寻求为清洁能源和自动驾驶技术的巨额投资提供资金,而它们最大的市场——中国的需求正在下降。

与此同时,大众旗下的豪华车品牌奥迪表示,到2025年将裁员9 500人,占员工总数的10%,从而腾出数十亿欧元资金,用于向电动汽车生产转型。

资料来源:央视网。全球车企裁员大潮开启!资料有修改。

面对危机,大多数企业为了增强企业的生存能力和竞争能力,自然会选择裁员。从财务管理的角度来看,这无可厚非。然而,企业应当承担社会责任,以强化企业内部管理,苦练内功,依靠科技进步提高企业经济效益方法应对危机,同时做好被裁人员的安置,最大限度地解决其后顾之忧,从而促进社会稳定、和谐。

任务要求

> 在前面所述的[任务引例]中,小王的俱乐部目前面临的问题是什么?财务管理活动涉及哪些环境因素?

任务指导

任何企业都是在财务管理环境中开展工作的。学习财务管理环境内容,我们的任务是了解财务管理活动所处的不同环境,通过分析理财环境,作出相应的财务决策。

任务实施

疫情影响下政府发布的一些防控政策属于财务管理环境中的外部环境。中小型健身房本身资金实力不够雄厚,很多都是踩着盈亏平衡的钢丝线活着,疫情的到来无疑是雪上加霜。在这种环境中,优胜劣汰,适者生存。管理者必须实时了解理财环境,最大程度适应环境,才能使决策和管理工作趋利避害。

想一想

> 企业财务管理涉及的经济环境、法律环境和金融环境都是企业的外部环境。企业在面临这些环境时,有些可以积极应对,有些可以消极应付,有些必须严肃对待,有些可以加以利用。

> 如果你是财务经理,你将以什么态度来处理这些财务管理环境呢?

 任务拓展

小组任务:5~6人一组,结合前期各组模拟创建的投资项目,分析本企业所处的理财环境。

项目练习

一、单项选择题

1. 企业的财务活动就是企业的( )。
   A. 资金运动　　B. 经营活动　　　C. 财务关系　　　D. 商品经济
2. 企业在资金运动中与各有关方面发生的经济关系是( )。
   A. 企业财务　　B. 财务管理　　　C. 财务活动　　　D. 财务关系
3. 企业通过借款、发行股票和发行债券等方式取得资金的活动是( )。
   A. 筹资活动　　B. 投资活动　　　C. 收益分配活动　D. 扩大再生产活动
4. 财务管理的核心是( )。
   A. 财务预测　　B. 财务决策　　　C. 财务预算　　　D. 财务控制
5. 解决所有者与经营者的矛盾与协调,不能使用的方式是( )。
   A. 激励　　　　B. 接收　　　　　C. 解聘　　　　　D. 限制性借债
6. 企业与政府间的财务关系体现为( )。
   A. 资金结算关系　　　　　　　　　B. 债权债务关系
   C. 风险收益对等关系　　　　　　　D. 强制和无偿的分配关系
7. 股东与经营者发生冲突的重要原因是( )。
   A. 素质不同　　　　　　　　　　　B. 信息的来源渠道不同
   C. 具体行为目标不一致　　　　　　D. 所掌握的信息量不同
8. 财务管理环境中最重要的是( )。
   A. 法律环境　　B. 金融环境　　　C. 经济环境　　　D. 政治环境

二、多项选择题

1. 以"利润最大化"作为财务管理目标的缺点包括( )。
   A. 片面追求利润最大化,可能导致公司的短期行为
   B. 没有反映投入与产出之间的关系
   C. 没有考虑风险因素
   D. 没有考虑货币的时间价值
2. 下列各项中,属于财务管理环节的有( )。
   A. 财务预测　　B. 财务决策　　　C. 财务预算　　　D. 财务控制
3. 下列各项中,属于利率组成因素的有( )。
   A. 纯利率　　　B. 通货膨胀补偿率　C. 风险收益　　 D. 社会累计率
4. 企业财务活动包括( )。
   A. 筹资活动　　B. 投资活动　　　C. 资金营运活动　D. 收益分配活动
5. 下列各项中,属于筹资活动的有( )。

A. 发行股票　　B. 发行债券　　C. 购买机器设备　　D. 销售产品

6. 以"企业价值最大化"为财务管理总目标的优点有（　　）。

　　A. 考虑了收益的时间因素　　　　B. 能克服短期行为

　　C. 考虑利润与投入资本间的关系　D. 考虑风险与收益关系

三、判断题

1. 以利润最大化作为财务管理目标，可能导致管理者的短期行为。（　　）
2. 企业经营者与所有者进行财务决策的目标是完全一致，都是为了实现企业价值最大化。（　　）
3. 金融市场利率波动与通货膨胀有关，后者起伏不定，利率也随之而起伏。（　　）
4. 财务管理环境是指对企业财务活动和财务管理产生影响和作用的企业内部条件的总称。（　　）

项目二 建立企业财务管理基本价值观

学习目标

- **知识目标**

  理解资金时间价值的含义；

  掌握资金时间价值的计算原理；

  理解风险、风险收益与收益的含义及其之间的关系；

  掌握风险的衡量方法。

- **能力目标**

  能够熟练绘制现金流量图；

  能够熟练运用资金时间价值原理分析企业资金收付问题；

  能够熟练运用资金时间价值计算中的四个"系数"或者利用Excel函数计算资金终值、现值、年金、利息和期数；

  能够利用风险与收益之间的关系确定企业经济方案风险的大小。

- **素质目标**

  引导学生建立正确的资金时间价值观、风险价值观；

  培养严谨、科学、精细的工作作风；

  建立辩证唯物主义的分析思维；

  提高学生遵纪守法的职业素养。

学习导图

```
建立财务管理价值观
├── 建立资金时间价值观
│   ├── 绘制现金流量图
│   ├── 识别现金流的类型
│   ├── 计算资金终值
│   │   ├── 一次收付款的终值计算
│   │   ├── 普通年金的终值计算
│   │   ├── 即付年金的终值计算
│   │   └── 复杂现金流的终值计算
│   ├── 计算资金现值
│   │   ├── 一次收付款的现值计算
│   │   ├── 普通年金的现值计算
│   │   ├── 即付年金的现值计算
│   │   ├── 递延年金的现值计算
│   │   ├── 永续年金现值的计算
│   │   └── 复杂现金流的现值计算
│   ├── 计算年金
│   │   ├── 等额还款本息的计算
│   │   └── 年资本回收额的计算
│   └── 计算利率和期数
└── 衡量风险价值
    ├── 识别风险
    └── 衡量风险及风险收益
```

任务一 建立资金时间价值观

任务引例

> 动感地带是一家从事动漫周边产品——如模型手办、动漫饰品、cos服装等销售的连锁店。根据市场需求,动感地带拟进一步扩大经营,需租赁一间店铺,期限10年。小王作为动感地带财务部经理,现收到出租方提出的四种付款方案:
> 方案一:立即支付10年所有租金共计180万元。
> 方案二:每年年末支付租金30万元。
> 方案三:前两年免除租金,从第三年开始每年年末支付租金40万元。
> 方案四:第一年年初支付50万元,第二年年初支付40万元,以后8年每年年初支付20万元。
> 以上方案应该选择哪个?请帮小王作出决策。

出租方给出的以上四个付款方案的付款时间和付款的金额各不相同,仔细观察发现,早付款的方案付款金额要少一些,晚付款的方案付款金额更多。想要帮小王作出正确的决策,就需要我们系统学习付款金额与时间之间关系的相关理论——资金时间价值。

知识准备

相同的资金在不同时间点上收付对企业的意义不同,早收到的资金可以早投入到生产经营过程中,参与资金的周转运动,为企业带来增值。资金投入企业生产经营过程中,每完成一次资金循环,就增加一定数额,也就完成一次增值过程,循环次数越多,资金的增加额就越大。这就是所谓的"钱能生钱",这一现象在财务管理中称为资金时间价值。

一、资金时间价值的内涵

资金时间价值又称货币时间价值,是指资金经过一段时间的投资和再投资所增加的价值,也就是说,由于资金时间价值的存在,一定量的资金在不同的时点上具有不同的价值。比如,今天的100元钱与一年后的100元价值不同,因为今天的100元存入银行,假设利率为10%,则明年得到110元,可见,经过一年时间,这100元钱发生了10元的增值,这10元就是资金的时间价值。

资金时间价值是客观存在的,是社会生产再生产规律的客观反映,它是以商品经济的高度发展和借贷关系的普遍存在为前提条件或存在基础的,由于商品经济的高度发展和借贷关系的普遍存在,出现了资金使用权与所有权的分离,资金的所有者把资金使用权转让给使用者,而使用者必须把资金增值的一部分作为报酬支付给资金的所有者。资金占用的金额越大,使用的时间越长,所有者要求的报酬就越高。

二、资金时间价值的表现形式

(一) 影响资金时间价值的因素

2-1 拓展资源——放在桌上的现金

影响货币时间价值的因素主要包括资金量(本金)、资金周转使用的时间、资金增值能力(利率)和增值方式。

(1) 资金量(本金)。资金量(本金)越多,参与社会生产所带来的增值越大。

(2) 资金周转使用的时间。资金参与社会生产的时间越长,被周转使用的次数便越多,资金增值额便越大。

(3) 资金增值能力(利率)。在总资金和时间一定的情况下,利率越高,资金增值额便越大。

(4) 资金增值方式。资金增值方式可分为单利计息增值和复利计息增值两种。单利计息增值就是只按本金计息增值,利息不再计息增值的计算方式。复利计息增值方式就是不仅本金能计息增值,而且需要将本金所产生的利息在下期转为本金,再计息增值,即本能生利,利也能生利,也就是通常所说的"利滚利"。财务管理中,时间价值一般都按复利计息增值方式计算,因为企业的资金在不断地周转,而且每一次周转都会使自己增值,进而再参加周转,再增值……企业的资金像滚雪球一样地增值。所以,企业的财务预测、财务决策等都应使用复利计息增值方式计算。

(二) 资金时间价值的表示方式

资金时间价值的表示方式有绝对数和相对数两种。

(1) 绝对数。绝对数即增值额。如100元投资一年,获得10元的增值额。

(2) 相对数。相对数即利率。如100元投资一年,获得10%的增值率。

在财务管理实务中,由于时间价值一般都按复利计息增值方式计算,影响一笔资金某段时间产生增值额大小的主要因素是增值率(利率),所以,相对数(利率)就可以表示资金时间价值。

常见的资金时间价值表现形式有银行存款利率、贷款利率、债券利息率、股票投资收益、项目投资收益率、资金成本率等。其大小会受到市场平均经济增长率、通货膨胀率、资金供求情况、风险高低的影响。市场平均经济增长率越高,资金通过周转所增加的价值就越高;通货膨胀率越高、资金供应量越少、风险越高,提供资金者所要求的货币补偿就越高,因而资金的时间价值就越高。

寓德于技

拿破仑的玫瑰花诺言

1797年3月,拿破仑偕同新婚妻子约瑟芬参观了卢森堡大公国第一国立小学。在那里,他们受到全校师生的热情款待。拿破仑夫妇很过意不去,在辞别的时候,拿破仑慷慨、豪爽地向该校校长送上一束价值三个金路易的玫瑰花。他说:"为了答谢贵校对我,尤其是对我夫人约瑟芬的盛情款待,我不仅今天呈上一束玫瑰花,并且在未来的日子里,只要我们法国存在一天,每年的今天我将派人送给贵校一束价值相等的玫瑰花作为法兰西与卢森堡友谊的象征。"

时过境迁,疲于连绵不断的战争和此起彼伏的政治事件,最终惨败而被流放的拿破仑把青年时代在卢森堡的许诺忘得一干二净,可卢森堡这个小国却把这段"欧洲巨人与卢森堡孩子亲切和睦相处的一刻"载入史册。

1984年年底,这件相隔百年的轶事却给法国惹出个大麻烦——卢森堡通知法国政府,提出了"玫瑰花悬案"之索赔,要求:要么从1797年起,用每年三个金路易作为一束花的本金,按5厘复利息(即利滚利)结算,全部清偿这笔玫瑰花外债;要么法国各大报纸承认拿破仑是言而无信的小人。

起初,法国政府认为"法国的一代天骄之荣誉,岂可被区区小事诋毁?",打算不惜重金赎回拿破仑的荣誉。但是,财政部门官员看着从电子计算机里输出的数据时,不禁面面相觑,叫苦不迭。原本三个金路易的"玫瑰花债项"核算的本息竟高达1 375 596法郎。经过一番苦思苦想,法国人用如下的措辞获得了卢森堡公民的谅解:今后,无论在精神上还是在物质上,法国将始终不渝地对卢森堡公国中小学教育事业予以支持与赞助,来兑现我们的拿破仑将军一言千金的玫瑰花诺言。

本案例中每年三个金路易的玫瑰花,在一百八十七年后却要价值1 375 596法郎,是由于资金具有时间价值,每年的三个金路易在一百八十七年中投资与再投资产生了大量的资金增值。

许诺只在一瞬,践行却要永远。人无信不立,我国自古有"一诺千金"之言,法国政府智慧的答复践行了拿破仑当年的诺言。

资料来源:网易。拿破仑一束玫瑰花的代价 https://www.163.com/dy/article/GJRI0PJN0543NPPL.html,资料有修改。

三、资金时间价值的应用

(一) 资金时间价值可以成为评价投资方案是否可行的基本标准

资金时间价值是投资者投资要求的最低回报,可以成为评价投资方案是否可行的基本标准。一方面,资金时间价值对于资金使用者而言属于不存在风险和通货膨胀情况下的最小成本;另一方面,竞争使得市场经济中各部门投资项目的利润率趋于平均化,每个投资者在投资某个项目时,最低要求是要获得不低于社会平均利润率的报酬,如果投资某项目预期得到的报酬率小于社会平均利润率,则投资者就会投资于另外的项目。

(二) 企业应充分利用闲置资金

资金时间价值的概念告诉我们,企业的闲余资金应尽量地利用,或扩大生产经营规模,或对外投资,使资金发挥作用。长期的大量的资金闲余是极不经济的。

(三) 企业资金管理应建立"早收晚付"的观念

资金时间价值的另一个重要应用是"早收晚付"观念。对于不附带利息的货币收支,与其晚收不如早收,与其早付不如晚付,货币在自己手上,可以立即用于消费而并不必等待将来消费,可以投资获利而无损于原来的价值,可以用于预料不到的支付,因此"早收晚付"在经济上是有利的。

四、资金时间价值的计算指标

由于资金具有时间价值,所以不同时间的货币收支不宜直接进行比较,需要把它们换算到相同的时间点上,才能进行大小比较的计算。财务管理中把这种换算称为资金时间价值的计算。资金时间价值计算所涉及的指标主要有以下五个。

(一) 某期现金流量

某期现金流量(C)是指与时点相对应的某期的现金流。比如,第一期期末现金流入1 000元,第二期期末现金流入2 000元,就表示为$C_1=1\,000$元,$C_2=2\,000$元。

(二) 终值

终值(F)也称将来值或本利和,它是指现在一笔资金或一系列收付款项按一定的利息率计算所得到在未来某个时点上的价值。比如,现在存入银行10 000元资金,年利率10%,一年后一次性收回11 000元,这11 000元就是10 000元在一年后的终值。

(三) 现值

现值(P)又称本金或初始金额,它是指未来一笔资金或一系列收付款按一定的利息率计算所得到的现在的价值。比如,一年后的11 000元按利率10%折合到现在的价值就是10 000元,这10 000元就是一年后的11 000元的现值。

(四) 期数

期数(n)是指计息的次数。如3年期,每年计息一次,计息期数就为3。需注意的是,期数并不一定是年数。比如:3年,每半年计息一次,期数单位就为半年,期数为6;3年,每月计息一次,期数单位就为月,期数为36。

(五) 利率/折现率

利率(i)与折现率是相对的,将现在一笔资金投放于市场,求未来价值时称为利率,而将未来一笔资金折合到现在,求现值时称为折现率,用i来表示,它是资金时间价值的相对数表现形式。对于投资人而言,资金时间价值是其投出资金而要求的最低报酬率,即必要报酬率;对于筹资人而言,资金时间价值是使用他人资金所付出的代价,即资本成本率。

子任务一 绘制现金流量图

 任务要求

要求绘制[任务引例]中动感地带商铺租赁四种付款方案的现金流量图。

任务指导

由于不同时间点的资金价值不同,所以为了将资金与时间点对应起来,通常需要绘制现金流量图。现金流量图是指用于反映资金运动发生时间、大小和方向的线段。

现金流量图的绘制步骤如下:

第一步,从端点开始,画一条箭线作为时间轴,根据时间期数的多少在箭线上画出坐标点,从端点开始,在坐标点上依次标注时间序号为0、1、2、3…,每一期的时间长度相等,每个时间序号表示该期的期末,如图2-1所示。

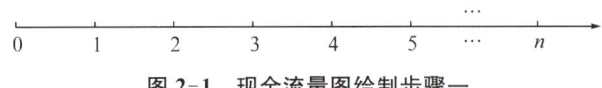

图2-1 现金流量图绘制步骤一

第二步,根据每个时点的现金流,在时间轴上对应位置画出垂直于时间轴的箭线,箭头向上表示现金流入,箭头向下表示现金流出,如图2-2所示。现金流箭线长短原则上与金额大小成比例,但是在实务中,若金额相差太大,可不必严格按照比例画,但是需要以箭线长短区分出金额的大小。

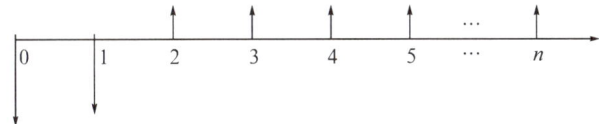

图2-2 现金流量图绘制步骤二

第三步,在箭头处标明现金流金额(用C来表示),由于箭头方向已经代表了现金流的流入流出方向,所以,标注的金额不需要以正负号表示方向,仅用数字表示大小即可。常用的现金流量图如图2-3所示。

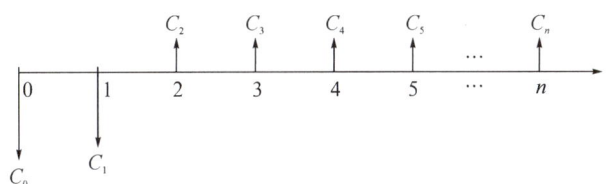

图2-3 常用现金流量图

 任务实施

[任务引例]中,方案一的现金流量图如图2-4所示。

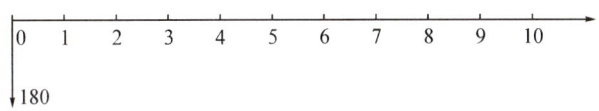

图2-4 方案一现金流量图

方案二的现金流量图如图2-5所示。

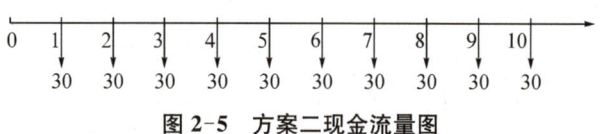

图 2-5　方案二现金流量图

方案三的现金流量图如图2-6所示。

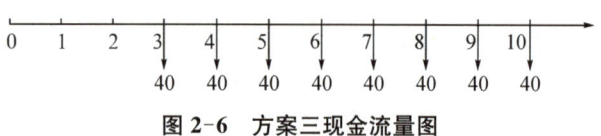

图 2-6　方案三现金流量图

方案四的现金流量图如图2-7所示。

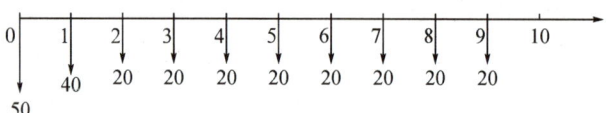

图 2-7　方案四现金流量图

同步训练

1. 邦普公司需要一种设备，现有三个方案：

方案一：自己购买，需要资金100万元；

方案二：融资租入，每年年初支付25万元，连付5年；

方案三：融资租入，每年年末支付28万元，连付5年。

要求：绘制三个方案的现金流量图。

2. 邦普公司有一投资项目共10年期，预计第一年可获得收益600万元，以后两年，每年增加100万元，从第四年到第九年每年收益相同，均为1 000万元，第10年收益1 100万元。

要求：绘制该投资项目收益的现金流量图。

子任务二　识别现金流的类型

任务要求

请分别指出动感地带商铺租赁四种付款方案收付款现金流的类型。

任务指导

资金收付款的现金流总体来说可以分为三种类型：一次收付款项、年金、复杂现金流。

一、一次收付款项

一次收付款项,是指资金的收或付只发生一次的现金流。比如[任务引例]中的方案一:立即支付所有款项共计180万元,现金流量图中只有一笔现金流,如图2-4所示。

二、年金

年金,是指在一定时期内,每期收到或者付出的等额款项,通常我们用A来表示。年金与一次收付的区别在于资金的收付不是只发生一次,而是等额发生多次。

(一) 年金的特点

现实生活中,有很多与年金有关的问题,如折旧、租金、等额分期付款、养老金、保险费等。年金具有如下特点:

(1) 多次收付(系列收付)款。

(2) 间隔期(时间)相等。

(3) 各期金额相等。

(4) 收付款方向相同。

(二) 年金的类型

按照收付的次数和支付的时间划分,年金分为普通年金、即付年金、递延年金、永续年金四种。

1. 普通年金

普通年金,是指每期期末等额收款或付款的年金,又称后付年金。例如,5年内每年年末收到100万元,其现金流量如图2-8所示。

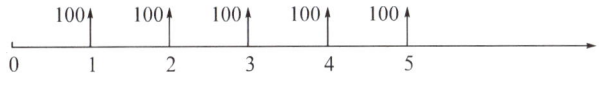

图2-8 普通年金现金流量图举例

普通年金是年金中的基本形式,在财务管理中,没有特殊说明的情况下,年金都指的是普通年金。

2. 即付年金

即付年金,是指一定时期内每期期初等额的系列收付款项,又称预付年金或先付年金。它与普通年金的差别仅在于收付款的时间不同,即付年金的现金流比普通年金的早一期。例如5年内每年年初收到100万元,其现金流量如图2-9所示。

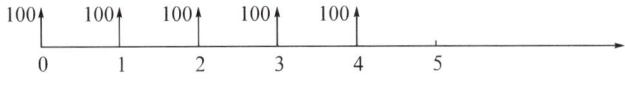

图2-9 即付年金现金流量图举例

3. 递延年金

递延年金又叫延期年金,是指在最初若干期没有收付款项,随后若干期以后,每期期末等额收款或付款的年金。它是延迟若干期以后的普通年金,是普通年金的特殊形式。例如,前两年不发生现金流入或流出,之后三年,每年年末收到100万元,其现金流量如图2-10所示。我们通常用 m 表示递延期,用 n 表示现金收支期数。图2-10中,$m=2$,$n=3$。

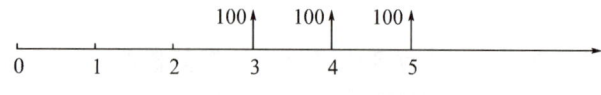

图2-10 递延年金现金流量图举例

4. 永续年金

永续年金是指无限期连续收款或付款的年金,它是普通年金的特殊形式,即期限趋于无穷的普通年金。例如,未来每年年末支付100元,其现金流量如图2-11所示。

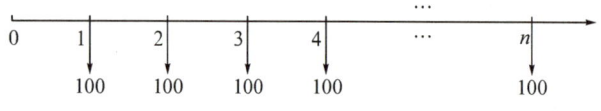

图2-11 永续年金现金流量图举例

在现实生活中,存本取息可视为永续年金的例子;也可将利率较高、持续期限较长的年金视为永续年金;此外,一些公司发行的固定股利的优先股也可视为永续年金。

三、复杂现金流

复杂现金流是一次收付款与年金的组合形式,主要包括:多个一次收付款组合(图2-12)、多个年金形式组合(图2-13)、一次收付款与年金的各种组合(图2-14)。

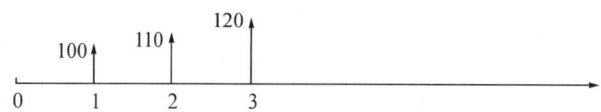

图2-12 多个一次收付款组合的现金流量图举例

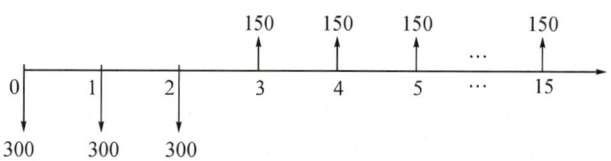

图2-13 多个年金形式组合的现金流量图举例

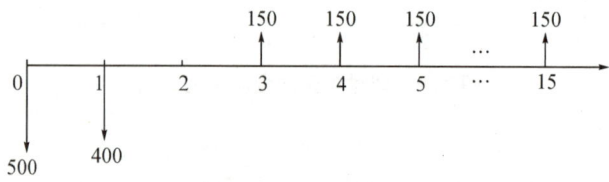

图2-14 一次收付款与年金组合的现金流量图举例

任务实施

方案一：

根据方案一现金流量图(图2-4)可见,整个时间轴上,现金收支只发生了一次,即在起始点有现金流出180万元,因此方案一的现金流量类型为一次收付款项。

方案二：

根据方案二现金流量图(图2-5)可见,从第一期到第十期,每期期末都有等额的现金支出30万元,共支出10期,因此方案二属于普通年金形式,年金 $A=30$,期数 $n=10$。

方案三：

根据方案三现金流量图(图2-6)可见,前两期并没有发生现金流入或流出,从第三期期末开始,每期期末会有等额的现金支出40万元,总共支出了8期,因此方案四属于递延年金形式,递延期 $m=2$,现金收支期数 $n=8$。

方案四：

根据方案四现金流量图(图2-7)可见,第一期期初支出50万元,第二期期初支出40万元,这两项现金流出各不相同,可以理解为两个一次收付款项,后8期每期期初都有等额的现金支出20万元,因此后8期属于即付年金形式,总体来说,方案四现金流属于复杂现金流的两个一次收付款与年金组合形式。

同步训练

1. 邦普公司需要一种设备,现有三个方案。

方案一：自己购买,需要资金100万元；

方案二：融资租入,每年年初支付25万元,连付5年；

方案三：融资租入,每年年末支付28万元,连付5年。

要求：分析三个方案的现金流类型。

2. 邦普公司有一投资项目共10年期,预计第一年可获得收益600万元,以后两年,每年增加100万元,从第四年到第九年每年收益相同,均为1 000万元,第十年收益1 100万元。

要求：分析该投资项目收益的现金流类型。

子任务三　计算资金终值

[任务引例]中动感地带租赁商铺的四种付款方案由于付款时间和付款金额不一致无法直接比较优劣,因此,可以将每个付款方案的付款资金全部折合在第十年年末,看看每个方案所付的款相当于第十年年末多少钱,这样同一时点的资金就有了可比性。由于资金收付的形式有一次收付、年金以及各种复杂形式,所以,资金终值的计算也分各种情景进行。

情景一　一次收付款的终值计算

任务要求

> 本项目[任务引例]中动感地带投资报酬率要求不低于15%，请计算商铺租赁方案一所支付的180万元相当于第10年年末的价值。

方案一属于资金一次收付形式，任务要求计算现在的180万元在10年年末的价值，这属于一次收付款的终值计算。

知识准备

为了很好地理解一次收付款复利终值的含义，我们需要引入一个案例。

小王现有10万元，欲将其作为本金投资做生意，如果每年的获利率可达到10%，小王在该项投资中产生的获利每年不收回，将继续投入该生意中，那么5年后小王会有多少资金？

案例中小王投入的资金只有一笔，要求计算这一笔资金在5年后的终值，所以为一次收付款的终值计算。小王每年将获利继续投入该生意中实质上属于复利计息方式，在该方式下，每年末的本利和同时作为下一年的本金产生了利息。则小王的投资在以后5年的价值分别为：

第一年年末的价值＝10×(1+10%)＝11(万元)
第二年年末的价值＝11×(1+10%)＝12.1(万元)
第三年年末的价值＝12.1×(1+10%)＝13.31(万元)
第四年年末的价值＝13.31×(1+10%)＝14.641(万元)
第五年年末的价值＝14.641×(1+10%)＝16.1051(万元)

由以上分析可见，一次收付款的复利终值计算公式为：

$$F = P(1+i)^n$$

公式中的 $(1+i)^n$ 被称为复利终值系数或者1元的复利终值，用符号 $(F/P, i, n)$ 表示，其数值可以通过查阅"复利终值系数表"得到。该表的横坐标为利率 i，纵坐标为计息期数 n，行与列相交处的数字即为 $(1+i)^n$。如 $(F/P, 10\%, 10)=2.5937$，表明现在的1元钱在利率为10%的情况下与10年后的2.5937元在经济上是等效的。

任务指导

一次收付款的终值可以通过复利终值系数来计算，也可以利用 Excel 中 FV 函数计算。

1. 利用复利终值系数计算一次收付款项终值

利用系数表进行计算时,复利终值表示为:

$$F = P(F/P, i, n)$$

具体操作步骤为:

第一步:判断资金收付类型,若判断为一次收付款项,确定一次性收付款金额 P。

第二步:确定利率 i 和期数 n,注意利率和期数单位必须统一,比如期数单位为年,利率就必须是年利率;期数单位为月,利率就相应为月利率。

第三步:查阅"复利终值系数表"得到 $(F/P, i, n)$。

第四步:将第一步确定的收付款金额 P 乘以第三步查出的复利终值系数 $(F/P, i, n)$,得到一次收付款项终值 F。

2. 利用 Excel 中 FV 函数计算一次收付款项终值

如果业务中利率不为整,比如利率为 0.87%,或者期数比较大,比如 165 期,利用复利系数表很难完成计算,这时候就需要利用 Excel 中 FV 函数来计算,可以大大减少工作量,大幅提高效率。

自主学习

FV 函数表示为:

$$FV(rate, nper,, pv, type)$$

rate:每期利率,这里需要注意利率与计算期间相对应,例如,按照 6% 的年利率借入一笔贷款来购买汽车,并按月偿还贷款,则利率也需要按月计算,月利率为 0.5%(6%÷12)。

2-2 操作演示视频——FV 函数的应用

nper:收付款的期数。例如,对于一笔 3 年期按月偿还贷款的汽车贷款,共有期数 36 期(3×12)。

pmt:年金,FV 函数不仅可以计算一次性收付款的复利终值,还可以计算年金终值,如果每期收付款的现金流为年金形式,则忽略 pv 参数,函数中必须包括 pmt 参数。

pv:现值,如果每期收付款的现金流为一次收付款项形式,则忽略 pmt 参数,函数中必须包括 pv 参数。

type:如果每期收付款的现金流为年金类型,选择 0 或者 1,其中 0 为后付年金,1 为即付年金,如果每期收付款的现金流不是年金类型,则忽略该参数。

用 FV 函数计算一次收付款终值时可以表示为:

$$FV(rate, nper,, pv,)$$

由于一次性收付款求终值时不涉及年金,因此函数中两个逗号之间,即参数 pmt 的位置没有数据;同样的道理,没有年金也就不会涉及年金类型 type,该参数直接忽略。

具体操作步骤为：

第一步：确定 rate、nper、pv 的参数值；

第二步：打开 Excel，选择单元格输入"=FV(rate,nper,,pv)"，如相应的参数值为 FV(10%,5%,,-10)，点回车键即可，如图 2-15 所示。

注意输入 pv 金额时，要带上金额符号，比如小王投入 10 万元做生意，为现金流出，那么 pv 参数就输入"-10"，这样得到的终值才能是正的。

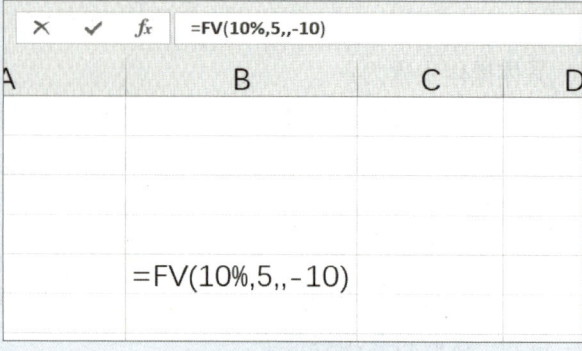

图 2-15 FV 函数计算一次收付款终值举例

FV 函数默认现在有付出将来才会有回报，或者现在得到资金，将来就要连本带息偿还，所以函数 pv 的方向与 FV 的方向是相反的。

任务实施

1. 利用复利终值系数计算一次收付款项终值

(1) 根据子任务二可知方案一为一次收付款项，金额为 180 万元。

(2) 根据任务要求可知，动感地带投资报酬率要求不低于 15%，对于投资人而言，资金时间价值的相对数表示形式——利率 i，一般选择企业要求的最低报酬率，因此 $i=15\%$；要求将现在的 180 万元折合到 10 年后，所以期数 $n=10$。

(3) 查阅"复利终值系数表"得到 $(F/P,15\%,10)=4.0456$。

(4) $F=180\times(F/P,15\%,10)=728.20$（万元）。

2. 利用 Excel 中 FV 函数计算一次收付款项终值

(1) 确定参数值：$rate=15\%$、$nper=10$、$pv=-180$。

(2) 在 Excel 单元格中输入"=FV(15%,10,,-180)"，得到终值 FV 为 728.20 万元，如图 2-16 所示。

因此，动感地带商铺租赁方案一所支付的 180 万元相当于第 10 年年末的 728.20 万元。

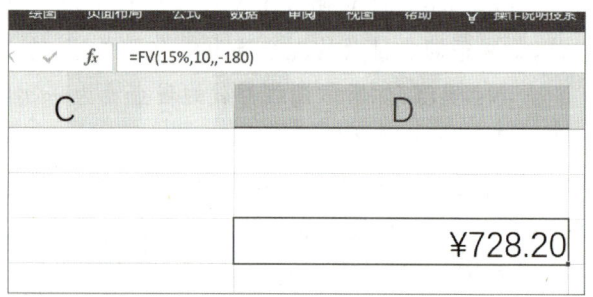

图 2-16 FV 函数计算方案一付款终值

同步训练

某项投资的年回报率为 12%，邦普公司计划投资 300 万元，按月计算投资收益。请分别计算第一年年末、第二年年末、第三年年末该公司该项资产的余额是多少？

情景二　普通年金的终值计算

**任务要求**

> 本项目[任务引例]中动感地带投资报酬率要求不低于15%,请计算商铺租赁方案二每年年末支付30万元租金相当于第十年年末的价值。

方案二属于普通年金收付形式,任务要求计算每年年末的30万元在第十年年末的价值,这属于普通年金终值的计算。

知识准备

为了更好地理解普通年金终值的含义,我们需要引入一个案例。

AMER公司有项投资预计未来连续3年每年年末可获得100万元分红,资金部根据AMER公司近年来的现金管理策略打算将其用于再投资。在投资报酬率为10%的情况下,该项分红第三年年末累计为多少?

AMER公司未来连续3年每年年末要将100万元分红进行再投资,投资现金流出了三次,从第一期期末开始到第三期期末,资金收付款现金流为普通年金形式。

从图2-17中我们可以看到,第一期期末的100万元到第三期期末,应赚得两期利息,因此到第三期期末应为121万元[$100×(1+10\%)^2$];第二期期末投资的100万元到第三期期末,应赚取一期利息,因此到第三期期末应为110万元[$100×(1+10\%)^1$];第三期期末投资的100万元还没有开始赚取利息,因此其价值依然是100万元[$100×(1+10\%)^0$]。整个年金终值为331万元(121+110+100)。

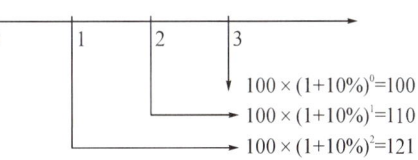

图2-17　AMER公司投资资金终值分析

由以上分析可见,年金终值的计算可以根据多个一次收付款复利终值的计算公式推导求得:

$$F = A(1+i)^{n-1} + A(1+i)^{n-2} + \cdots + A(1+i)^2 + A(1+i)^1 + A(1+i)^0$$
$$= A[(1+i)^{n-1} + (1+i)^{n-2} + \cdots + (1+i)^2 + (1+i)^1 + (1+i)^0]$$
$$= A \cdot \sum_{t=1}^{n}(1+i)^{t-1}$$
$$= A \frac{(1+i)^n - 1}{i}$$

由年金终值的推导过程可见,年金终值其实是一系列收付款(年金)在终点的价值之和。上式中的$\frac{(1+i)^n-1}{i}$被称为年金终值系数,记作$(F/A, i, n)$。其数值可以通过查阅"年金终值系数表"得到(附表3),该表横坐标为利率,纵坐标为期数 n,行与列相交处的数字即为 $\frac{(1+i)^n-1}{i}$。如 $(F/A, 10\%, 10) = 15.9374$,表明每期期末的 1 元钱在利率为 10% 的情况下,第十期期末的本利和为 15.9374 元,它是 10 个不同时点的 1 元钱在终点的本利和。

2-4 思考提示

> 年金终值系数与复利终值系数之间有什么关系?

任务指导

普通年金终值可以通过年金终值系数来计算,也可以利用 Excel 中 FV 函数计算。

1. 利用年金终值系数计算普通年金终值

利用系数表进行计算时,年金终值表示为:

$$F = A(F/A, i, n)$$

第一步:判断资金收付款类型,若判断为普通年金,确定年金 A 的金额。

第二步:确定利率 i 和期数 n,注意利率和期数单位必须统一,比如期数单位为年,利率就必须是年利率;期数单位为月,利率就相应为月利率。

第三步:查阅"年金终值系数表"得到 $(F/A, i, n)$。

第四步:将第一步确定的收付款金额 A 乘以第三步查出的年金终值系数 $(F/A, i, n)$,得到普通年金终值 F。

2. 利用 Excel 中 FV 函数计算普通年金终值

自主学习

> 利用 FV 函数计算普通年金终值时,函数表示为:
>
> $$FV(rate, nper, pmt, , 0)$$
>
> 在 Excel 中,终值的计算都将用到 FV 函数,在普通年金终值的计算过程中,rate、nper 参数的输入要求与一次收付款相同,需要注意两个参数的正确应用。
>
> pmt:函数中必须包括 pmt 参数,它就是年金 A 的金额,而在一次收付款求终值时,它是没有的。
>
> type:普通年金 type 参数输入"0"或者直接忽略不输入;若为预付年金,则 type 参数输入"1"。
>
> 与一次收付款复利终值相同,我们也可以利用 Excel 中 FV 函数来完成年金终值的计算。

利用 FV 函数计算年金终值的操作方法和一次收付款求终值相同,区别仅在于输入的参数值不同,在普通年金的计算中,输入参数值为:$rate$、$nper$、pmt。

注意:与一次收付款求终值相同,输入 pmt 金额时,要带上金额符号,比如 AMER 公司每年年末以收得的分红 100 万元进行投资,这三笔 100 万元,为普通年金,pmt 参数就输入"-100",这样得到的终值才能是正的。

任务实施

1. 利用年金终值系数计算年金终值

(1) 根据任务要求可知动感地带商铺租赁方案二每年年底都要求支付 30 万元,该系列支出为普通年金形式,年金为 30 万元。

(2) 动感地带要求的投资报酬率不低于 15%,因此 $i=15\%$;共支付 10 年,所以期数 $n=10$。

(3) 查阅"复利终值系数表"得到$(F/A,15\%,10)=20.3037$。

(4) $F=30\times(F/A,15\%,10)=609.11$(万元)。

2. 利用 Excel 中 FV 函数计算一次收付款项终值

(1) 确定参数值:$rate=15\%$、$nper=10$、$pmt=-30$。

(2) 在 Excel 单元格中输入"=FV(15%,10,-30)"或者"=FV(15%,10,-30,,0)",得到终值 FV 为 609.11 万元,如图 2-18 所示。

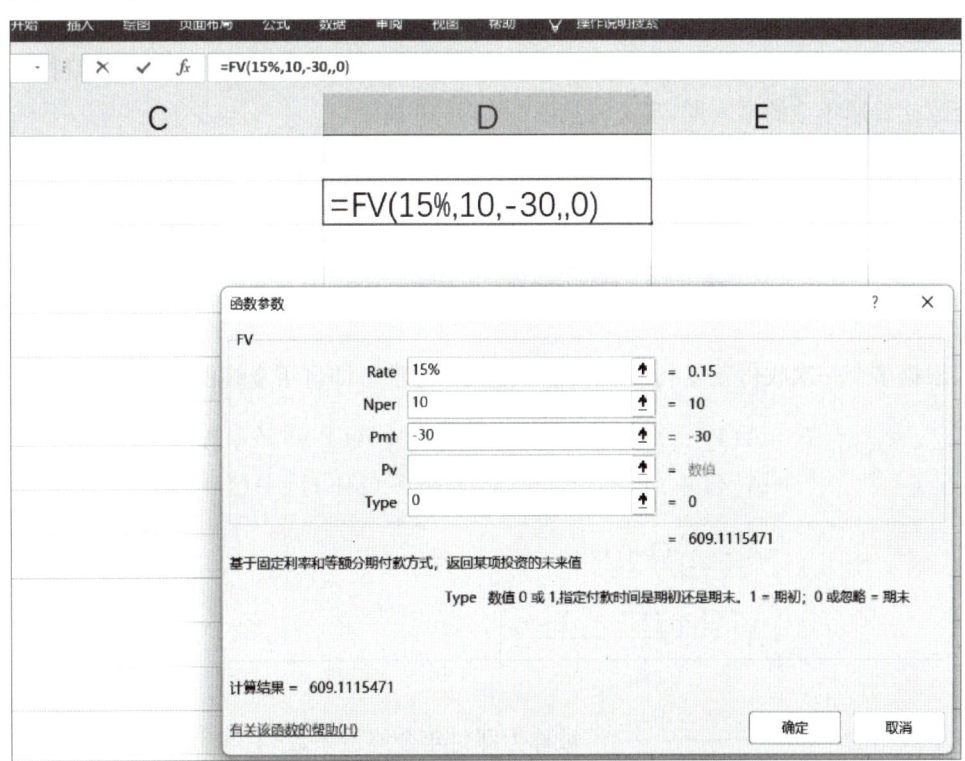

图 2-18 FV 函数计算方案二付款终值

因此,动感地带商铺租赁方案二每年年底支付 30 万元相当于第十年年末的 609.11 万元。

同步训练

邦普公司从 2018 年开始,每年年末向贫困山区的学生进行助学捐款 10 万元。企业平均投资报酬率为 10%,这些捐款到 2033 年年底相当于多少钱?

情景三　即付年金的终值计算

任务要求

> 动感地带根据市场需求,拟新增一个品类的动漫产品销售,目前品牌方提出的授权代理费分期付款方案为分期 10 年,每年年初支付 50 万元。动感地带投资报酬率要求不低于 15%,拟新增的该品类授权代理费在第十年年末的总额是多少?

品牌方提出的授权代理费分期付款方案分期 10 年,每年年初支付 50 万元,其收付款现金流为即付年金形式,要求计算所支付的代理费在 10 年年末的总额就是求即付年金终值。

知识准备

即付年金终值是指一定时期内每期期初系列收付款项的复利终值之和。即付年金的现金流比普通年金的早一期,现金流量图如图 2-19 所示。

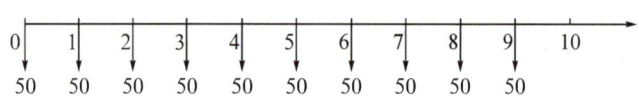

图 2-19　授权代理费分期付款方案现金流量图

根据多个一次收付款复利终值的计算公式推导求得即付年金终值的计算公式为:

$$F = A(1+i)^n + A(1+i)^{n-1} + \cdots + A(1+i)^2 + A(1+i)^1$$
$$= A[(1+i)^n + (1+i)^{n-1} + \cdots + (1+i)^2 + (1+i)^1]$$
$$= A \cdot \sum_{t=1}^{n}(1+i)^t$$
$$= A\left[\frac{(1+i)^{n+1}-1}{i} - 1\right]$$

上式中的 $\left[\dfrac{(1+i)^{n+1}-1}{i} - 1\right]$ 被称为即付年金终值系数,它与普通年金终值系数相比,期数多 1,而系数少 1。因此可利用"普通年金终值系数表"查 $(n+1)$ 期的值,再减去

1 后便得到即付年金终值系数。即付年金终值系数用 $[(F/A,i,n+1)-1]$ 来表示。

🔍 任务指导

即付年金终值可以通过年金终值系数来计算,也可以利用 Excel 中 FV 函数计算。

1. 利用年金终值系数计算即付年金终值

利用系数表进行计算时,年金终值表示为:

$$F = A \times [(F/A,i,n+1)-1]$$

第一步:判断资金收付款类型,若判断为即付年金,确定年金 A 的金额。

第二步:确定利率 i 和期数 n,注意利率和期数单位必须统一,比如期数单位为年,利率就必须是年利率;期数单位为月,利率就相应为月利率。

第三步:查阅"年金终值系数表"得到即付年金终值系数 $[(F/A,i,n+1)-1]$。

第四步:用即付年金终值系数乘以年金得到即付年金终值 F。

2. 利用 Excel 中 FV 函数计算即付年金终值

📖 自主学习

> 与普通年金终值计算相同,利用 FV 函数计算即付年金终值时,函数表示为:
>
> FV(rate,nper,pmt,,1)
>
> FV 函数计算即付年金终值的操作方法和步骤与普通年金终值计算相同,区别仅在于 type 参数的设置。普通年金 type 参数设置为"0";即付年金 type 参数设置为"1"。

🔎 任务实施

1. 利用即付年金终值系数计算终值

(1) 根据任务要求可知目前品牌方提出的授权代理费分期付款方案款项支出为即付年金形式,年金为 50 万元。

(2) 动感地带要求的投资报酬率不低于 15%,因此 $i=15\%$;款项支付共 10 年,所以期数 $n=10$。

(3) 查阅"复利终值系数表"得到 $(F/A,15\%,11)-1=23.3493$。

(4) $F=50 \times 23.3493=1\,167.46$(万元)。

2. 利用 Excel 中 FV 函数计算即付年金终值

(1) 确定参数值:$rate=15\%$、$nper=10$、$pmt=-50$、$type=1$。

(2) 在 Excel 单元格中输入"=FV(15%,10,-50,,1)",得到终值 FV 为 1 167.46 万元,如图 2-20 所示。

因此,动感地带拟新增的该品类授权代理费在 10 年年末的总额为 1 167.46 万元。

图 2-20　FV 函数计算授权代理费终值

同步训练

邦普公司有一基建项目,分 5 次投资,每年年初投资 1 000 万元,预计第五年年末建成。投资款均向银行借款取得,利率为 8%,则该项目的投资总额是多少?

情景四　递延年金的终值计算

任务要求

本项目[任务引例]中动感地带投资报酬率要求不低于 15%,请计算商铺租赁方案三,从第三年开始,每年年末支付的 40 万元租金相当于第十年年末的价值。

任务指导

从商铺租赁方案三的现金流量图(图 2-6)中,我们可以看到,递延期对递延年金的终值计算并不产生影响,因此递延年金终值计算公式与普通年金终值计算相同。

$$F=A(F/A,i,n)$$

需要注意的是,这里的 n 仅指出现现金流的期数,不需要考虑递延期。如商铺租赁方案三中,发生现金流的期数为 8 期,因此 n 为 8。

递延年金终值的计算方法与普通年金相同,可以利用年金终值系数计算,也可以利用 Excel 中 FV 函数计算。

任务实施

1. 利用年金终值系数计算递延年金终值

(1) 判断现金流类型为递延年金,递延期 2 期,现金收付发生 8 期。

(2) 年金期数 $n=8$ 期,年金金额 $A=40$ 万元,动感地带要求的投资报酬率不低于

15%，因此 $i=15\%$。

(3) 查阅"复利终值系数表"得到 $(F/A,15\%,8)=13.7268$。

(4) $F=40\times13.7268=549.07(万元)$。

2. 利用 Excel 中 FV 函数计算递延年金终值

(1) 确定参数值：$rate=15\%$、$nper=8$、$pmt=-40$、$type=0$ 或者忽略。

(2) 在 Excel 单元格中输入"$=FV(15\%,8,-40)$"，得到终值 FV 为 549.07 万元，如图 2-21 所示。

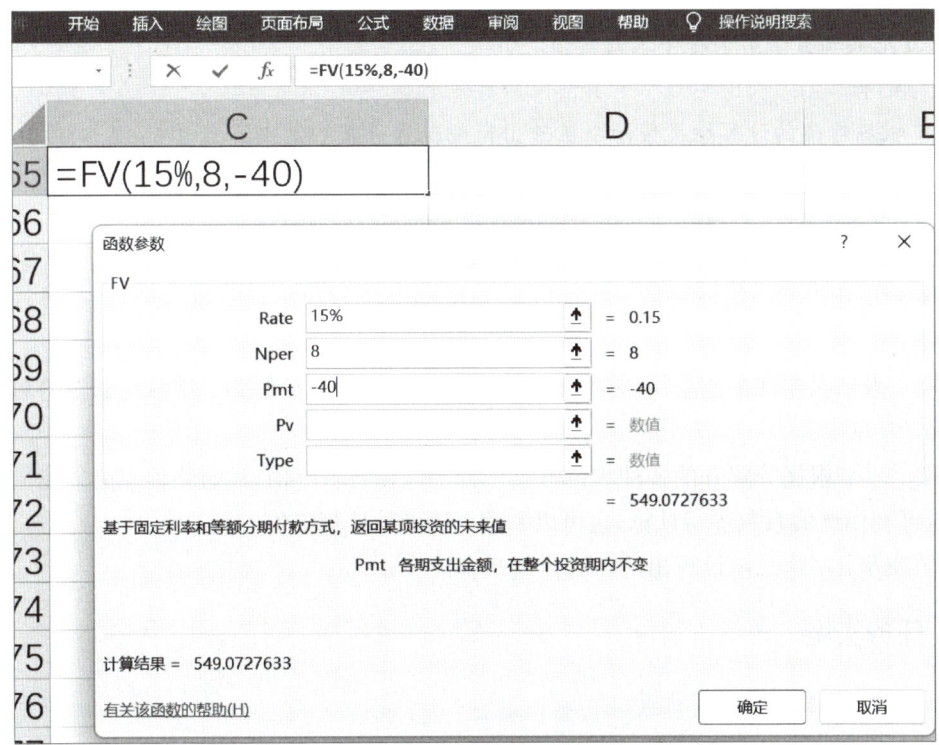

图 2-21　FV 函数计算商铺租赁方案三终值

因此，动感地带商铺租赁方案三中，从第三年开始，每年年末支付的 40 万元租金相当于第十年年末的 549.07 万元。

同步训练

邦普公司拟一次性投资开发某农庄，预计该农庄能存续 15 年，但是前 5 年不会产生净收益，从第六年开始，每年年末产生净收益 50 万元，到期时残值变现收益预计为 10 万元。若农庄的投资报酬率为 10%，该农庄给企业带来累计收益为多少？

情景五　复杂现金流的终值计算

任务要求

要求一：
本项目[任务引例]中动感地带投资报酬率要求不低于15%，请计算商铺租赁方案四，第一年年初支付50万元，第二年年初支付40万元，以后8年每年年初支付20万元共相当于第十年年末的价值。

要求二：
根据终值的计算结果帮助小王作出商铺租赁付款方案决策。

任务指导

复杂现金流的终值计算是一次性收付款现金流与各种年金的组合形式，具体计算步骤如下：

第一步：根据现金流量图，将复杂现金流的资金收付款分解为一次收付款及各种年金形式。

第二步：根据分解开的各种收付款类型分别计算各自终值，注意终值点必须是同一个时点，可利用终值系数进行计算，也可以利用FV函数计算终值。

第三步：将第二步计算出的各终值进行合计。

任务实施

1. 复杂现金流的终值计算
（1）资金收付款分解。

方案四现金流属于复杂现金流的两个一次收付款加即付年金形式，我们需要将这10笔款项在第十期期末合计。计算终值时，我们需要将50万元和40万元作为一次收付款分别求终值，从第三期期初到第十期期末，这8期的系列支付属于即付年金，可以一次求终值，现金流分析如图2-22所示。

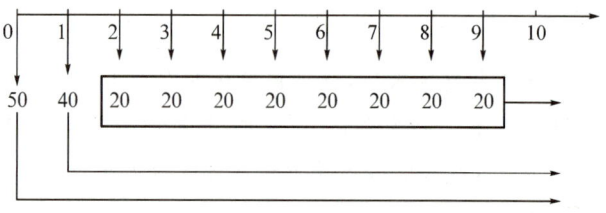

图2-22　方案四现金流分析图

(2) 分别计算终值。

① 利用终值系数计算。

50 万元的终值：$F=50×(F/P,15\%,10)=50×4.0456=202.28(万元)$

40 万元的终值：$F=40×(F/P,15\%,9)=40×3.5179=140.72(万元)$

即付年金终值：$F=20×[(F/A,15\%,8+1)-1]=20×15.7858=315.72(万元)$

② 利用 FV 函数计算。

分别在三个 Excel 单元格中输入"=FV(15%,10,,-50)""=FV(15%,9,,-40)" "=FV(15%,8,-20,,1)"，得到各自的终值 202.28 万元、140.72 万元、315.72 万元。

(3) 终值合计。

$F=202.28+140.72+315.72=658.72(万元)$

2. 付款方案决策

动感地带租赁商铺的四种付款方案由于付款时间和付款金额不一致无法直接比较优劣，因此，在情景一、二、四、五的任务实施中，我们分别将每种付款方案的租金折合在第十年年末计算其终值：方案一所付租金相当于 10 年年末的 728.20 万元；方案二所付租金相当于 10 年年末的 609.11 万元；方案三所付租金相当于 10 年年末的 549.07 万元；方案四所付租金相当于 10 年年末的 658.72 万元。

作为付款方，动感地带财务经理小王应该选择更经济的付款方案，因此选择方案三。

同步训练

邦普公司有一投资项目共 10 年期，预计第一年可获得收益 600 万元，以后两年，每年增加 100 万元，从第四年到第九年每年收益相同，均为 1 000 万元，第十年收益 1 100 万元。邦普公司投资必要报酬率为 15%，则该项目 10 年累计收益为多少？

子任务四　计算资金现值

[任务引例]中动感地带租赁商铺的四种付款方案由于付款时间和付款金额不一致无法直接比较优劣，除了通过计算每个付款方案的终值进行决策，还可以通过计算现值进行决策。资金现值的计算在实际工作中应用更加广泛，因为人们对资金当下的价值，也就是现值更加有直观感受。由于资金收付的形式有一次收付、年金以及各种复杂形式，资金现值的计算也分各种情景进行。

情景一　一次收付款的现值计算

任务要求

动感地带有项投资，在 5 年后将获得收益 100 万元。假设投资报酬率为 15%，要求确定动感地带现在应投入的资金额。

已知 5 年后一次性得到的终值 100 万元,求现在投入的价值,为一次收付款求现值的情形,称为复利现值的计算。

知识准备

复利现值,是指在将来某一特定时间取得或支出一定数额的资金,按复利折算到现在的价值。复利现值的计算是已知终值 F,求现值 P。其计算公式可由复利终值计算公式推导求得:

$$P = F/(1+i)^n = F(1+i)^{-n}$$

2-5 思考提示

想一想

复利现值系数与复利终值系数之间有什么关系?

公式中的 $(1+i)^{-n}$ 被称为复利现值系数,记作 $(P/F, i, n)$,其数值可以通过查阅"复利现值系数表"(附表 2)得到。该表的横坐标为贴现率 i,纵坐标为贴现期数 n,行与列相交处的数字即为 $(1+i)^{-n}$。如 $(P/F, 10\%, 10) = 0.3855$,表明 10 年后的 1 元钱在利率为 10% 的情况下与现在的 0.3855 元在经济上是等效的。

"复利现值系数表"的作用不仅在于已知 i 和 n 时查找 1 元的复利现值,而且可在已知 1 元的复利现值和 n 时查找 i,或已知 1 元的复利现值和 i 时查找 n。也就是说,P、i、n 三个因素中,知道任何两个因素可以查找另外一个因素。

在计算复利现值时,我们通常将 i 称为贴现率,将 n 称为贴现期。

任务指导

一次收付款现值可以通过复利现值系数来计算,也可以利用 Excel 中 PV 函数计算。

1. 利用复利现值系数计算一次收付款项现值

利用系数表进行计算时,复利现值表示为:

$$P = F(P/F, i, n)$$

具体操作步骤为:

第一步:判断资金收付类型,若判断为一次收付款项,确定一次性收付款金额 F。

第二步:确定利率 i 和期数 n,注意利率和期数单位必须统一,比如期数单位为年,利率就必须是年利率;期数单位为月,利率就相应为月利率。

第三步:查阅"复利现值系数表"得到 $(P/F, i, n)$。

第四步:将第一步确定的收付款金额 F 乘以第三步查出的复利终值系数 $(P/F, i, n)$,得到一次收付款项现值 P。

2. 利用 Excel 中 PV 函数计算一次收付款项现值

利用 PV 函数计算现值与利用 FV 函数计算终值一样,可以大大减少工作量,提高效率,特别是对于利率不为整数或者期数比较大的计算。

自主学习

利用 PV 函数计算一次性收付款复利现值时,函数表示为:

$$PV(rate,nper,,fv,)$$

函数中,rate、nper、fv、type 的使用方法与 FV 函数相同,由于该函数不仅可以计算一次性收付款的复利现值,还可以计算年金现值,fv 参数为未来值(终值)。函数中两个逗号之间没有数据,这是参数 pmt 的位置,因为一次性收付不涉及年金,也就不会涉及年金类型 type,该参数直接忽略。

具体操作步骤如下:

第一步:确定 $rate$、$nper$、fv 的参数值;

第二步:打开 Excel,选择一个空白单元格,输入"=PV($rate,nper,,fv,$)",输入相应的参数值点回车键即可。

注意:输入的 fv 金额与计算得出的 PV 金额符号是相反的,想要得到的现值为正,输入 fv 参数时需要加负号。

2-6 操作演示视频—PV 函数的应用

任务实施

1. 利用复利现值系数计算一次收付款项现值

(1) 根据任务要求可知本任务为已知一次性收款终值 100 万元,求现值。

(2) 动感地带投资报酬率要求不低于 15%,因此 $i=15\%$;已知 5 年后的终值,所以期数 $n=5$。

(3) 查阅"复利现值系数表"得到 $(P/F, 15\%, 5)=0.4972$。

(4) $P=100\times(P/F, 15\%, 5)=49.72$(万元)。

因此,动感地带想要在 5 年后获得收益 100 万元,现在应投入 49.72 万元。

2. 利用 Excel 中 PV 函数计算一次收付款项现值

(1) 确定参数值:$rate=15\%$、$nper=5$、$fv=-100$

(2) 在 Excel 单元格中输入"=PV(15%,5,,-100)",得到现值 PV 为 -49.72 万元,如图 2-23 所示。

因此,动感地带要想在 5 年后将获得收益 100 万元,现在应投入 49.72 万元。

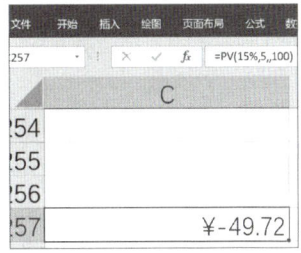

图 2-23 PV 函数计算动感地带投资额

同步训练

邦普公司某项投资的年回报率为 12%,按月复利计息。

(1) 如果该公司想要第一年年末得到 800 万元现在需要投入资金多少?

(2) 如果该公司想要第二年年末得到 800 万元现在需要投入资金多少?

(3)如果该公司想要第三年年末得到800万元现在需要投入资金多少?

情景二　普通年金的现值计算

  任务要求

> 本项目[任务引例]中动感地带投资报酬率要求不低于15%,请计算商铺租赁方案二每年年末支付30万元租金相当于现在多少万元。

根据子任务二的分析可知,动感地带商铺租赁方案二属于普通年金形式,本任务需要将未来10年每年年末的30万元折到现在后,合计相当于现在多少钱,如图2-24所示。

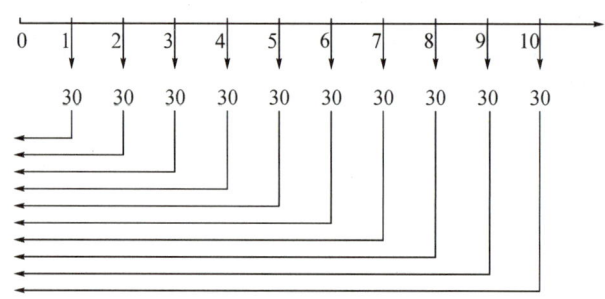

图2-24　动感地带商铺租赁方案二付款额现值计算分析

  知识准备

与普通年金终值计算公式推导思路相同,我们可以根据多个一次收付款复利现值之和(图2-24)来计算推导求得年金现值的计算公式为:

$$P = A(1+i)^{-1} + A(1+i)^{-2} + \cdots + A(1+i)^{-(n-1)} + A(1+i)^{-n}$$
$$= A[(1+i)^{-1} + (1+i)^{-2} + \cdots + (1+i)^{-(n-1)} + (1+i)^{-n}]$$
$$= A\left[\frac{1-(1+i)^{-n}}{i}\right]$$

由年金现值的推导过程可见,年金现值其实是一系列收付款(年金)在现在(零点)的价值之和。上式中的 $\frac{1-(1+i)^{-n}}{i}$ 被称为年金现值系数,记作 $(P/A, i, n)$,其数值可以通过查阅"年金现值系数表"得到。该表的横坐标为贴现率 i,纵坐标为期数 n,行与列相交处的数字即为 $\frac{1-(1+i)^{-n}}{i}$。如 $(P/A, 10\%, 10) = 6.1446$,表明每期期末的1元钱在起点的本利和为6.1446元,它是10个不同时点的1元钱在起点的本利和。

想一想

年金现值系数与复利现值系数之间有什么关系?

2-7 思考提示

任务指导

普通年金现值可以通过年金现值系数来计算,也可以利用 Excel 中 PV 函数计算。

1. 利用年金现值系数计算普通年金现值

利用系数表进行计算时,年金现值表示为:

$$P=A(P/A,i,n)$$

第一步:判断资金收付款类型,若判断为普通年金,确定年金 A 的金额。

第二步:确定利率 i 和期数 n,注意利率和期数单位必须统一,比如期数单位为年,利率就必须是年利率;期数单位为月,利率就相应为月利率。

第三步:查阅"年金现值系数表"得到 $(P/A,i,n)$。

第四步:将第一步确定的收付款金额 A 乘以第三步查出的年金现值系数 $(P/A,i,n)$,得到普通年金现值 P。

2. 利用 Excel 中 PV 函数计算普通年金现值

自主学习

利用 PV 函数计算普通年金现值时,函数表示为:

$$PV(rate,nper,pmt,,)$$

其参数设置与应用与普通年金求终值完全相同,输入金额符号的要求也与 FV 函数要求相同。

任务实施

1. 利用年金现值系数计算年金现值

(1) 根据任务要求可知动感地带商铺租赁方案二每年年底都要求支付 30 万元,该系列支出为普通年金形式,年金为 30 万元。

(2) 动感地带要求的投资报酬率不低于 15%,因此 $i=15\%$;共支付 10 年,所以期数 $n=10$。

(3) 查阅"年金现值系数表"得到 $(P/A,15\%,10)=5.0188$。

(4) $P=30\times(P/A,15\%,10)=150.56$(万元)。

2. 利用 Excel 中 PV 函数计算年金现值

(1) 确定参数值:$rate=15\%$、$nper=10$、$pmt=-30$。

(2) 在 Excel 单元格中输入"=PV(15%,10,-30)"或者"=PV(15%,10,-30,,0)"得到现值 PV 为 150.56 万元。

因此,商铺租赁方案二每年年末支付 30 万元租金相当于现在 150.56 万元。

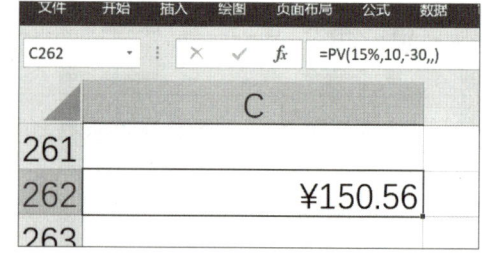

图 2-25 PV 函数计算商铺租赁方案二付款额现值

 同步训练

小王想购买一套住房,有两个付款方案:第一种,首付 30 万元,以后 10 年每月月末支付 3 000 元;第二种,一次支付 600 000 元。假设小王目前贷款年利率为 4%,则该选择哪种付款方案?

情景三　即付年金的现值计算

任务要求

> 动感地带根据市场需求,拟新增一个品类的动漫产品销售,目前品牌方提出的授权代理费分期付款方案为分期 10 年,每年年初支付 50 万元。动感地带投资报酬率要求不低于 15%,品牌方提出的授权代理费分期付款额共相当于现在多少万元?

品牌方提出的授权代理费分期付款方案分 10 年,每年年初支付 50 万,其收付款现金流为即付年金形式,要求计算所支付的代理费相当于现在的金额就是求即付年金现值。

 知识准备

即付年金现值是指一定时期内每期期初系列收付款项的复利现值之和,如图 2-26 所示。

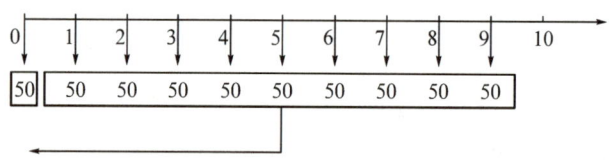

图 2-26 动感地带授权代理费方案付款额现值计算分析

从图 2-26 中,我们可以看到,即付年金现值可以理解为 $n-1$ 期普通年金的现值加上现值点的一个付款额 A。计算公式如下:

$$P = A\left[\frac{1-(1+i)^{-(n-1)}}{i}\right] + A = A\left[\frac{1-(1+i)^{-(n-1)}}{i} + 1\right]$$

公式中的 $\left[\dfrac{1-(1+i)^{-(n-1)}}{i}+1\right]$ 被称为即付年金现值系数,它与普通年金现值系数相比,期数少1,而系数多1。因此可利用"普通年金现值系数表"查$(n-1)$期的值,再加上1后便得到即付年金现值系数。即付年金现值系数用$[(P/A,i,n-1)+1]$来表示。

任务指导

即付年金现值可以通过年金现值系数来计算,也可以利用Excel中PV函数计算。

1. 利用年金现值系数计算即付年金现值

利用系数表进行计算时,年金现值表示为:

$$P=A[(P/A,i,n-1)+1]$$

第一步:判断资金收付款类型,若判断为即付年金,确定年金A的金额;

第二步:确定利率i和期数n,注意利率和期数单位必须统一,比如期数单位为年,利率就必须是年利率;期数单位为月,利率就相应为月利率。

第三步:查阅"年金现值系数表"计算得到即付年金现值系数$[(P/A,i,n-1)+1]$。

第四步:用即付年金现值系数乘以年金得到即付年金现值P。

2. 利用Excel中PV函数计算即付年金现值

自主学习

> 利用PV函数计算即付年金现值时,函数表示为:
>
> $$PV(rate,nper,pmt,,1)$$
>
> 即付年金求终值时PV函数的参数设置与即付年金求终值时FV函数的参数设置完全相同。

任务实施

1. 利用即付年金现值系数计算现值

(1) 根据任务要求可知目前品牌方提出的授权代理费分期付款方案款项支出为即付年金形式,年金为50万元。

(2) 动感地带要求的投资报酬率不低于15%,因此$i=15\%$;款项支付共10年,所以期数$n=10$。

(3) 查阅"年金现值系数表"得到$(P/A,15\%,9)+1=5.7716$。

(4) $P=50\times5.7716=288.58$(万元)。

2. 利用Excel中PV函数计算即付年金现值

(1) 确定参数值:$rate=15\%$、$nper=10$、$pmt=-50$、$type=1$。

（2）在 Excel 单元格中输入"＝PV(15%,10,－50,,1)"得到现值 PV 为 288.58 万元，如图 2-27 所示。

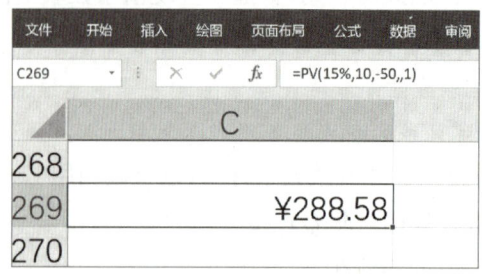

图 2-27　PV 函数计算动感地带授权代理费方案付款额现值

因此，品牌方提出的授权代理费分期付款额共相当于现在 288.58 万元。

同步训练

邦普公司需要一种设备，现有两个方案。

方案一：自己购买，需要资金 100 万元。

方案二：融资租入，每年年初支付 25 万元，连付 5 年。

邦普公司有足够的资金，其资金利润率平均为 10%，企业应该选择哪种方案？

情景四　递延年金的现值计算

任务要求

本项目[任务引例]中动感地带投资报酬率要求不低于 15%，请计算商铺租赁方案三，从第三年开始，每年年末支付的 40 万元租金相当于现在一次支付多少钱。

任务指导

递延年金现值的计算有两条思路。

思路一：分段法。将递延年金看成 n 期普通年金，先求出递延期末（即第 m 期期末）的现值，然后再将这个现值折算到第一期期初，即得到递延年金的现值。以本任务要求为例，分段法求现值的思路如图 2-28 所示。

思路二：补缺法。假设递延期中也存在现金的收付，这样现金流的形式变成了 $m+n$ 期的普通年金，先计算出 $m+n$ 期普通年金的现值，然后扣除实际未产生现金流的递延期 m 期的年金现值，即可得到递延年金的现值。以本任务要求为例，补缺法求现值的思路如图 2-29 所示。

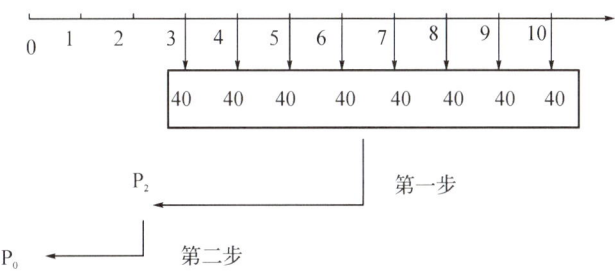

图 2-28 分段计算商铺租赁方案三付款额现值思路

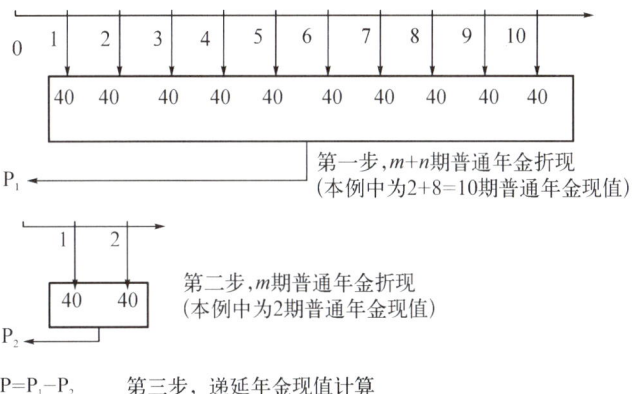

图 2-29 补缺法计算商铺租赁方案三付款额现值思路

一、利用年金现值系数计算递延年金现值

(1) 分段法下递延年金现值计算用公式表示为：

$$P = A \times (P/A, i, n) \times (P/F, i, m)$$

(2) 补缺法下递延年金现值计算用公式表示为：

$$P = A \times (P/A, i, m+n) - A \times (P/A, i, m)$$
$$= A \times [(P/A, i, m+n) - (P/A, i, m)]$$

二、利用 Excel 函数计算递延年金现值

利用 Excel 函数计算递延年金现值有两个函数可以使用。

(一) 利用 Excel 中 PV 函数计算递延年金现值

该方法基于递延年金现值的计算的两条思路，利用 PV 函数嵌套组合计算。

(1) 分段法下递延年金现值计算用嵌套函数表示为：

$$=\text{PV}(\text{rate}, m,, \text{PV}(\text{rate}, n, \text{pmt},,),)$$

(2) 补缺法下递延年金现值计算用组合函数表示为：

$$=\text{PV}(\text{rate}, m+n, \text{pmt},,) - \text{PV}(\text{rate}, m, \text{pmt},,)$$

(二)利用 Excel 中 NPV 函数计算递延年金现值

自主学习

2-8 操作演示视频——NPV 函数的应用

函数表示为:
NPV(rate,value1,value2,……)

rate 为贴现率,是一固定值;value1,value2,……代表未来每期期末现金流入/流出。

利用 NPV 函数,只要期数在 254 期之内,每期间隔相等的任何形式现金流均可以一次折现求和。但是不包括第一期期初的现金流,如果第一笔现金流发生在第一期期初(也就是说现金流量图上起始点的现金流入/流出),则第一笔现金流必须单独添加到 NPV 函数的结果中,公式表示为"=NPV(rate,value1,value2,……)+ value0"

具体操作步骤为:

第一步:打开 Excel 表,将期数、每期现金流量、利率等信息输入现金流量表中(表 2-1),注意每期现金流入/流出的金额方向,流入为正,流出为负。如果某期末未发生现金流,则该单元格需要以"0"填充。

表 2-1 现金流量表

期数	0	1	2	……	n
现金流量					
折现率					

第二步:选择一个空白单元格,输入"=NPV(*rate*,*value*1,*value*2,……)",参数值直接选取现金流量表中的对应单元格,点击回车键得到结果。

注意:

(1)输入参数值 value 时,选择单元格取值需要从第一期期末开始一直到最后一期期末。

(2)如果第一期期初有现金流,就需要在 NPV 函数计算结果上加上这个期初现金流。

任务实施

1. 利用年金现值系数计算递延年金现值

分段法下:

$P = 40 \times (P/A, 15\%, 8) \times (P/F, 15\%, 2) = 40 \times 4.4873 \times 0.7561 = 135.72(元)$

补缺法下:

$P = 40 \times [(P/A, 15\%, 10) - (P/A, 15\%, 2)] = 40 \times [5.0188 - 1.6257]$
$= 135.72(元)$

2. 利用 Excel 函数计算递延年金现值

(1) 利用 Excel 中 PV 函数计算递延年金现值。

分段法下：

在 Excel 单元格中输入"＝PV(15%,2,,PV(15%,8,40,,),)"，得到现值 PV 为 135.72 万元，如图 2-30 所示。

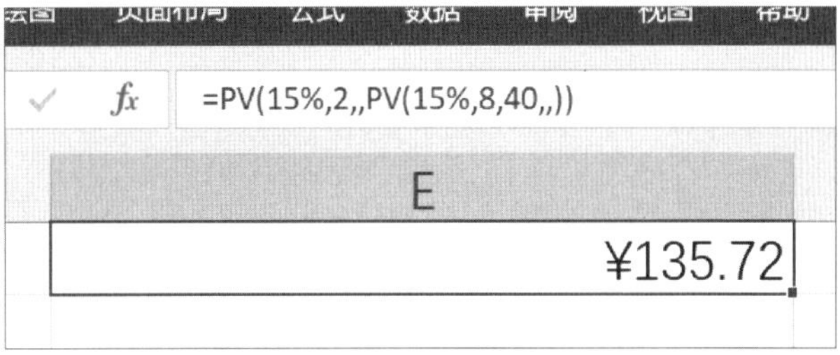

图 2-30　PV 函数计算商铺租赁方案三付款额现值 1

补缺法下：

在 Excel 单元格中输入"＝PV(15%,10,－40,,)－PV(15%,2,－40,,)"，得到现值 PV 为 135.72 万元，如图 2-31 所示。

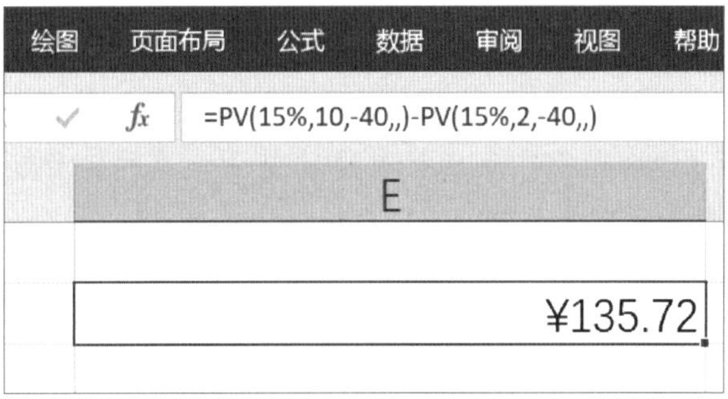

图 2-31　PV 函数计算商铺租赁方案三付款额现值 2

(2) 利用 Excel 中 NPV 函数计算递延年金现值。

在 Excel 中绘制现金流量表，将期数、每期现金流量、利率等信息输入现金流量表（表 2-2）中。

表 2-2　商铺租赁方案三现金流量表

期数	0	1	2	3	4	5	6	7	8	9	10
现金流量	0	0	0	40	40	40	40	40	40	40	40
折现率	15%										

选择 NPV 函数，并输入相应参数值（图 2-32），得到递延年金现值 135.72 万元。

因此，商铺租赁方案三，从第三年开始每年年末支付 40 万元租金相当于现值 135.72 万元。

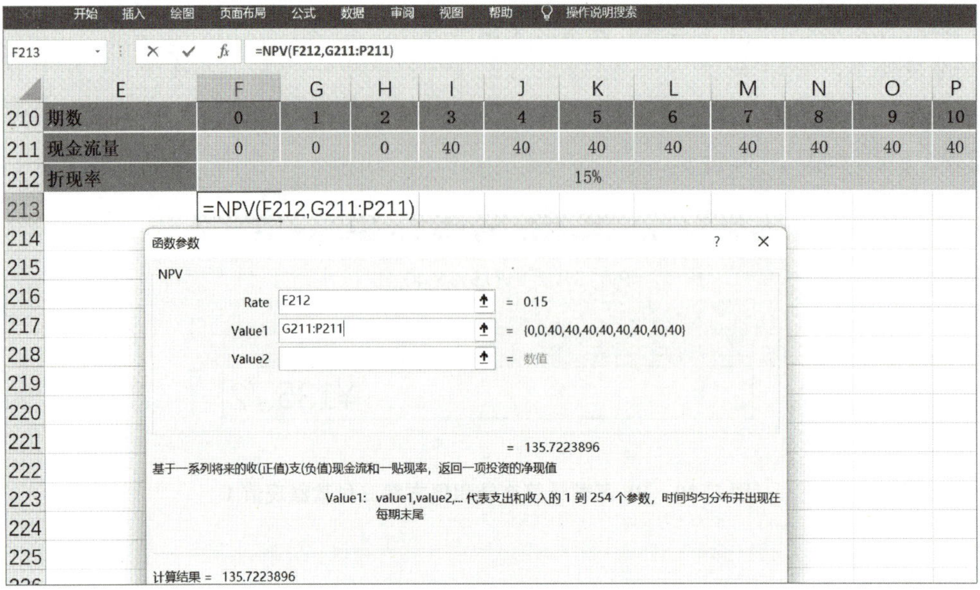

![NPV函数计算截图]

图 2-32　NPV 函数计算商铺租赁方案三付款额现值

同步训练

邦普公司拟投资开发某农庄，预计该农庄从投资开始能存续 15 年，但是前 5 年不会产生净收益，从第六年开始，每年的年末产生净收益 500 万元。若农庄的投资报酬率为 10%，请问该农庄的投资限额是多少。

情景五　永续年金现值的计算

任务要求

> 动感地带拟建立一项永久性的奖励基金，用于奖励年度销售业绩优异的员工。计划每年奖励员工 5 名，每名员工奖励 10 万元，基金管理中心预计基金托管收益为每年 5%，企业应拿出多少资金用于建立这项奖励基金？

任务指导

动感地带拟用于奖励员工的资金每年需要 50 万元，由于是永久性奖励，这每年的 50 万元没有期限，则奖金为一项永续年金。本任务是要我们确定现在需要拿出多少资金，在每年收益率 5% 的情况下，每年才能拿出 50 万元。换而言之，就是现在的多少元与无限个未来每年 50 万元是等值的。

永续年金持续期无限,没有终止的时间,因此没有终值,但是永续年金有现值。由于永续年金是期限趋于无穷的普通年金,所以,永续年金的现值可以利用普通年金求解。

年金现值公式:

$$P = A \cdot \frac{1 - \frac{1}{(1+i)^n}}{i}$$

当 $n \to \infty$, $\frac{1}{(1+i)^n} \to 0$ 推导得出永续年金计算公式:

$$P = A \cdot \frac{1}{i} = \frac{A}{i}$$

任务实施

根据任务要求可知,计划每年奖励员工 5 名,每名员工奖励 10 万元,每年就要支出 50 万元,这属于永续年金,$A = 50$;基金管理中心预计基金托管收益为每年 5%,说明 $i = 5\%$。

$$P = 50/5\% = 1\,000\,(万元)$$

因此,企业应拿出 1 000 万元用于建立这项奖励基金。

同步训练

邦普公司拟投资购买 G 公司优先股,该股票每年年终股利均为 2 元/股,邦普公司投资购买 G 公司优先股的合理价格是多少?(假设贴现率为 15%)

情景六 复杂现金流的现值计算

任务要求

要求一:
本项目[任务引例]中动感地带投资报酬率要求不低于 15%,请计算商铺租赁方案四,第一年年初支付 50 万元,第二年年初支付 40 万元,以后 8 年每年年初支付 20 万元共相当于现值多少万元。

要求二:
根据现值的计算结果帮助小王作出商铺租赁付款方案决策。

任务指导

复杂现金流的现值计算是一次性收付款现金流与各种年金的组合形式,具体计算操作步骤如下：

第一步：根据现金流量图，将复杂现金流的资金收付款分解为一次收付款及各种年金形式。

第二步：根据分解开的各种收付款类型分别计算各自现值，可利用现值系数进行计算，也可以利用 Excel 中 PV 函数或者 NPV 函数计算现值。

第三步：将第二步计算出的各现金流现值进行合计。如果利用 NPV 函数计算现值，由于其已将第一期期末及以后的现金流进行了折现合计，因此不需要再进行合计，但是需注意如果第一期期初有现金流，需要在 NPV 函数计算结果上加上第一期期初现金流。

任务实施

1. 复杂现金流的现值计算

（1）资金收付款分解。

方案四现金流属于复杂现金流的两个一次收付款加即付年金形式，我们需要将这 10 笔款项在期初合计。计算现值时，我们需要将 50 万元和 40 万元作为一次收付款分别求现值（由于 50 万元现金流出本来发生在期初，所以不需要折现，只需将 40 万元折到 1 期前即可），从第三期期初到第十期期初的系列支付，可以理解为第二期期末到第九期期末发生的 8 期年金，计算现值时，作为 $m=1, n=8$ 的递延年金求现值，现金流分析如图 2-33 所示。

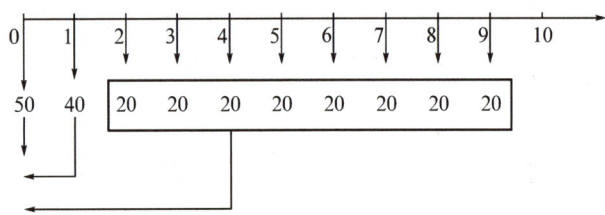

图 2-33 商铺租赁方案四付款额现值计算思路

（2）计算现值。

① 利用现值系数计算。

$P = 50 + 40 \times (P/F, 15\%, 1) + 20 \times [(P/A, 15\%, 9) - (P/A, 15\%, 1)] = 162.82(万元)$

② 利用 PV 函数计算。

在 Excel 单元格中输入"$=50 + PV(15\%, 1, , -40) + PV(15\%, 9, -20) - PV(15\%, 1, -20)$"得到现值 162.82 万元，如图 2-34 所示。

③ 利用 NPV 函数计算。

根据现金流量图在 Excel 中画出现金流量表（表 2-3），选择空白单元格插入 NPV 函数输入参数并加上第一期期初数 50 万元（图 2-35），得到现值 162.82 万元。

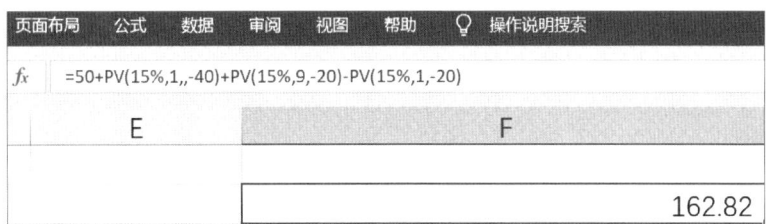

图 2-34 PV 函数计算商铺租赁方案四付款额现值

表 2-3 商铺租赁方案四现金流量表

期数	0	1	2	3	4	5	6	7	8	9	10
现金流量	50	40	20	20	20	20	20	20	20	20	0
折现率	15%										

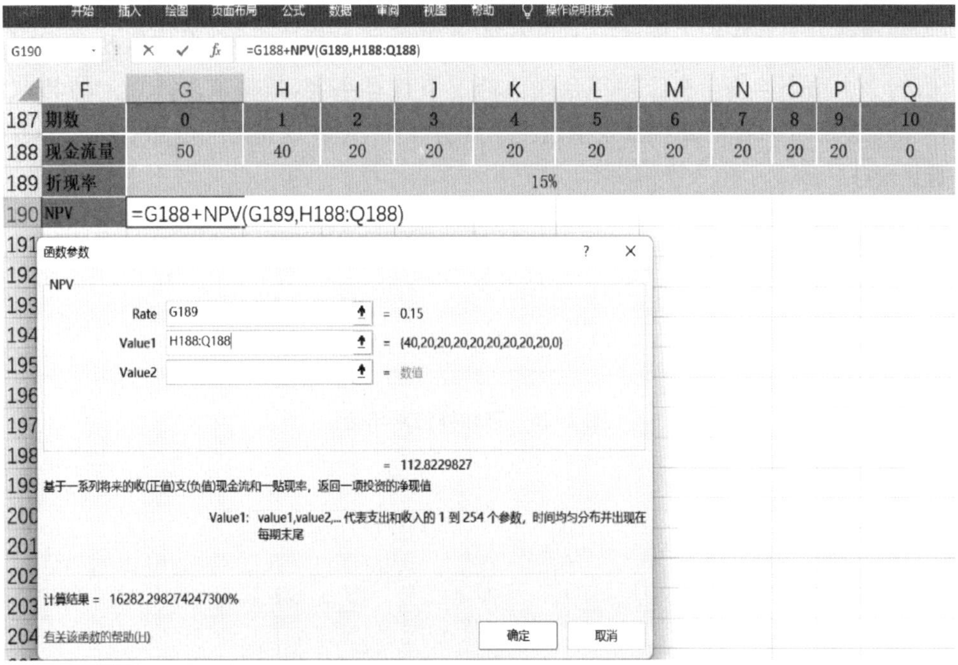

图 2-35 NPV 函数计算商铺租赁方案四付款额现值

因此,商铺租赁方案四所支付的租金合计相当于现在 162.82 万元。

2. 付款方案决策

动感地带租赁商铺的四个付款方案由于付款时间和付款金额不一致无法直接比较优劣,因此,在情景一、二、四、六的任务实施中,我们分别将每个付款方案的租金折合到零点计算了现值:方案一需要现在直接支付 180 万元;方案二所付租金相当于现在 150.56 万元;方案三所付租金相当于现在 135.72 万元;方案四所付租金相当于现在 162.82 万元。

作为付款方,动感地带财务经理小王应该选择更经济的付款方案,因此选择方案三。我们会发现,无论采用计算终值做决策还是采用计算现值做决策,结论是一致的,都是选择方案三更经济。这说明无论利用终值做决策还是利用现值做决策均不影响决策结果。

同步训练

邦普公司有一投资项目共10年期,预计第一年可获得收益600万元,以后两年,每年增加100万元,从第四年到第九年每年收益相同,均为1 000万元,第十年收益1 100万元。邦普公司投资必要报酬率为15%,则该项目投资限额为多少?

子任务五 计算年金

通过前面的学习我们知道,年金终值或年金现值其实是一系列收付款(年金)在终点或在零点之和,在已知参数:利率、期数、年金时可以计算出年金终值和年金现值。同样,在已知参数:利率、期数、年金终值或者年金现值时也可以计算出年金。在已知年金终值或年金现值情况下计算年金实质上是已知和求平均值,只不过这个平均值是考虑资金时间价值的一个动态均值。在已知年金终值情况下计算年金,是将未来终点上的和向前面各期平均(图2-36);在已知年金现值情况下计算年金,是将现在的一个和数向未来各期平均(图2-37)。

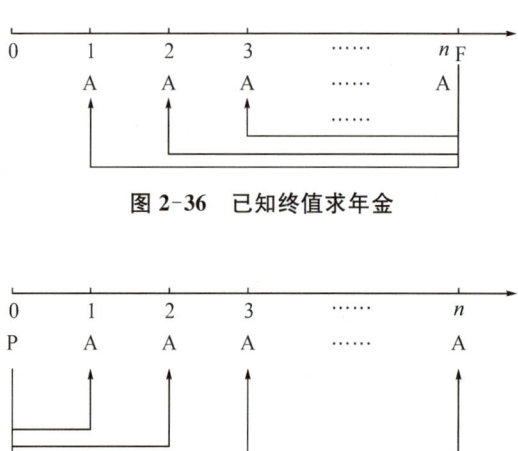

图2-36 已知终值求年金

图2-37 已知现值求年金

在已知年金终值情况下计算年金通常用于计算为了未来一笔确定金额的债务,每期应等额偿付的本息额,或者为了偿还未来一笔债务,现需要每期投放的一笔基金,因此称为等额还款本息的计算或者偿债基金的计算。

在已知年金现值情况下计算年金通常用于计算现在一笔确定金额的投资,未来每期应等额收回的金额,因此称为年资本回收额的计算。

情景一　等额还款本息的计算

任务要求

动感地带由于业务拓展需要从银行取得一笔贷款。贷款利率为6%,贷款期限为5年。若到期一次还本付息,需偿还100万元。目前银行提出了等额偿付本息的付款方案,具体有两个付款方式:① 每年年末等额偿付本息;② 每年年初等额偿付本息。

请帮财务部小王计算,两种付款方式下,每年应当分别偿付多少?

任务指导

在本任务要求中,已知第五年年末的本利和(终值)为100万元,期数为5年,利率为年利率6%,要求计算每年等额偿付的本息,也就是计算年金。两种情形一种为普通年金,一种为即付年金。

一、利用年金终值系数计算

利用年金终值系数进行计算时,年金的计算公式可以通过年金终值计算公式推导:

(1) 每期期末等额偿付本息:

$$F = A \times (F/A, i, n) \Rightarrow A = \frac{F}{(F/A, i, n)}$$

(2) 每期期初等额偿付本息:

$$F = A \times [(F/A, i, n+1) - 1] \Rightarrow A = \frac{F}{[(F/A, i, n+1) - 1]}$$

二、利用 Excel 中 PMT 函数计算

自主学习

在 Excel 中,利用 PMT 函数计算均值则更加便捷,函数表示为:

PMT(rate, nper, pv, fv, type)

式中各参数的含义及使用方法与 PV、FV 等函数相同,从函数公式可见,它可以用于已知终值(fv)求年金或者已知现值(pv)求年金的计算。

2-9 操作演示视频——PMT 函数的应用

任务实施

1. 利用年金终值系数计算

(1) 每年年末等额偿付本息:

$$A = 100/(F/A, 6\%, 5) = 17.74(万元)$$

（2）每年年初等额偿付本息：

$$A = \frac{100}{[(F/A, 6\%, 6) - 1]} = 16.74(万元)$$

2. 利用 Excel 中 PMT 函数计算

（1）每年年末等额偿付本息。

在 Excel 空白单元格中输入"＝PMT(6％，5，，－100，)"，得出结果为 17.74 万元，如图 2-38 所示。

（2）每年年初等额偿付本息。

在 Excel 空白单元格中输入"＝PMT(6％，5，，－100，1)"，得出结果为 16.74 万元，如图 2-39 所示。

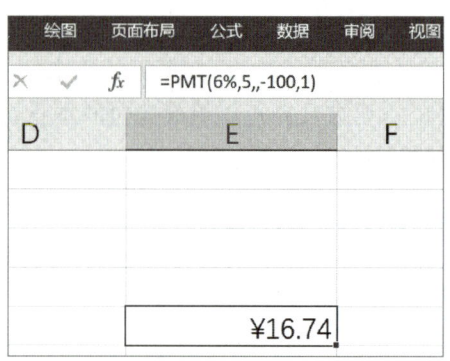

图 2-38　PMT 函数计算每年年末等额偿付本息　　图 2-39　PMT 函数计算每年年初等额偿付本息

因此，动感地带该笔贷款若每年年末等额偿付，金额为 17.74 万元，若每年年初等额偿付，金额为 16.74 万元。

同步训练

邦普公司 10 年后有一笔到期债务 120 万元，为此公司设立了偿债基金，即从每年利润中提取一笔等额资金进行中低风险的投资理财，投资利润率预计为 5％。

要求：计算公司每年从利润中提取的偿债基金额度。

情景二　年资本回收额的计算

任务要求

动感地带拟出资 200 万元投资某类品 cos 服装销售项目，项目投资回报率预计为 15％。该公司拟 3 年内收回投资，请帮财务部小王计算每年年末至少要收回多少元。

任务指导

在本任务要求中,已知现在投资总额(现值)为 200 万元,期数为 3 年,利率为 15%,要求计算每年等额收回的资本,也就是计算年金。年金有两种情形:一种为普通年金,另一种为即付年金。

一、利用年金现值系数计算

已知现值求年金的情况在实际中除了回收投资资本外还有融资租赁付款方案等其他形式的应用。利用年金终值系数进行计算时,年金的计算公式可以通过各种情形下的年金现值计算公式推导。

1. 每期期末等额收付

$$P = A \times (P/A, i, n) \Rightarrow A = \frac{P}{(P/A, i, n)}$$

2. 每期期初等额收付

$$P = A \times [(P/A, i, n-1) + 1] \Rightarrow A = \frac{P}{[(P/A, i, n-1) + 1]}$$

二、利用 Excel 中 PMT 函数计算

在 Excel 中,年资本回收额的计算可以利用 PMT 函数计算。

任务实施

1. 利用年金现值系数计算

$A = 200/(P/A, 15\%, 3) = 87.60(万元)$

2. 利用 Excel 中 PMT 函数计算

在 Excel 空白单元格中输入"=PMT(15%,3,-200)",得出结果为 87.60 万元,如图 2-40 所示。

图 2-40 PMT 函数计算动感地带 cos 服装销售项目年投资回报额

同步训练

2022 年 1 月 1 日,邦普公司采用融资租赁方式从某租赁公司租入一台设备。该设备价款为 900 万元,租期为 8 年,到期后设备归邦普公司所有。为了保证租赁公司完全弥补融资成本、相关的手续费,并有一定的盈利。双方商定采用 20% 的折现率。

要求:

1. 若采用每年年末支付租金方式,则每年需支付多少元?
2. 若采用每年年初支付租金方式,则每年需支付多少元?
3. 若采用每月月末支付租金方式,则每月需支付多少元?
4. 若采用每月月初支付租金方式,则每月需支付多少元?

子任务六　计算利率和期数

前面任务中我们主要学习了已知 P、i、n 求 F；已知 A、i、n 求 F；已知 F、i、n 求 P；已知 A、i、n 求 P；已知 F、i、n 或者 P、i、n 求 A。本任务中我们学习每个要素组合中，已知其他三个要素求 i，或者已知其他三个要素求 n。由于计算利息的思路与计算期数的完全相同，因此在本任务中一并学习。

任务要求

> 动感地带目前面临某类品 cos 服装销售代理项目的选择问题，品牌方要求现在一次支付代理费 200 万元，市场部预测拿到该代理权后每年能够为公司增加收益 50 万元。
>
> 要求一：如果该代理权可以为企业带来 10 年收益，则该项投资的收益率可望达到多少？
>
> 要求二：如果动感地带要求的投资报酬率为 15%，在本项目投入 200 万元每年回收 50 万元的情况下，几年可以收回投资？

任务指导

在本任务要求中，已知现在投资总额（现值 P）为 200 万元，每年能够回收的金额（年金 A）为 50 万元，要求一是要在期数（n）为 10 年的情况下，计算该项投资所包含的收益率（i），也就是已知 P、A、n，求 i；要求二是要在投资报酬率（i）为 15%年的情况下，计算该项投资收回所需期数（n），也就是已知 P、A、i，求 n。

一、利用"系数表"计算利率或期数

在资金时间价值的学习中，"系数表"共有四种：复利终值系数表、复利现值系数表、年金终值系数表、年金现值系数表。在前面的内容中，我们主要是利用"系数表"在计算终值 F 或者现值 P 或者年金 A，而"系数表"的用途不仅如此，还可以计算利息或期数。在已知终值 F、现值 P、期数 n 求利息 i 时，或者已知终值 F、现值 P、利息 i 求期数 n 时，利用复利终值系数表或复利现值系数表均可以；在已知终值 F、年金 A、期数 n 求利息 i 时或者已知终值 F、年金 A、利息 i 求期数 n 时需要利用年金终值系数表；在已知现值 P、年金 A、期数 n 求利息 i 时或者已知现值 P、年金 A、利息 i 求期数 n 时需要利用年金现值系数表。

为此，我们需要先认识一种方法——插值法。

插值法在资金时间价值计算中主要有三个方面的应用，即求复利系数、求计息期数、求利率。插值法应用的前提是：将系数与利率或计息期数之间的变动看成是线性变动。

以求普通年金现值下的贴现利率为例：大部分情况下，在系数表中不能找到完全对应的数值，这就需要利用插值法来计算折现率。若已知 P，A，n，则可以按照以下步骤推算 i 值。

首先,计算出 P/A 的值,假设 $P/A=\alpha$。

其次,查普通年金系数表。沿着已知 n 所在的行横向查找,若恰好能找到某一系数值等于 α,则该系数值所在的行对应的利率就是所求的 i 值;若无法找到恰好等于 α 的数值,就应在表中 n 行上找到与 α 最接近的左右临界系数值,设为 β_1,β_2($\beta_1<\alpha<\beta_2$ 或 $\beta_1>\alpha>\beta_2$),列出所 β_1,β_2 对应的临界利率 i_1,i_2。

$$i=? \quad \begin{matrix} i_1 & \beta_1 \\ \alpha \\ i_2 & \beta_2 \end{matrix}$$

最后,运用插值法计算利率:

$$\frac{i-i_1}{i_2-i_1}=\frac{\beta_1-\alpha}{\beta_1-\beta_2}$$

得到利率的计算公式为:

$$i=i_1+\frac{\beta_1-\alpha}{\beta_1-\beta_2}(i_2-i_1)$$

期数的计算方法与利息的计算方法相同,只不过在"系数表"中,需要沿着已知 i 所在的列纵向查找,进行推算。

得到期数的计算公式为:

$$n=n_1+\frac{\beta_1-\alpha}{\beta_1-\beta_2}(n_2-n_1)$$

二、利用 Excel 函数计算利率或期数

利用"系数表"计算利率或期数的方法非常复杂,有时候会涉及多个系数,让计算变得更加困难。此时,利用 Excel 函数则会让利率的计算变得很简单。

(一)利用 Excel 函数计算利率

利用 Excel 函数计算利率的方法有两个:第一,利用 RATE 函数计算利率;第二,利用 IRR 函数计算利率。

1. 利用 RATE 函数计算利率

自主学习

利用 RATE 函数计算利率时,函数表示为:

$$\text{RATE(nper,pmt,pv,fv,type)}$$

函数中,nper、pmt、pv、fv、type 的含义及使用方法与 PV 等函数相同。在 Excel 函数中,利率与期数单位需要一致。例如,年利率 12% 的 3 年期贷款,如果按月支付,期数 nper 就为 36 期,输出的利率就为月利率,如果按年支付,期数 nper 就为 3 期,输出的利率就为年利率。

2-10 操作演示视频——RATE 函数的应用

寓德于技

高强的网络借款

大学生高强看中了一台电子设备苦于没有资金购买,收到某私人网络贷款平台短信,表示可以为资金需求者发放 1 000～20 000 元额度的无抵押贷款,宣称月利率只要 0.99%。高强通过该平台借款 10 000 元,期限 12 个月,按月偿还,平台收取 20% 的手续费。平台要求张某每月还款 932.33 元。其计算过程如下:

借款本金:10 000 元

12 个月利息:10 000×0.99%×12=1 188(元)

本利和:10 000+1 188=11 188(元)

每月还款额=11 188/12=932.33(元)

那么该平台贷款月利率真的只有 0.99% 吗?

我们将平台对高强的贷款方案用现金流量图来表示,如图 2-41 所示。

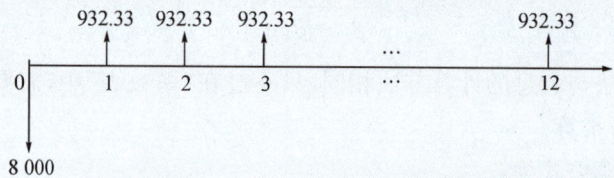

图 2-41 高强网络借款现金流量图

由于收取了 20% 的手续费,所以高强借到的款为 8 000 元,利用 Excel 中 RATE 函数计算利率,函数表示为:RATE(12,932.33,-8000,,),得到月实际利率为 5.58%,折合年利率,高强借款的资金成本率高达 66.96%(12×5.58%)。

校园贷或者网贷平台打着低利率的幌子,实际上却做着"高利贷""套路贷"的丑恶行径。我们要利用所学拆穿这种贷款的实质;要树立正确的消费观,理性消费,避免掉入网络贷、校园贷的陷阱;要树立正确的人生观,通过自我奋斗,追求有意义的生活,实现人生价值。

2. 利用 IRR 函数计算利率

 自主学习

2-11 操作演示视频——IRR 函数的应用

利用 IRR 函数计算利率时,函数表示为:

IRR(values,guess)

函数中,values 为数组或单元格的引用,它跟 NPV 函数一样根据数值的顺序来揭示现金流的顺序,因此,需要在 Excel 表中先将各期现金流绘制成现金流量表。

利用 IRR 函数计算利率需要注意两个问题：

（1）数列 values 中至少包含一个正值和一个负值，因此，表中的金额需要以正负号标出现金流方向。

（2）IRR 函数与 NPV 函数取值范围有区别，NPV 函数从第一期期末取值已知到最后一期期末，而 IRR 函数从期初零点开始取值一直到期末，也就是说 IRR 函数需要涵盖整个期间的所有现金流。

（二）利用 Excel 中 NPER 函数计算期数

自主学习

利用 NPER 函数计算利率时，函数表示为：

$$NPER(rate, pmt, pv, fv, type)$$

函数中，rate、pmt、pv、fv、type 的含义及使用方法与 FV 或者 PV 等函数相同。

2-12 操作演示视频——NPER 函数的应用

任务实施

1. 利用"系数表"计算

要求一：

根据任务可知，$200 = 50 \times (P/A, i, 10) \Rightarrow (P/A, i, 10) = 4$。

查年金现值系数表可知在期数为 10 时，与系数值 4 相邻的两个 i 分别为 21% 和 22%，根据插值法计算：

$$\begin{array}{cc} 21\% & 4.054\ 1 \\ i = ? & 4 \\ 22\% & 3.923\ 2 \end{array}$$

$$i = 21\% + \frac{4.054\ 1 - 4}{4.054\ 1 - 3.923\ 2}(22\% - 21\%) = 21.41\%$$

要求二：

根据任务可知，$200 = 50 \times (P/A, 15\%, n) \Rightarrow (P/A, 15\%, n) = 4$。

查年金现值系数表可知在利率为 15% 时，与系数值 4 相邻的两个 n 分别为 6 和 7，根据插值法计算：

$$\begin{array}{cc} 6 & 3.784\ 5 \\ n = ? & 4 \\ 7 & 4.160\ 4 \end{array}$$

$$n = 6 + \frac{3.7845 - 4}{3.7845 - 4.1604}(7-6) = 6.56$$

2. 利用 Excel 函数计算利率

(1) 利用 RATE 函数计算利率。

选中所需输出值的空白单元格,输入"=RATE(10,50,−200,,)",得到结果为 21.41%,如图 2-42 所示。

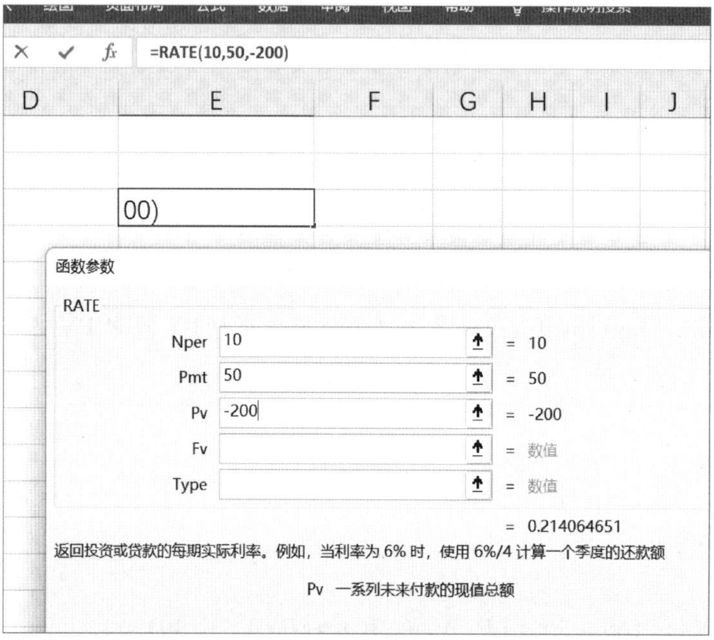

图 2-42　RATE 函数计算投资收益率

(2) 利用 IRR 函数计算利率。

在 Excel 中绘制出该任务的现金流量表,如表 2-4 所示。

表 2-4　cos 服装销售代理项目现金流量表

期数	0	1	2	3	4	5	6	7	8	9	10
现金流量	−200	50	50	50	50	50	50	50	50	50	50

选中所需输出值的空白单元格,插入 IRR 函数并输入参数(图 2-43),得到结果为 21.41%。

3. 利用 Excel 中 NPER 函数计算期数

选中所需输出值的空白单元格,输入"=NPER(15%,50,−200,,)",得到结果为 6.56%,如图 2-44 所示。

由以上计算可知,如果该代理权可以为企业带来 10 年收益,该项投资的收益率可望达到 21.41%;如果动感地带要求的投资报酬率为 15%,在本项目投入 200 万元每年回收 50 万元的情况下,6.56 年可以收回投资。

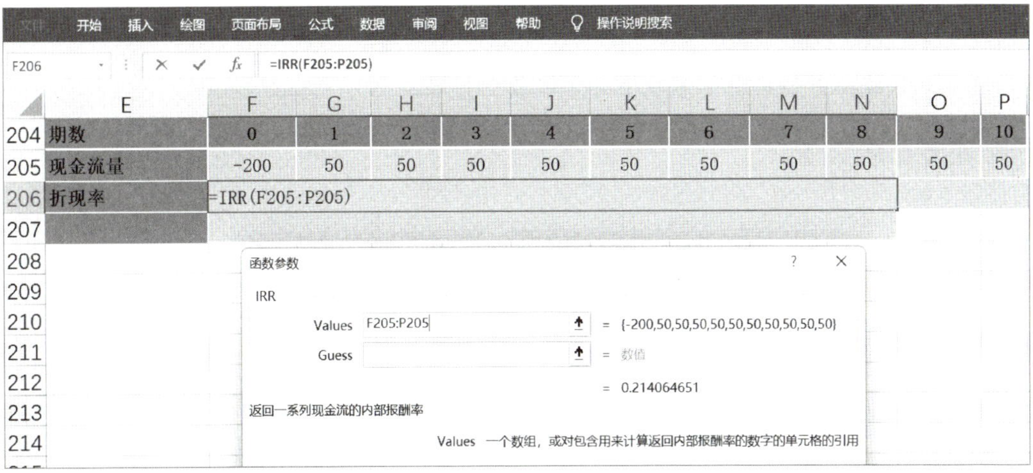

图 2-43　IRR 函数计算投资收益率

图 2-44　NPER 函数计算期数

同步训练

（1）我们在生活中经常会遇到这样的情况：有人兴冲冲地向我们介绍投资理财项目："如果投资我们这个项目，可以使你的资金在 10 年内（或者其他时间）翻一倍……"

请思考：翻倍问题的计算实质是什么？假如你的一笔投资在 10 年后翻倍，你的实际年收益率是多少？

(2) 若邦普公司计划投资建一个加工车间。该车间预计每月给企业带来的现金流量为 5 万元,初始投资额为 120 万元。邦普公司年资产报酬率为 10%。

要求:计算邦普公司需要多少个月才能收回投资。

 任务拓展 2-1

博彩奖金的贴现

1987 年,塞茨费尔德女士赢得了一项总价值超过 130 万美元的博彩大奖。这样,在以后的 20 年中,每年她都会收到 65 276.79 美元的分期付款。1995 年塞茨费尔德女士接到了位于佛罗里达州西部棕榈市的西格资产理财公司的一位销售员打来的电话,声称该公司愿意立即支付给她 140 000 美元以获得她在今后 9 年博彩奖金一半的款项(也就是,现在的 140 000 美元折算为以后 9 年中每年 32 638.39 美元的分期付款额)。

西格公司是一家奖金经纪公司,其职员的主要工作任务就是跟踪类似塞茨费尔德女士这样的博彩大奖获得者。该公司知道许多人会急于将他们获得奖项的部分甚至全部马上变现。西格公司是年营业收入高达 7 亿美元的奖金经纪行业中的一员,它和另一家公司斯特林公司目前占据了行业中 80% 的业务。类似西格公司这样的经纪公司将他们收购的这种获得未来现金流权利再转让给一些机构投资者,诸如美国太阳公司或者是汉考克共同生命保险公司。

本案例中,购买这项权利的是金融升级服务集团(EFSG),它是一家从事纽约州的市政债券再保险公司。西格公司已经谈好将领取塞茨费尔德女士一半奖金的权利以 196 000 美元的价格卖给了 EFSG 公司。如果塞茨费尔德女士答应该报价,则西格公司马上就能赚取 56 000 美元。最终,塞茨费尔德女士接受了该报价,交易达成。

分析计算:

(1) 塞茨费尔德女士接受这项折现所付出的资金成本率是多少?

(2) EFSG 公司的贴现成本率是多少?

 任务拓展 2-2

田纳西镇的巨额账单

如果你突然收到一张事先不知道的 1 267 亿美元的账单,你一定会大吃一惊。而这样的事件却发生在瑞士的田纳西镇的居民身上。纽约布鲁克林法院判决田纳西镇应向某美国投资者支付这笔钱。最初,田纳西镇的居民以为这是一件小事,但当他们收到账单时,被这张巨额账单吓呆了。他们的律师指出,若高级法院支持这一判决,为偿还债务,所有田纳西镇的居民在其余生中不得不靠吃麦当劳等廉价快餐度日。

田纳西镇的问题源于1966年的一笔存款。斯兰黑不动产公司在内部交换银行(田纳西镇的一家银行)存入一笔6亿美元的存款。存款协议要求银行按每周1%的利率(复利)付息(难怪该银行第二年破产!)。1994年,纽约布鲁克林法院作出判决:从存款日到田纳西镇对该银行进行清算的7年中,这笔存款应按每周1%的复利计算,而在银行清算后的21年中,每年按8.54%的复利计息。

　　分析计算:
　　(1) 1 267亿美元的账单是如何计算出来的?
　　(2) 如果利率为每周1%,按复利计算,6亿美元增加到12亿美元需多长时间?
　　由案例可知,1 267亿美元是斯兰黑不动产公司1966年的一笔6亿美元存款在1994年的要求偿还的价值,也就是说1 267亿美元是6亿美元在28年后的终值。那么这个终值是怎么计算出来的呢?

任务二　衡量风险价值

子任务一　识别风险

任务引例

> 2021年冬天，受新冠疫情影响，很多小区全面实施封闭式管理，严控公共场所，这对服务业造成了沉重的打击。其中影响最深的就是健身行业。小王所开设的健身俱乐部也因疫情原因暂停营业。具体营业时间要等待有关部门通知。小王十分苦恼和无奈。关门停业意味着没有收入，然而场地的租金依然要交，员工的工资依然要发，设备的折损依然要承担，更别说那些耗材了，停业给健身俱乐部造成了巨大的损失。

风险是现代企业财务管理环境的一个重要特征，在企业财务管理的每一个环节都不可避免地要面对风险。风险是客观存在的，在企业财务活动中无处不蕴含着风险，并对企业实现其理财目标有着重要影响，使得人们无法回避和忽视。如何防范和化解风险，达到风险与收益的优化配置是非常重要的。

知识准备

一、风险的含义与特征

风险是一个非常重要的财务概念，风险广泛存在于企业的财务活动中，并对企业实现财务管理目标有着重要的影响。因此，有人说："时间价值是理财的第一原则，风险价值是理财的第二原则。"

（一）风险的含义

财务管理中的"风险"是指企业在财务活动过程中，由于各种难以预料或无法控制的因素的客观存在，导致企业的实际收益与预期收益发生背离，从而使企业蒙受经济损失的可能性。风险不仅包括负面效应的不确定性，即危险，还包括正面效应的不稳定性，即机会。

（二）风险的特征

1. 客观性

风险不以人的意志为转移，不论人们喜欢与否，它都存在。

2. 不确定性

风险是指收益的不确定性。虽然风险的存在可能意味着收益的增加，但也可能意味着损失的发生。风险的发生难以琢磨，虽然整体风险可以通过概率测算，但某一特定风险何时发生、怎样发生难以预测。

3. 风险可预测的

风险的大小可以通过风险程度来计量，未来事件的风险程度与其持续时间的长短、未知因素的多少，人们对其后果的把握程度有关。一般来说，未来事件的持续时间越长，涉及的未知因素越多或人们对其把握越小，则风险程度就越大。在财务管理实践中，风险的大小可以采用概率分布法进行衡量。

4. 风险是有价值的

风险与收益在一般情况下具有对等性，风险越大，风险收益越大；风险越小，风险收益越小。

二、风险的分类

(一) 从个别投资主体的角度来分类

1. 市场风险

市场风险，是指不确定因素的变动会影响整个市场所有公司。这类风险有些是由外部经济环境因素引起的（如经济衰退、通货膨胀、高利率等），有些是由外部非经济环境因素引起的（如战争、自然灾害、疫情、政局不稳定等）。这些因素对市场所有公司都会有影响，只不过对有些公司是正面影响，对有些公司是负面影响，而且影响程度的大小有区别。由于该风险的发生能够影响整个市场，且没有有效的消除方法，因此又称为系统风险或不可分散风险。

2. 企业特有风险

企业特有风险，是指不确定因素的变动只对个别公司的特有事件造成影响。例如：工人罢工、新产品研发失败、诉讼失败、没有争取到重要合同等。这类风险常以履约风险、破产风险、变现风险等形式表现出来的。由于该风险的发生只影响一个或少数公司，不会对整个市场产生太大影响，可以通过多元化投资来分散掉，又称为非系统风险或可分散风险。

(二) 从企业自身角度来分类

1. 经营风险

经营风险，是指因生产经营方面的原因给企业盈利水平带来的不确定性，经营风险是任何商业活动都有的，也称为商业风险。企业生产经营的许多方面都会受到来自企业外部和内部诸多因素的影响，因而具有很大的不确定性。

经营风险主要来自：①市场销售。市场需求、市场价格、企业可能生产的数量等的不确定，尤其是竞争导致的供产销的不稳定，都加大了企业的经营风险。②生产成本。原料的供应和价格、工人和机器的生产率、工人的工资和奖金等，都是不确定的因素，因而产生经营风险。③生产技术。设备事故、产品发生质量问题。新技术的出现等，不好预见，易产生经营风险。④其他。外部的环境变化，如经济不景气、通货膨胀、有协作关系的企业没有履行合同等，企业自己不能左右，也会产生经营风险。

2. 财务风险

财务风险又称筹资风险，是指由于举债而给企业财务成果带来的不确定性企业举债经营,全部资金中除自有资金外还有一部分借入资金,这会对企业自有资金的盈利能力造成影响;同时,由于借入资金需要还本付息,一旦无力偿付到期债务,企业便会陷入财务困境甚至破产。当企业息税前资金利润率高于借入资金利息率时,使用借入资金获得的利润除了补偿利息外还有剩余,因而使自有资金利润率提高。但是,若企业息税前资金利润率低于借入资金利息率,这时使用借入资金获得的利润还不够支付利息,还需动用自有资金获得的一部分利润来支付利息,从而使自有资金利润率降低。如果企业息税前利润还不够支付利息,就要用自有资金来支付,使企业发生亏损。若企业亏损严重,财务状况恶化,丧失支付能力,就会出现无法还本付息甚至招致破产的危险。总之,由于许多因素的影响,企业息税前资金利润率和借入资金利息率的差额具有不确定性,从而引起自有资金利润率的高低变化,这种风险即为财务风险。这种风险程度的大小受借入资金对自有资金比例的影响,借入资金比重越大,风险程度就会随之增大;借入资金比重越小,风险程度也会随之减少。对财务风险的管理,关键是要保证有一个合理的资金结构,维持适当的负债水平,既要充分利用举债经营这一手段获取财务杠杆收益,提高自有资金盈利能力,又要防止过度举债而引起的财务风险的加大,避免陷入财务困境。

三、风险控制对策

风险既可能使企业获得收益,也可能使企业遭受损失。风险管理就是预先确定一系列的政策、措施,将风险造成的损失降低到最小值,从而保证企业经营活动按预期目标进行。由于风险的大小与风险收益率呈正比例变化,所以风险管理的目标就是在风险与收益之间作出恰当的选择。

(一) 规避风险

当项目风险所造成的损失不能由该项目可能获得的收益予以抵销时,应当放弃该项目,以规避风险。例如,拒绝与不守信用的厂商业务往来;放弃可能明显导致亏损的投资项目。

(二) 减少风险

减少风险包括两个方面的内容:一是在风险管理中,采取相应的措施,控制风险因素,减少风险的发生;二是控制风险发生的概率和降低风险损害程度。减少风险的常用方法有:进行准确的预测;对决策进行多方案优选和替代;及时与政府部门沟通获取政策信息;在发展新产品前,充分进行市场调研;采用多领域、多地域、多项目、多品种的经营或投资以分散风险。

(三) 转移风险

在风险管理中,对某些可能发生风险损失的财产或项目,企业应以一定的代价,采取某种措施用转移的方式转移出企业。例如,向保险公司投保;采取合资、联营、联合开发等措施实现风险共担;通过技术转让、租赁经营和业务外包等实现风险转移。

(四) 接受风险

在风险管理中,对可能发生的风险,提前做好准备,应对风险带来的损失。接受风险包括风险自担和风险自保两种。风险自担,是指风险损失发生时,直接将损失摊入成本或费用,或冲减利润;风险自保,是指企业预留一笔风险金或随着生产经营的进行,有计划的计提资产减值准备等。

 任务要求

在前面所述的[任务引例]中,小王所开设的健身俱乐部面临了什么风险?

 任务指导

风险是现代企业财务管理环境的一个重要特征,企业财务管理每一个环节都不可避免地要面对风险。学生主要应理解风险的概念、种类和风险控制对策。

 任务实施

从投资主体的角度来看,影响所有企业的风险属于市场风险。疫情原因导致所有行业受到影响,健身行业也不能幸免,这属于市场风险,由于该风险的发生能够影响整个市场,且没有有效的消除方法,又称为系统风险或不可分散风险。

从企业自身角度来看,由于疫情原因导致健身俱乐部无法正常营业,导致收入锐减造成巨大经济损失,这种风险属于经营风险。经营风险是任何商业活动都有的,也称商业风险。企业生产经营的许多方面都会受到来自企业外部和内部诸多因素的影响,因而具有很大的不确定性。

子任务二　衡量风险及风险收益

 任务引例

小王打算投资一个项目,有以下两个投资项目可供选择。两个项目未来预测可能的收益情况如表2-5所示。

表2-5　投资项目的预期收益率

经济情况	发生概率 P_i	甲项目预期收益率 X_i	乙项目预期收益率 X_i
很好	0.3	50%	60%
正常	0.5	20%	20%
不太好	0.2	5%	−10%

投资风险价值和资金时间价值一样,是财务管理活动中客观存在的经济现象,几乎渗透财务领域的每一个细节,是进行财务管理必须树立的价值观念,也是财务管理应用的基

础观念。

**知识准备**

一、风险的衡量

企业在理财活动中风险是客观存在的,风险的大小可以采用概率分布法进行衡量。概率分布法是利用统计学中的概率分布、期望值、标准离差、标准离差率等来计算与衡量风险大小的一种方法,其计算步骤如下。

(一) 确定概率

在现实生活中,某一事件在完全相同的条件下可能发生也可能不发生,既可能出现这种结果又可能出现那种结果,我们称这类事件为随机事件。概率就是用百分数或小数来表示随机事件发生可能性及出现某种结果可能性大小的数值。用 X 表示随机事件,X_i 表示随机事件的第 i 种结果,P_i 为出现该种结果的相应概率。概率必须符合下列两个要求:

$$0 \leqslant P_i \leqslant 1$$

$$\sum_{i=1}^{n} P_i = 1$$

(二) 计算期望值

期望值是一个概率分布中的所有可能结果,以各自相应的概率为权数计算的加权平均值,是各种预期收益的趋近值。其计算公式如下:

$$E = \sum_{i=1}^{n} X_i \times P_i$$

式中:X_i 为概率分布中第 i 种可能结果;P_i 为概率分布中第 i 种可能结果的相应概率。应强调的是,期望收益值是各种未来收益的加权平均数,它并不反映风险程度的大小,它是各种预期收益的趋近值。

(三) 计算标准离差

标准离差是反映各随机变量偏离期望收益值程度的指标之一,是反映离散程度的指标,以绝对额反映风险程度的大小。一般来说,在期望相同的条件下,标准离差越大,风险越大;标准离差越小,风险越小。其计算公式如下:

$$\sigma = \sqrt{\sum_{i=1}^{n}(x_i - E)^2 \times P_i}$$

(四) 计算标准离差率

标准离差率是反映各随机变量偏离期望收益值程度的指标之一,以相对数反映风险程度的大小,剔除期望值大小不一样的影响。一般来说,标准离差率越大,风险越大;标准离差率越小,风险越小。其计算公式如下:

$$q = \frac{\sigma}{E}$$

对于多方案择优,决策者的行动准则应是选择低风险、高收益的方案,即选择标准离差最低、期望收益最高的方案。然而高收益往往伴有高风险,低收益方案的风险程度往往较低,决策者究竟应选择何种方案,不仅要权衡期望收益与风险程度,还要视其对风险的态度而定。对风险比较反感的决策者可能会选择期望收益较低同时风险也较低的方案;喜欢冒风险的决策者则可能选择风险虽高但同时收益也高的方案。

通过上述方法,将决策方案的风险加以量化,决策者便可据此作出决策。对于单个方案,决策者可将该方案的标准离差率同其设定的可接受的此项指标高限值进行对比,看前者是否低于后者,然后再作出取舍。

二、风险收益

(一) 风险收益的含义

为了正确地作出投资决策,投资者除了要知道投资风险的大小外,更需要知道投资风险收益的高低。风险收益又称投资风险收益或投资风险价值,是指投资者由于冒着风险进行投资而获得的超过资金时间价值以外的额外收益,是对系统性风险的补偿。风险收益的表示方法有两种:风险收益额和风险收益率。风险收益额是投资者冒着风险进行投资而获得的超出资金时间价值的额外收益;风险收益率是风险收益额对于投资额的比率。在实际工作中,风险收益通常用风险收益率进行计量。风险价值的大小取决于两个因素:一是投资者所承担风险的大小;二是投资者对风险的偏好大小。

(二) 风险收益的计算

财务管理中一般用风险收益率表示,用公式表示为:

$$R_{风} = b \times q$$

式中:$R_{风}$ 为风险收益率,q 为标准离差率,b 为风险价值系数,它的大小取决于管理者的风险意识,一般由专门研究机构通过对企业历史资料的分析、统计回归或专家评议获得。若风险价值系数大于 1,说明管理者往往高估风险,管理者一般属于保守型;若风险价值系数小于 1,说明管理者往往低估风险,管理者一般属于冒险型;若风险价值系数等于 1,说明管理者一般正常估计风险,管理者一般属于稳健型。

投资必要收益率是投资者对某资产合理要求的最低收益率,用 K 表示。投资必要收益率包括无风险收益与风险收益两部分,用公式表示为:

$$K = R_{风} + R_{无}$$

式中:K 为必要收益率;$R_{无}$ 为无风险收益率,一般由通货膨胀率和纯利率组成;$R_{风}$ 为风险收益率。必要收益与风险程度的关系如图 2-45 表示。

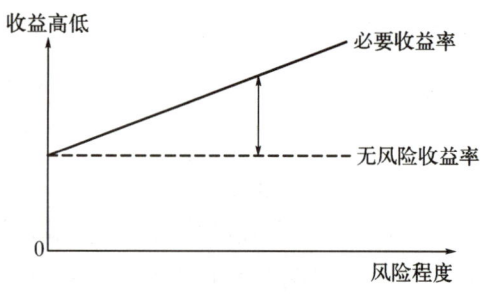

图 2-45 必要收益与风险程度

寓德于技

云南白药股票投资风险

2021年4月28日云南白药公布了其季报,一季度总收入为103.3亿元,同比增长33.4%;归属于公司股东净利润为76亿元,下降40.5%。其一季度报告显示,2021年第一季度,归属于上市公司股东的和非经常性损益的净利润为1 365 307 573.86元,增长29.42%。但是,归属于上市公司股东的净利润为763 157 801.48元。净利润下滑的原因主要是证券投资公允价值变动损益带来的影响。该公司投资持有的小米集团和伊利股份当季分别亏损6.9亿元和1.1亿元。

资料来源:云南白药.2021年第一季度报告 资料有删减。

2-13 拓展资源——什么是风险投资

公司理财应该树立风险价值观念,进行理财活动,不能仅考虑盈利,也要关注其中的风险。作为上市公司,更应该加强自己的主业,本着敬业精神,通过创新搞好经营,否则就本末倒置了。如果不顾投资风险,把赚钱寄托在炒股上是明显不靠谱的,违背了企业敬业精神和创新精神的要求,不注意控制风险,也会对企业乃至社会的稳定和谐造成负面影响。

 任务要求

在前面所述的[任务引例]中,小王该投资哪一个项目,如何做出选择呢?

 任务指导

资金时间价值的计算是假定没有风险和通货膨胀,但是在财务活动中,经营风险带来的财务风险是客观存在的,而且风险和收益是密切相关的,所以财务管理者必须研究风险和收益。根据风险衡量的指标和风险收益率指标的学习,我们的任务是:计算期望值、标准离差和标准离差率;计算风险收益率,根据指标来进行决策。

任务实施

1. 确定概率

概率表示某一种经济情况出现的可能性,也是各种不同预期的收益率出现的可能性。任务引例中给出了三种不同经济状况下的概率,如未来经济情况很好的可能性是0.3,假如这种情况真的出现,甲项目可获得50%的收益率,乙项目可以获得60%的收益率。

2. 计算期望值

根据知识准备中所介绍的计算公式,代入数据求得:

甲项目:$E = 50\% \times 0.3 + 20\% \times 0.5 + 5\% \times 0.2 = 26\%$

乙项目:$E = 60\% \times 0.3 + 20\% \times 0.5 - 10\% \times 0.2 = 26\%$

3. 计算标准离差

根据知识准备中所介绍的计算公式，代入数据求得：

甲项目：

$$\sigma_{甲}=\sqrt{(50\%-26\%)^2\times0.3+(20\%-26\%)^2\times0.5+(5\%-26\%)^2\times0.2}$$
$$=16.7\%$$

乙项目：

$$\sigma_{乙}=\sqrt{(60\%-26\%)^2\times0.3+(20\%-26\%)^2\times0.5+(-10\%-26\%)^2\times0.2}$$
$$=54.4\%$$

由于它们的期望值相同，所以甲项目风险比乙项目风险小。

4. 计算标准离差率

根据知识准备中所介绍的计算公式，代入数据求得：

甲项目：$q_{甲}=16.7\%/26\%=64.23\%$

乙项目：$q_{乙}=54.4\%/26\%=209.23\%$

从标准离差率来看，甲项目风险比乙项目风险小。

5. 计算风险收益率

如果甲项目的风险价值系数为25%，乙项目的风险价值系数为18%，则两个项目的风险收益率分别为：

甲项目：$R_{甲}=25\%\times64.23\%=16.06\%$

乙项目：$R_{乙}=18\%\times209.23\%=37.66\%$

6. 计算必要收益率

了解到目前国债利率即无风险收益率为10%，则两个项目的必要收益率分别为：

甲项目：$K_{甲}=10\%+16.06\%=26.06\%$

乙项目：$K_{乙}=10\%+37.66\%=47.66\%$

同步训练

某电气股份有限公司有A、B两个投资项目可供选择，两个投资项目的报酬率及其概率分布情况如表2-6所示。

表2-6 投资项目相关数据

经济情况	A项目		B项目	
	预期收益率	概率	预期收益率	概率
衰退	15%	0.2	20%	0.3
正常	10%	0.6	15%	0.4
繁荣	0	0.2	−10%	0.3

要求：

（1）分别计算两种项目的期望报酬率、方差、标准离差和标准离差率，并作出基于风险因素的评价决策。

(2) 假设无风险报酬率为10%,经专家测定,风险价值系数为10%,请计算两个项目的风险报酬率和投资报酬率,并作出评价。

任务拓展

小组任务:5~6人一组,选择两个模拟投资项目,上网搜索相关指标的信息,进行风险衡量。

项目练习

一、单项选择题

1. 投资者对某项资产合理要求的最低收益率,称为( )。
   A. 实际收益率　　　　　　　　B. 必要收益率
   C. 预期收益率　　　　　　　　D. 无风险收益率

2. 某企业拟进行一项存在一定风险的完整工业项目投资,现有甲、乙两个方案可供选择。甲方案的收益期望值为 2 000 万元,标准离差为 600 万元;乙方案的收益期望值为 2 400 万元,标准离差为 600 万元。下列结论中正确的是( )。
   A. 甲方案的风险大于乙方案　　B. 甲方案的风险小于乙方案
   C. 甲、乙两方案的风险相同　　D. 无法评价甲、乙两方案的风险大小

3. 某学校为设立一项科研基金,拟在银行存入一笔款项,以后可以无限期地在每年年末支取利息 30 000 元,利率为 6%,则该学校应存入( )元。
   A. 750 000　　　　　　　　　　B. 500 000
   C. 180 000　　　　　　　　　　D. 120 000

4. 下列各项年金中,只有现值没有终值的年金是( )。
   A. 普通年金　　　　　　　　　B. 即付年金
   C. 永续年金　　　　　　　　　D. 先付年金

5. 某项年金前 3 年没有流入,后 5 年每年年初流入 2 000 元,则该项年金的递延期是( )年。
   A. 4　　　B. 3　　　C. 2　　　D. 1

6. 某人于第一年年初向银行借款 30 000 元,预计在未来每年年末偿还借款 6 000 元,连续 10 年还清,则该项贷款的年利率为( )。
   A. 20%　　B. 14%　　C. 16.13%　　D. 15.13%

7. 某人在年初存入一笔资金,存满 4 年后从第五年年末开始每年年末取出 1 000 元,至第八年末取完,银行存款利率为 10%。则此人应在最初一次存入银行的资金为( )元。
   A. 2 848　　B. 2 165　　C. 2 354　　D. 2 032

8. 企业采用融资租赁方式租入一台设备,设备价值 100 万元,租期 5 年,设定折现率为 10%,则每年年初支付的等额租金为( )万元。
   A. 20　　B. 26.98　　C. 23.98　　D. 16.38

9. 若复利终值经过 6 年后变为本金的 2 倍,每半年计息一次,则年实际利率应为( )。
   A. 16.5%　　B. 14.25%　　C. 12.25%　　D. 11.90%

10. A 方案在 3 年中每年年初付款 100 元,B 方案在 3 年中每年年末付款 100 元,若年利

率为10%,则两者之间在第三年末时的终值之差为(　　)元。
   A. 31.3　　　　B. 131.3　　　　C. 133.1　　　　D. 33.1

11. 已知利率为10%的一期、两期、三期的复利现值系数分别是0.909 1、0.826 4、0.751 3,则可以判断利率为10%,三年期的年金现值系数为(　　)。
    A. 2.543 6　　　B. 2.486 8　　　C. 2.855 0　　　D. 2.434 2

12. 甲项目的期望报酬率为20%,标准离差为10%,经测算甲项目的风险报酬系数为0.2,已知无风险报酬率为5%,则甲项目的投资报酬率为(　　)。
    A. 20%　　　　B. 15%　　　　C. 10%　　　　D. 9%

二、多项选择题

1. 在利率一定的条件下,随着预期使用年限的增加,下列表述不正确的有(　　)。
   A. 复利现值系数变大　　　　　　B. 复利终值系数变小
   C. 普通年金现值系数变小　　　　D. 普通年金终值系数变大

2. 下列各项中,其数值等于即付年金终值系数的有(　　)。
   A. $(P/A, i, n) \times (1+i)$　　　　B. $[(P/A, i, n-1)+1]$
   C. $(F/A, i, n) \times (1+i)$　　　　D. $[(F/A, i, n+1)-1]$

3. 下列各项中,属于递延年金特点的有(　　)。
   A. 第一期没有收支额
   B. 其终值大小与递延期长短有关
   C. 其现值大小与递延期长短有关
   D. 计算现值的方法与普通年金相同

4. 下列各项中,属于年金的有(　　)。
   A. 定期支付固定金额的优先股股利
   B. 每期支付的等额租金
   C. 一次还本付息形式下所偿还的借款利息
   D. 每期等额支付的养老金

5. 下列关于普通年金现值的说法中,正确的有(　　)。
   A. 普通年金现值是指为在一定时期内每期期末取得相等金额的款项,现在需投入的金额
   B. 普通年金现值是指未来一定时间的特定资金按复利计算的现值
   C. 普通年金现值是一定时期内每期期末等额收付款项的复利现值之和
   D. 普通年金现值是指为在一定时期内每期期初取得相等金额的款项,现在需投入的金额

6. 下列关于时间价值系数的关系式中,表述正确的有(　　)。
   A. $(P/A, i, n) = (P/F, i, n) \times (F/A, i, n)$
   B. 若 $n_1 + n_2 = n$,则 $(P/F, i, n) = (P/F, i, n_1) + (P/F, i, n_2)$
   C. 若 $n_1 + n_2 = n$,则 $(P/F, i, n) = (P/F, i, n_1) \times (P/F, i, n_2)$

D. $(F/A,i,n)=(F/P,i,n)\times(P/A,i,n)$

7. 下列关于资金时间价值的说法中,正确的有( )。
   A. 在单位时间资金增值率一定的条件下,资金使用时间越长,则资金时间价值就越大
   B. 在其他条件不变的情况下,资金数量越多,则资金时间价值越少
   C. 在一定的时间内等量资金的周转次数越多,则资金时间价值越大
   D. 在回收资金额一定的情况下,在离现时点越远的时点上回收的资金越多,资金时间价值越小

8. 年金终值系数表的用途有( )。
   A. 已知年金求终值　　　　　　B. 已知终值求年金
   C. 已知现值求终值　　　　　　D. 已知终值和年金求利率

9. 下列风险控制对策中,属于转移风险的有( )。
   A. 预留风险金　　　　　　　　B. 采取联合开发措施共担风险
   C. 向保险公司投保　　　　　　D. 拒绝与不守信用的厂商业务来往

三、判断题

1. 柳先生希望在退休后每年还能获得 12 000 元,以贴补家用,已知银行的存款利率为 4%,那么柳先生在退休时应该在银行存入 300 000 元。　　　　　　　　　　( )
2. 从实质来说,现值与终值之间的差额是利息。　　　　　　　　　　　　　　( )
3. 根据风险与收益对等的原理,高风险的投资项目必然会获得高收益。　　　( )
4. 对于多个投资方案而言,无论各方案的期望值是否相同,标准离差率最大的方案一定是风险最大的方案。　　　　　　　　　　　　　　　　　　　　　　　　　　( )
5. 可以通过资产多样化来达到完全消除风险的目的。　　　　　　　　　　　　( )
6. 期数为 5,利率为 10% 的普通年金终值系数减 1 等于同利率下第一期至第四期的复利终值系数之和。　　　　　　　　　　　　　　　　　　　　　　　　　　　( )
7. 当利率大于零,计息期一定的情况下,年金现值系数一定都大于 1。　　　　( )

四、计算题

1. 邦普公司欲购置一项设备,目前有两个付款方案。
   方案一:付款期 10 年,从第一年开始,每年末分期付款 100 万元。
   方案二:取得设备时,直接付款 400 万元,8 年后,再付款 600 万元。
   邦普公司的资金成本率为 15%,则应采取哪个付款方案?

2. 小李拟购置一处房产,房主提出三种付款方案:
   (1) 从现在起,每年年初支付 20 万元,连续支付 10 次;
   (2) 从第五年开始,每年末支付 25 万元,连续支付 10 次;
   (3) 从第五年开始,每年初支付 24 万元,连续支付 10 次。
   假设小李筹资的资金成本率为 10%,他应选择哪个方案?

3. 某企业有甲、乙两个投资项目,计划投资额均为 1 000 万元,其收益率的概率分布如表 2-7 所示。

表 2-7 投资项目收益率概况分布表

市场状况	概率	甲项目收益率	乙项目收益率
好	0.3	20%	30%
一般	0.5	10%	10%
差	0.2	5%	−5%

要求：
(1) 分别计算甲乙两个项目收益率的期望值。
(2) 分别计算甲乙两个项目收益率的标准差。
(3) 比较甲乙两个投资项目风险的大小。
(4) 如果无风险收益率为 6%，甲项目的风险价值系数为 10%，计算甲项目投资的总收益率。

【课赛融通项目训练】

加油站投资项目土地取得方式决策

松原石油有限公司打算在 G 高速公路 Z 路段投资一座加油站。加油站建设用土地采用租用土地使用权的方式，取得 10 年（2022 年 1 月 1 日至 2031 年 12 月 31 日）的土地使用权。

出租方给出两种租金支付的方式，资金成本为 7%，不考虑所得税因素。

方式一：一次性支付 500 万元，付款时间在 2021 年 12 月 31 日。

方式二：按年支付租金。首年租金金额 72 万元，以后每年年租金上涨 2 万元，合同期限为 10 年。每年 12 月 31 日支付下一年租金，首次支付在 2021 年 12 月 31 日。

要求：确定松原石油有限公司加油站投资项目土地取得方式。

项目三 筹资管理

学习目标

- **知识目标**

  了解筹资的动机和原则；
  掌握筹资渠道、方式和分类；
  理解不同筹资方式的优点、缺点；
  掌握资本成本率的计算方法；
  掌握三种杠杆系数的计算方法；
  掌握最优资本结构决策方法。

- **能力目标**

  能比较不同筹资方式的优劣势；
  能利用杠杆效应进行风险衡量；
  能结合企业的特点选择最佳的筹资方案。

- **素质目标**

  培养学生防止落入网贷陷阱的自我保护意识和风险防范意识；
  培养学生爱岗敬业、诚实守信、严谨求实、廉洁自律的工作态度；
  培养学生乐于奉献、发挥所长、均衡团队力量的合作精神。

学习导图

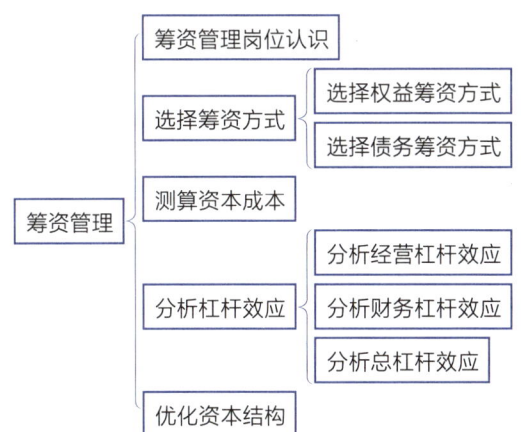

任务一　筹资管理岗位认知

任务引例

为了响应国家大众创业的号召,毕业生小王决定进行创业。他经过市场调研,打算在学校附近开一家俱乐部,店铺面积大约120平方米,经过粗略估算,启动资金约30万元。于是,筹集资金成了小王实现创业理想的第一步。在制定筹资方案的过程中,小王想到了银行贷款,也想到了创业投资基金。以他目前的情况,银行只允诺12个月的还款期限,而投资基金可以考虑3年,但要求进行股权投资。小王的考虑是:若向银行借款30万元,利率为8%,期限12个月,尽管存在偿债压力,但利率能接受,且不影响股权的集中控制;若从创业投资基金筹资,虽然没有还款压力,但要分出一部分甚至大部分股权,有可能使自己丧失管理权。小王对此一筹莫展。

3-1 筹资认知

筹资是投资和创业的先决条件,也是财务活动的起点,是财务管理活动的重要内容。对很多创业者来说,它们可能能有效地管理自己的资金,但是面对筹集资金的问题则显得能力有限。对大部分第一次的筹资者来说,"什么时候需要筹资""需要筹集多少资金""有哪些资金的来源渠道""怎样决策才能取得最合适的资金""怎样的资金结构对企业最有利",这些问题都是筹资管理的重要内容。

企业筹资可以采用不同方式获取不同性质的资金。小王创业过程中需要考虑哪些筹资问题呢?

知识准备

一、筹资的动机

企业筹资是指企业为了满足其日常经营活动、投资活动、资本结构调整等需要,通过一定的渠道,采取适当的方式,获取所需资金的一种行为。资金是企业的血液,是企业设立、生存和发展的物质基础,任何一个企业,为了形成生产经营能力、保证生产经营正常运行,必须拥有一定数量的资金。因此,筹资活动是资金运转的起点。企业筹资最基本的目的是维持企业的经营和发展,为企业的经营活动提供资金保障,但每次具体的筹资行为,往往受特定动机的驱动。一般来说,企业的筹资动机主要包括创立性筹资动机、持续性筹资动机、扩张性筹资动机、偿债性筹资动机、调整性筹资动机和混合性筹资动机。

(一) 创立性筹资动机

创立性筹资动机,是指企业设立时,为取得资本金并形成开展经营活动的基本条件而产生的筹资动机。资金是设立企业的第一道门槛。根据《中华人民共和国公司法》《中华人民共和国合伙企业法》等相关法律的规定,任何一个企业在设立时,都要求有符合企业章程规定的全体股东认缴的出资额。因此,企业在初创时,需要筹措注册资本和资本公积等股权资金,不足部分需要筹集银行借款等债务资金。

(二) 持续性筹资动机

持续性筹资动机,是指企业为了满足经营活动的正常波动所形成的支付需求而产生的筹资动机。企业在开展经营活动过程中,经常会出现维持正常经营活动资金需求的持续性、季节性及临时性的支付情形,因此,企业需要通过正常经营活动的资金投入和经常的临时性筹资,来满足经营活动的正常波动需求,维持企业的支付能力。

(三) 扩张性筹资动机

扩张性筹资动机,是指企业为了扩大经营规模或满足对外投资需要而产生的筹资动机。具有良好发展前景、处于成长期的企业,往往会产生扩张性的筹资动机。通常,扩张性筹资会使企业资产总规模增加,资本结构发生明显变化。

(四) 偿债性筹资动机

偿债性筹资动机,是指企业为了偿还到期债务,调整内部债务结构而产生的筹资动机。例如,企业流动负债比例过大,使得企业近期偿还债务的压力较大,可以通过举借长期债务来偿还部分短期债务;一些债务即将到期,企业虽然有足够的偿债能力,但为了保持现有的资本结构,可以举借新债以偿还旧债。

(五) 调整性筹资动机

调整性筹资动机,是指企业因调整资本结构而产生的筹资动机。这类筹资通常不会增加企业的资本总额。企业资本结构调整的目的在于降低资本成本,控制财务风险,提升企业价值。

(六) 混合性筹资动机

在实际工作中,企业筹资目的可能不是单纯和唯一的。企业通过追加筹资,既要满足经营活动、投资活动的资金需要,又要达到调整资本结构的目的,称为混合性筹资动机。例如,企业对外产权投资需要大额资金,其资金来源通过增加长期贷款或发行公司债券解决,这种情况既扩张了企业规模,又使得企业的资本结构有较大的变化。混合性筹资动机一般是基于企业规模扩张和资本结构调整两种目的,兼具扩张性筹资动机和调整性筹资动机的特性,同时增加了企业的资产总额和资本总额,也导致企业的资产结构和资本结构同时变化。

二、筹资的原则

企业筹资管理的基本要求,是在严格遵守国家法律法规的基础上,分析影响筹资的各种因素,权衡资金的性质、数量、成本和风险,合理选择筹资方式,提高筹资效果。

(一) 筹措合法

筹措合法原则是指企业应遵循国家法律法规合法筹措资金。企业的筹资活动不仅为自身的生产经营提供了资金来源,也会影响投资者的经济利益,影响社会经济秩序。因此,企业的筹资行为活动必须遵循国家的相关法律法规,依法履行法律法规和投资合同约定的义务和责任,依法披露信息,维护各方的合法权益。

(二)规模适当

规模适当原则是指企业要根据生产经营及发展的需要,合理安排资金需求。企业资金需求量受企业生产经营规模的制约,企业既要避免筹资不足而影响生产经营的正常运转,又要防止筹资过剩而造成资金的闲置和浪费。为此,企业应根据生产经营的现状和发展趋势,采用专门的分析方法,预测企业资金的需要量,确定适当的筹资规模。

(三)取得及时

取得及时原则是指要合理安排筹资时间,适时取得资金。企业筹集资金,需要合理预测资金需要的时间。根据资金需求的具体情况,合理安排资金的筹集到位时间,使筹资与用资在时间上相衔接,企业既要避免过早筹集资金形成资金投放前的闲置,又要防止取得资金的时间滞后,错过资金投放的最佳时间。

(四)来源经济

来源经济原则是指要充分利用各种筹资渠道,选择经济、可行的资金来源。企业所筹集的资金都要付出资本成本的代价,进而给企业的资金使用提出了最低收益要求。不同筹资渠道和方式所取得的资金,其资本成本各有差异。企业应当在考虑筹资难易程度的基础上,针对不同来源资金的成本,认真选择筹资渠道,并选择经济、可行的筹资方式,力求降低筹资成本。

(五)结构合理

结构合理原则是指筹资管理要综合考虑各种筹资方式,优化资本结构。企业筹资要综合考虑股权资金与债务资金的关系、长期资金与短期资金的关系以及内部筹资与外部筹资的关系,合理安排资本结构,保持适当的偿债能力,防范企业财务危机。

三、筹资的分类

(一)按所筹资金的性质不同,可分为权益筹资、债务筹资、衍生金融工具筹资

权益筹资又称为自有资金筹资,是指企业通过吸收直接投资、发行股票、利用留存收益等方式筹集资金;债务筹资又称借入资金筹资,是企业通过借款、发行债券、融资租赁以及商业信用等方式筹集资金;衍生金融工具筹资包括兼具股权与债务特性的混合融资(如可转债融资)和其他衍生工具融资(如认股权证融资)。

(二)按筹资是否以金融机构为媒介,可分为直接筹资与间接筹资

直接筹资是企业直接与资金供应者协商融通资本的一种筹资活动,如吸收直接投资、发行股票、发行债券、签发商业票据等。按法律规定,公司股票、债券等有价证券的发行需要通过证券公司等中介机构进行,但证券公司所起的作用只是承销作用,资金拥有者并未向证券公司让渡资金使用权,因此发行股票、债券属于直接筹资。

间接筹资是企业通过银行等金融中介机构融通资金的一种筹资活动,如向银行借款是典型的间接筹资。

(三) 按所筹资金的来源范围不同,可分为内部筹资和外部筹资

内部筹资是企业通过利润留存而形成的筹资来源,是对一定时期净收益的留置和分配,包括提取公积金和利润留存。内部筹资数额的大小主要取决于企业可分配利润的多少和利润分配政策。

外部筹资是企业向外部筹措资金而形成的筹资来源。处于初创期的企业,内部筹资有限;处于成长期的企业,内部筹资往往难以满足需要,这就需要企业广泛开展外部筹资,如发行股票、债券,向银行借款、取得商业信用等。

(四) 按所筹资金的使用期限不同,可分为短期筹资和长期筹资

短期筹资是指企业筹集使用期限在一年以内或超过一年的一个营业周期以内的资金。短期资金通常利用商业信用、应收账款转让、短期银行借款、票据贴现等方式来筹集。

长期筹资是指企业筹集使用期限在一年以上或超过一年的一个营业周期以上的资金。长期资金通常利用吸收直接投资、发行股票、发行债券、长期借款、融资租赁和利用留存收益等方式来筹集。

四、筹资渠道与方式

(一) 筹资渠道

筹资渠道是指企业筹集资金的来源和通道,体现着企业所筹资金的源泉和性质。认识和了解各筹资渠道及其特点,有助于企业充分拓宽和正确利用筹资渠道。

1. 国家财政资金

国家财政资金即国家对企业的直接投资,是国有企业最主要的资金来源渠道。我国现有的国有股份制企业大都是由原来的国有企业改制而成的,其股份构成中的国家股就是国家以各种方式向原有企业投入的资本。对于某些关系国计民生的大型重点企业和骨干企业,国家可以采用参股、控股的方式向企业注入资金。

2. 银行信贷资金

银行信贷资金是我国目前各类企业最为重要的筹资渠道。我国的银行包括中央银行、商业银行和政策性银行。其中,能向各类企业提供贷款的银行是商业银行,它是以营利为主要目标的信用机构,主要包括国有商业银行、股份制商业银行和合作银行。

3. 非银行金融机构资金

非银行金融机构是指各种从事金融业务的非银行机构,如信托投资公司、证券公司、保险公司、融资租赁公司、企业集团的财务公司等。非银行金融机构可以通过质押贷款、信托贷款等方式向企业直接提供资金或为企业融资提供服务。其资金实力不如商业银行,但由于其资金供应比较方便灵活,而且可以提供多种特定的服务,已经成为企业重要的筹资渠道。

4. 其他企业资金

企业在生产经营过程中,往往有一部分暂时闲置的资金,在本企业产品市场饱和的情

况下,为了充分利用这些资金,他们愿意向其他企业直接投资,或购买其发行的股票、债券等,以便获得更多的投资收益。

5. 居民个人资金

居民个人资金是指居民个人手中闲置的资金。随着社会经济的发展,人民生活水平不断提高,居民个人就可以利用这部分资金来购买公司发行的股票或债券,从而为企业提供筹资来源。

6. 企业自留资金

企业自留资金是指企业内部形成的资金,包括从税后利润中提取的公积金和未分配利润,以及通过折旧方式形成的折旧准备金。这些资金的特点是无须通过一定的方法去筹集,而是直接由企业内部自动生成或转移。

7. 国(境)外投资资金

企业利用外资筹资不仅指货币资金筹资,也包括设备、原材料等有形资产筹资,专利、商标等无形资产筹资。由于利用外资是一种跨国境的经济行为,受外资政策、国家间政治关系,不同的文化传统以及国际金融状况、外汇波动的影响较大,需要在国家政策的指导下,遵循积极、有效、合理的原则开展。

外资的直接投资方式主要包括合资经营、合作经营、合作开发等方式;间接投资方式主要包括外国商业银行贷款、发行国际债券、国际金融组织贷款、政府间技术经济援助贷款、出口信贷及补偿贸易等。

(二)常用筹资方式

筹资方式是指企业筹集资金所采用的具体形式。目前我国企业常用筹资方式主要有吸收直接投资、发行股票、利用留存收益、银行借款、发行债券、商业信用和融资租赁等。

筹资渠道与筹资方式之间存在一定的对应关系,同一筹资渠道的资金往往可以采用不同的方式取得,而同一筹资方式又往往适用于不同的筹资渠道。因此,企业在筹资时,应实现两者的合理配置,企业筹资渠道与筹资方式的配合如表3-1所示。

表3-1 筹资渠道与筹资方式

项目	吸收直接投资	发行股票	利用留存收益	银行借款	发行债券	商业信用	融资租赁
国家财政资金	√	√					
银行信贷资金				√			
非银行金融机构资金	√	√		√	√		√
其他企业资金	√	√			√	√	√
居民个人资金	√	√			√		
企业自留资金	√		√				

(三)其他筹资方式

1. 衍生工具筹资

衍生工具筹资方式包括发行可转换债券、认股权证、优先股等。其中:可转换债券是持有者可以在规定的时间内,按规定的价格转换为发债公司股票的一种债券;认股权证是一种由上市公司发行的证明文件,持有人有权在一定时间内以约定价格认购该公司发行的一定数量的股票;优先股是股份有限公司发行的具有优先权利、相对优先于普通股的股份种类。

2. 项目资金筹集

3-2 拓展资源——企业创新筹资方式

项目资金筹集包括 BOT 筹资、ABS 筹资。其中,BOT 筹资是对基础设施工程项目"建设—经营—移交"的合作方式,即企业对基础工程项目实施投资招标,中标的投资者承担建设资金,建成后投资方按合同获得一定年限的经营收益权,经营期满后再把工程设施移交回招标企业;ABS 筹资是指资产证券化,即以项目(包括未建项目)所属的全部或部分资产(资产池)为基础,以该项目资产所能带来的稳定预期收益为保证,经过信用评级和增级,在资本市场上发行证券(主要是债券)来募集资金。

寓德于技

营销狂魔敷尔佳:刚分红 10 多亿元就来 A 股圈钱

哈尔滨敷尔佳科技股份有限公司(以下简称敷尔佳),一家几乎无研发、无专利,2021 年之前连生产线都没有的"贴牌"面膜销售公司,要在科技属性较浓的创业板上市了。敷尔佳的主营产品分为医疗器械、化妆品两类,主要收入来源于医疗器械类产品,其中医用透明质酸钠修复贴(白膜)、医用透明质酸钠修复贴(黑膜)为第一、第二大产品。作为起家产品,医用透明质酸钠修复贴最初主要用于医美手术后的皮肤修护,产品包装上会标有"X 械"字样,属于医用敷料。

2021 年 9 月 7 日,敷尔佳 IPO 申请获受理。而就在 2019 年、2020 年,"不差钱"的敷尔佳刚刚进行了 9 轮累计 10.42 亿元的分红,截至 2021 年一季度末账上还躺着 6.93 亿元货币资金。

敷尔佳本次发行拟募资 18.97 亿元,其中 8.85 亿元用于品牌营销推广,6.55 亿元建设生产基地,3 亿元补充流动资金,只有 5691 万元用于研发及质量检测中心建设。

这也延续了敷尔佳重营销、轻研发的一贯做法。报告期内(2018—2020 年及 2021 年一季度),敷尔佳销售费用累计达 4.36 亿元,研发投入累计只有 252.34 万元。截至招股书签署日(2021 年 8 月 31 日),敷尔佳仅取得一项包装盒外观设计的授权专利。

刚分红 9 个月就来 A 股融资"补血",募投项目主要为品牌营销、大兴土木(盖楼)和补充流动资金,敷尔佳 IPO 的动机有点耐人寻味,不排除有恶意"圈钱"意图。

资料来源:天府财经网"营销狂魔敷尔佳:刚分红 10 多亿就来 A 股圈钱?未上市业绩先变脸" 资料有删减。

目前部分上市公司筹资并不完全是为了生产经营,他们将股市当成自己的"提款机",这种行为显然不利于社会的和谐发展。

任务要求

思考在[任务引例]中,小王筹资的动机是什么?小王在创业过程中考虑了什么筹资渠道?具体涉及哪些筹资方式?

任务指导

(1)根据案例背景资料先判断小王开俱乐部处于什么阶段,再分析筹资的动机属于哪一种类型。

(2)筹集资金的来源和通道被称为筹资渠道;筹措资金时选用的具体筹资形式被称为筹资方式。根据案例背景资料判断小王运用了什么筹资渠道和具体方式。

任务实施

(1)任何公司或经济组织的设立都是以资金准备为前提的,资金是设立企业的第一道门槛。小王打算在学校附近开一家俱乐部,所以准备开俱乐部属于初创期,这个阶段的筹资动机属于创立性筹资动机。

(2)开俱乐部的启动资金为30万元。"在制定筹资方案的过程中,小王想到了银行贷款,也想到了创业投资基金。"其中,银行贷款属于债务筹资,创业投资基金属于股权筹资;具体采用的是吸收直接投资筹资方式。

同步训练

1. 判断筹资动机

背景:某公司2022年度拟进行下列六项筹资活动,如表3-2所示。

要求:请根据不同情况,判断其筹资的动机。

表3-2 筹资动机分析表

项目	筹资活动
1	公司创立下属子公司,子公司按照经营规模核定长期资本需求量和流动资金需求量,购建厂房设备等,为安排铺底流动资金而筹措资金。
2	公司为满足日常经营活动,为支付大额原材料采购款而筹措资金。
3	公司为集中发放员工工资、提前偿还银行贷款、发放股东股利而筹措资金。
4	公司为扩张经营规模、开展对外投资而筹措资金。
5	公司部分债务即将到期,通过举借新债偿还旧债的方式筹措资金。
6	公司利用杠杆效应,为达到优化资本结构的目的,通过筹资增加股权资金或债务资金。

2. 分析筹资行为

黄柠暑期到北方集团财务部实习,实习结束后,写了《筹资管理之我见》的实习报告,她在报告中提到"所谓筹资,通俗地讲就是企业获取资金的过程"。请根据筹资管理内容的学习,分析下列各项是否属于公司的筹资行为。

A. 银行转账　　B. 发行股票　　　C. 银行贷款　　　D. 融资租赁

3. 判断筹资类型

2022年2月16日,北方公司发行股票5 000万股,筹集资金50 000万元人民币。则该筹资方式属于以下哪种类别?

A. 权益筹资　　B. 负债筹资　　　C. 内部筹资　　　D. 外部筹资

E. 直接筹资　　F. 间接筹资

4. 判断筹资方式

背景:袁科公司是一家运动器材生产商,相关资料如图3-1所示。

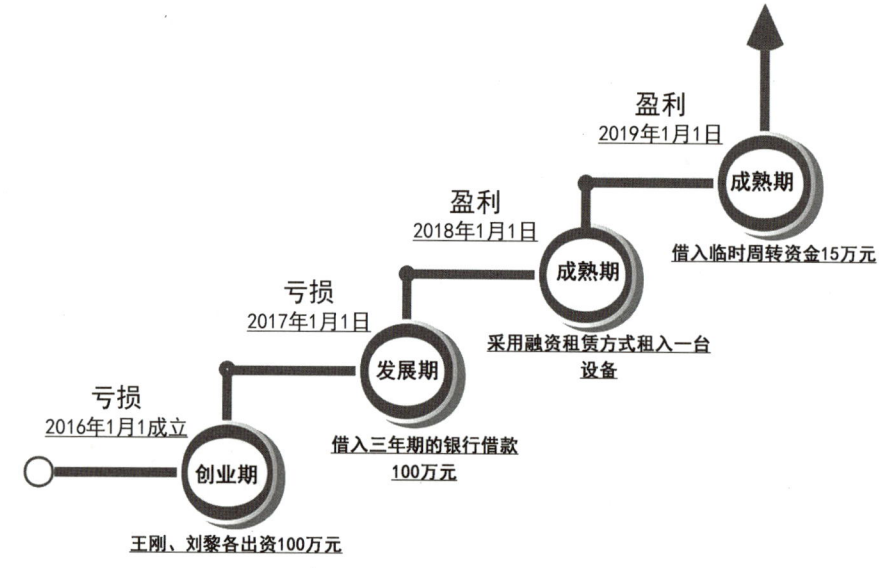

图3-1　袁科公司发展历程图

要求:根据资料填写筹资基本概念表(表3-3)。

表3-3　筹资基本概念表

发展阶段	筹资动机	筹资方式
创立期		
发展期		
成熟期		

任务拓展

小组任务:5~6人一组,结合前期各组模拟创建的投资项目,分析创业过程中的筹资动机,以及可能用到的筹资渠道和筹资方式。

项目三　筹资管理

任务二　选择筹资方式

子任务一　选择权益筹资方式

 **任务引例**

> 小王在制定筹资方案的过程中,考虑了银行贷款,也想到了创业投资基金。他的好朋友小李打算和小王共同经营。俱乐部预计总投资30万元,小李出资15万元,占总投资的50%。小王负债办理工商登记,合伙双方共同经营、共担风险、共负盈亏。

资金的两个基本渠道分别是权益筹资和债务筹资。权益筹资有哪些特点？具体有哪些权益筹资方式可供选择呢？

 知识准备

权益筹资是指企业通过吸收直接投资、发行普通股股票、利用留存收益等方式筹集资金。权益筹资形成企业的自有资本、永久资本,是企业最基本的筹资方式。

一、吸收直接投资

吸收直接投资是指企业按照"共同投资、共同经营、共担风险、共享收益"的原则以协议等形式吸收国家、法人、个人和外商投入资金的一种权益筹资形式。采用吸收直接投资的企业,资本不分为等额股份、无须公开发行股票。投资者对企业具有经营管理权,企业经营状况好,盈利多,投资者就可以多分利润;但经营状况差,甚至破产清算,则要在其出资限额内按出资比例承担损失。

(一) 吸收直接投资的种类

1. 吸收国家投资

国家投资是指有权代表国家投资的政府部门或机构,以国有资产投入公司,这种情况下形成的资本称为国有资本。吸收国家投资一般具有以下特点：①产权归属国家；②资金的运用和处置受国家约束较大；③在国有公司中采用比较广泛。

2. 吸收法人投资

法人投资是指法人单位以其依法可支配的资产投入公司,这种情况下形成的资本称为法人资本。吸收法人资本一般具有以下特点：①发生在法人单位之间；②以参与公司利润分配或控制为目的；③出资方式灵活多样。

3. 吸收外商直接投资

企业可以通过合资经营或合作经营的方式吸收外商直接投资,即与其他国家的投资者共同投资,创办中外合资经营企业或者中外合作经营企业,共同经营、共担风险、共负盈亏、共享收益。

4. 吸收社会公众投资

社会公众投资是指社会个人或本公司职工以个人合法财产投入公司，这种情况下形成的资本称为个人资本。吸收社会公众投资一般具有以下特点：①参加投资的人员较多；②每人投资的数额相对较少；③以参与公司利润分配为基本目的。

（二）吸收直接投资的出资方式

1. 以货币资产出资

以货币资产出资是吸收直接投资中最重要的出资方式。企业有了货币资产，便可以获取其他物质资源，支付各种费用，满足企业创建时的开支和随后的日常周转需要。我国《公司法》规定，公司全体股东或者发起人的货币出资金额不得低于公司注册资本的30%。

2. 以实物资产出资

实物资产出资是指投资者以房屋、建筑物、设备等固定资产和材料、燃料、商品产品等流动资产所进行的投资。投入的实物资产应符合以下条件：①适合企业生产、经营、研发等活动的需要；②技术性能良好；③作价公平合理。

实物资产的作价，可以由出资各方协商确定，也可以聘请专业资产评估机构评估确定。国有及国有控股企业接受其他企业的非货币资产出资，必须委托有资格的资产评估机构进行资产评估。

3. 以土地使用权出资

土地使用权是指土地经营者对依法取得的土地在一定期限内有进行建筑、生产经营或其他活动的权利。土地使用权具有相对的独立性，在土地使用权存续期间，包括土地所有者在内的其他任何人和单位，不能任意收回土地和非法干预使用权人的经营活动。企业吸收土地使用权投资应符合以下条件：①适合企业科研、生产、经营、研发等活动的需要；②地理、交通条件适宜；③作价公平合理。

4. 以工业产权出资

工业产权通常是指专有技术、商标权、专利权、非专利技术等无形资产。投资者以工业产权出资应符合以下条件：①有助企业研究、开发和生产出新的高科技产品；②有助于企业提高生产效率，改进产品质量；③有助于企业降低生产消耗、能源消耗等各种消耗；④作价公平合理。

吸收工业产权等无形资产出资的风险较大。因为以工业产权投资，实际上是把技术转化为资本，使技术的价值固定化，而技术具有强烈的时效性，会因其不断老化落后而导致实际价值不断减少甚至完全丧失。

此外，国家相关法律法规对无形资产出资方式另有限制。如《公司法》规定，股东或发起人不得以劳务、信用、自然人姓名、商誉、特许经营权或者设定担保的财产等作价出资。对于非货币资产出资，需要满足三个条件：可以用货币估价；可以依法转让；法律不禁止。

《公司法》对无形资产出资的比例要求没有明确限制，但《外资企业法实施细则》中规定，外资企业的工业产权、专有技术的作价应与国际上通常的作价原则相一致，且作价金额不得超过外资企业注册资本的 20%。

(三) 吸收直接投资的程序

1. 确定筹资数量

企业在新建或扩大经营时,首先应确定资金的需要量。资金的需要量应根据企业的生产经营规模和供销条件等来核定,确保筹资数量与资金需要量相适应。

2. 寻找投资单位

企业既要广泛了解有关投资者的资信、财力和投资意向,又要通过信息交流和宣传,使出资方了解企业的经营能力、财务状况以及未来预期,以便于公司从中寻找最合适的合作伙伴。

3. 协商和签署投资协议

找到合适的投资伙伴后,双方进行具体协商,确定出资数额、出资方式和出资时间。企业应尽可能吸收货币投资,如果投资方确有先进并且适合需要的固定资产和无形资产,亦可采取非货币投资方式。对实物投资、工业产权投资、土地使用权投资等非货币资产,双方应按公平合理的原则协商定价。当出资数额、资产作价确定后,双方须签署投资的协议或合同,以明确双方的权利和责任。

4. 取得所筹集的资金

签署投资协议后,企业应按规定或计划取得资金。如果采取现金投资方式,通常还要编制拨款计划,确定拨款期限、每期数额及划拨方式,有时投资者还要规定拨款的用途,如把拨款区分为固定资产投资拨款、流动资金拨款、专项拨款等。如为实物、工业产权、非专利技术、土地使用权投资,一个重要的问题就是核实财产。财产数量是否准确,特别是价格有无高估低估的情况,关系到投资各方的经济利益,必须认真处理,必要时可聘请专业资产评估机构来评定,然后办理产权的转移手续取得资产。

(四) 吸收直接投资的筹资特点

(1) 能够尽快形成生产能力。吸收直接投资不仅可以取得一部分货币资金,而且能够直接获得所需的先进设备和技术,尽快形成生产经营能力。

(2) 容易进行信息沟通。吸收直接投资的投资者比较单一,股权没有社会化、分散化,甚至于有的投资者直接担任公司管理层职务,公司与投资者易于沟通。

(3) 吸收直接投资的手续相对比较简便,筹资费用较低。

(4) 资本成本较高。相对于股票筹资方式来说,吸收直接投资的资本成本较高。当企业经营较好,盈利较多时,投资者往往要求将大部分盈余作为红利分配,因为企业向投资者支付的报酬是按其出资数额和企业实现利润的比率来计算的。

(5) 企业控制权集中,不利于企业治理。采用吸收直接投资方式筹资,投资者一般都要求获得与投资数额相适应的经营管理权。如果某个投资者的投资额比例较大,则该投资者对企业的经营管理就会有相当大的控制权,容易损害其他投资者的利益。

(6) 不便于进行产权交易。吸收直接投资由于没有证券为媒介,不便于产权交易,难以进行产权转让。

二、发行普通股股票

股票是股份有限公司为筹措股权资本而发行的有价证券,是公司签发的证明股东持有公司股份的凭证。股票作为一种所有权凭证,代表着股东对发行公司净资产的所有权。股票只能由股份有限公司发行。

(一)股票的特征与分类

1. 股票的特征

(1)永久性。公司发行股票所筹集的资金属于公司的长期自有资金,没有期限,不需要归还。换言之,股东在购买股票之后,一般情况下不能要求发行企业退还股金。

(2)流通性。股票作为一种有价证券,在资本市场上可以自由转让、买卖和流通,也可以继承、赠送或作为抵押品。股票特别是上市公司发行的股票具有很强的变现能力,流动性很强。

(3)风险性。由于股票的永久性,股东成了企业风险的主要承担者。风险的表现形式有:股票价格的波动性、红利的不确定性、破产清算时股东处于剩余财产分配的最后顺序等。

(4)参与性。股东作为股份公司的所有者,拥有参与企业管理的权利,包括重大决策权、经营者选择权、财务监控权、公司经营的建议和质询权等。此外,股东还有承担有限责任、遵守公司章程等义务。

2. 股票的种类

(1)按股东权利和义务,分为普通股股票和优先股股票。普通股股票简称普通股,是公司发行的代表着股东享有平等的权利、义务,不加特别限制的,股利不固定的股票。普通股是最基本的股票,股份有限公司通常情况下只发行普通股。优先股股票简称优先股,是公司发行的相对于普通股具有一定优先权的股票。其优先权利主要表现在股利分配优先权和分取剩余财产优先权上。优先股股东在股东大会上无表决权,在参与公司经营管理上受到一定限制,仅对涉及优先股权利的问题有表决权。

(2)按票面有无记名,分为记名股票和无记名股票。记名股票是在股票票面上记载有股东姓名或将名称记入公司股东名册的股票,无记名股票不登记股东名称,公司只记载股票数量、编号及发行日期。我国《公司法》规定,公司向发起人、国家授权投资机构、法人发行的股票,为记名股票;向社会公众发行的股票,可以为记名股票,也可以为无记名股票。

(3)按发行对象和上市地点,分为A股、B股、H股、N股和S股等。A股即人民币普通股票,由我国境内公司发行,境内上市交易,它以人民币标明面值,以人民币认购和交易。B股即人民币特种股票,由我国境内公司发行,境内上市交易,它以人民币标明面值,以外币认购和交易。H股是注册地在内地、在香港上市的股票,在纽约和新加坡上市的股票,分别称为N股和S股。

(二)普通股股东的权利

1. 享有公司剩余利润分配权

公司剩余利润的分配一般按普通股份总数均分,普通股股东以其拥有的股份数有权获取相应的股利。其股利水平不受任何比率的限制,它随公司剩余利润的多少而变动。

2. 投票表决权

公司普通股股东是公司的投资人,按照法律规定,他们对公司事务享有最终控制权。这种权利体现为,有权出席或委托代理人出席股东大会,并对公司的重大事务行使投票表决权。

3. 优先认股权

普通股股东是公司的所有者,也是风险的主要承担者,为保持他们在公司中拥有的股权比例,公司在增发新股时,他们有权优先认购新发行的股票。认购新股时其购股价格通常较股票市场价格低。股东不想购买新股时,他可将优先认股权转让他人。

4. 检查监督权

为保证公司资本的安全和增值,法律赋予普通股股东具有一定的检查监督权利。他们有权查阅公司章程、股东会议纪要和会计报告,监督公司的经营,并有权对公司的经营管理提出建议或质询。但不可以随便查阅公司的会计记录和经营账册。

5. 剩余财产的清偿权

当公司清理时,在偿还所有债务和优先股股本后,尚有剩余财产,普通股股东有权按其所持普通股股份比例分享剩余财产。

(三) 股份有限公司的设立、股票的发行与上市

1. 股份有限公司的设立

设立股份有限公司,应当有 2 人以上 200 人以下为发起人,其中须有半数以上的发起人在中国境内有住所。股份有限公司的设立,可以采取发起设立或者募集设立的方式。

发起设立,是指由发起人认购公司应发行的全部股份而设立公司。以发起设立方式设立股份有限公司的,公司全体发起人的首次出资额不得低于注册资本的 20%,其余部分由发起人自公司成立之日起 2 年内缴足(投资公司可以在 5 年内缴足)。

募集设立,是指由发起人认购公司应发行股份的一部分,其余股份向社会公开募集或者向特定对象募集而设立公司。以募集设立方式设立股份有限公司的,发起人认购的股份不得少于公司股份总数的 35%;法律、行政法规另有规定的,从其规定。

股份有限公司的发起人应当承担下列责任:①公司不能成立时,对设立行为所产生的债务和费用负连带责任;②公司不能成立时,对认股人已缴纳的股款,负返还股款并加算银行同期存款利息的连带责任;③在公司设立过程中,由于发起人的过失致使公司利益受到损害的,应当对公司承担赔偿责任。

2. 股份有限公司首次发行股票的一般程序

(1) 发起人认足股份、缴付股资。发起方式设立的公司,发起人认购公司的全部股份;募集方式设立的公司,发起人认购的股份不得少于公司股份总数的 35%。发起人可以用货币出资,也可以非货币资产作价出资。在发起设立方式下,发起人缴付全部股资后,应选举董事会、监事会,由董事会办理公司设立的登记事项;在募集设立方式下,发起人认足

其应认购的股份并缴付股资后,其余部分向社会公开募集。

(2) 提出公开募集股份的申请。以募集方式设立的公司,发起人向社会公开募集股份时,必须向国务院证券监督管理部门递交募股申请,并报送批准设立公司的相关文件,包括公司章程、招股说明书等。

(3) 公告招股说明书,签订承销协议。公开募集股份申请经国家批准后,应公告招股说明书。招股说明书应包括公司的章程、发起人认购的股份数、本次每股票面价值和发行价格、募集资金的用途等。同时,与证券公司等证券承销机构签订承销协议。

(4) 招认股份,缴纳股款。发行股票的公司或其承销机构一般用广告或书面通知的办法招募股份。认股人一旦填写了认股书,就要承担认股书中约定的缴纳股款义务。如果认股人的总股数超过发起人拟招募的总股数,可以采取抽签的方式确定哪些认股人有权认股。认股人应在规定的期限内向代收股款的银行缴纳股款,同时交付认股书。股款认足后,发起人应委托法定的验资机构,出具验资证明。

(5) 召开创立大会,选举董事会、监事会。发行股份的股款募足后,发起人应在规定期限内(法定 30 天)主持召开创立大会。创立大会由发起人、认股人组成,应有代表股份总数半数以上的认股人出席方可举行。创立大会通过公司章程,选举董事会和监事会成员,并有权对公司的设立费用进行审核,对发起人用于抵作股款的财产作价进行审核。

(6) 办理公司设立登记,交割股票。经创立大会选举的董事会,应在创立大会结束后 30 天内,办理申请公司设立的登记事项。登记成立后,即向股东正式交付股票。

3. 股票的发行与销售

1) 股票的发行方式

股份有限公司发行股票一般有两种方式,即公开间接发行和非公开直接发行。公开间接发行是股份公司通过中介机构向社会公众公开发行股票。非公开直接发行是股份有限公司向少数特定对象直接发行股票,不需要中介机构承销。

2) 股票的发行价格

股票的发行价格是指公司将股票出售给投资者所采用的价格,也是投资者认购股票时所支付的价格。股票的发行价格由股票面值、公司财务状况、股市行情等因素决定。以募集方式设立公司首次发行股票时,股票价格由发起人决定;公司增资发行新股时,股票价格由股东大会或董事会决定。股票的发行价格一般有以下三种:

(1) 平价,即以股票的面值为发行价格。平价发行股票容易推销,但发行公司不能取得股票溢价收入。

(2) 市价,即以公司股票的现行市场价格作为发行新股票的价格。公司增资时采用市价发行股票比较符合实际,因为公司以往发行的股票其市场价格已经发生了变化,这样有利于处理新老股东之间的利益关系。

(3) 中间价,即以股票面值和市价的平均值作为股票的发行价格。股票的发行价格高于股票面值的称为溢价发行;股票的发行价格低于面值的称为折价发行;股票的发行价格等于面值的称为平价发行。以市价和中间价发行都可能是溢价发行,也可能是折价发行。我国《公司法》规定,公司不准折价发行股票。

3)股票的销售方式

股份有限公司销售股票一般也有两种方式,即自销和委托承销。

(1)自销。自销是企业直接将股票出售给投资者,而不经过证券机构。这种销售方式的优点是企业能控制股票发行的全过程,节省发行费用。缺点是会延长股票的发行时间,而且公司要承担股票发行的全部风险。因此,自销方式一般适用于发行数额不大、发行风险较小的企业。

(2)委托承销。委托承销是发行公司将股票销售业务委托给专门从事证券买卖业务的证券机构代理,如证券公司、信托投资公司等。委托承销又分为代销和包销。代销是公司与证券机构签订承销协议,由证券机构代理发售,如果实际募集的股份达不到发行股份数,证券机构不购买剩余股票;包销是企业与证券机构签订承销协议,由证券机构全权办理公司股票的发售业务,如果实际募集的股份达不到发行股份数,证券机构购买剩余股票。采用代销方式时,发行公司承担的风险较高,但相应的筹资费用较低;采用包销方式时发行风险由承销商承担,相应的发行费用较高。

4. 股票上市交易

1)股票上市的目的

股票上市的目的是多方面的,主要包括:①便于筹措新资金。证券市场是资本商品的买卖市场,证券市场上有众多的资金供应者。同时,股票上市经过了政府机构的审查批准并接受严格的管理,执行股票上市和信息披露的规定,容易吸引社会资本投资者。公司上市后,还可以通过增发、配股、发行可转换债券等方式进行再融资。②促进股权流通和转让。股票上市后便于投资者购买,提高了股权的流动性和股票的变现力,便于投资者认购和交易。③促进股权分散化。上市公司拥有众多的股东,加之上市股票的流通性强,能够避免公司的股权集中,分散公司的控制权,有利于公司治理结构的完善。④便于确定公司价值。股票上市后,公司股价有市价可循,便于确定公司的价值。对于上市公司来说,即时的股票交易行情,就是对公司价值的市场评价。同时,市场行情也能够为公司收购兼并等资本运作提供询价基础。

但股票上市也有对公司不利的一面,这主要体现在:上市成本较高,手续复杂严格;公司将负担较高的信息披露成本;信息公开的要求可能会暴露公司的商业机密;股价有时会歪曲公司的实际情况,影响公司声誉;可能会分散公司的控制权,造成管理上的困难。

2)股票上市的条件

公司公开发行的股票进入证券交易所交易,必须受到严格的条件限制。根据《上海证券交易所股票上市规则》和《深圳证券交易所股票上市规则》(2023年修订)规定,境内发行人申请首次公开发行股票并在本所上市,应当符合下列条件:

(1)符合《证券法》、中国证监会规定的发行条件。

(2) 发行后的股本总额不低于 5 000 万元。

(3) 公开发行的股份达到公司股份总数的 25% 以上；公司股本总额超过 4 亿元的，公开发行股份的比例为 10% 以上。

(4) 市值及财务指标符合本规则规定的标准。

(5) 本所要求的其他条件。

3) 股票上市的暂停、终止与特别处理

当上市公司出现经营情况恶化、存在重大违法违规行为或其他原因导致不符合上市条件时，就可能被暂停或终止上市。

上市公司出现财务状况或其他状况异常的，其股票交易将被交易所"特别处理(ST: Special Treatment)"。财务状况异常是指以下几种情况：①最近 2 个会计年度的审计结果显示的净利润为负值；②最近 1 个会计年度的审计结果显示其股东权益低于注册资本；③最近 1 个会计年度经审计的股东权益扣除注册会计师和有关部门不予确认的部分后，低于注册资本；④注册会计师对最近 1 个会计年度的财产报告出具无法表示意见或否定意见的审计报告；⑤最近一份经审计的财务报告对上年度利润进行调整，导致连续 2 个会计年度亏损；⑥经交易所或中国证监会认定为财务状况异常的。"其他状况异常"是指自然灾害、重大事故等导致生产经营活动基本中止，公司涉及的可能赔偿金额超过公司净资产的诉讼等情况。

在上市公司的股票交易被实行特别处理期间，其股票交易遵循下列规则：①股票报价日涨跌幅限制为 5%；②股票名称改为原股票名前加"ST"；③上市公司的中期报告必须经过审计。

(四) 发行普通股股票的筹资特点

(1) 两权分离，有利于公司自主经营管理。公司的所有权与经营权相分离，分散了公司控制权，有利于公司自主管理、自主经营。普通股筹资的股东众多，公司的日常经营管理事务主要由公司的董事会和经理层负责。但是，公司的控制权分散，公司也容易被经理人控制。

(2) 相对于吸收直接投资来说，普通股筹资的资本成本较低。公司有盈利，并认为适于分配时才分派股利；公司盈利较少，或者虽有盈利但现金短缺或有更好的投资机会，也可以少支付或不支付股利。

(3) 能增强公司的社会声誉。普通股筹资使得股东大众化，由此给公司带来了广泛的社会影响。特别是上市公司，其股票的流通性强，有利于市场确认公司的价值。

(4) 促进股权流通和转让。普通股筹资以股票作为媒介的方式便于股权的流通和转让，便于吸收新的投资者。但是，流通性强的股票交易，也容易在资本市场上被恶意收购。

(5) 筹资费用较高，手续复杂。

(6) 不易尽快形成生产能力。普通股筹资吸收的一般都是货币资金，还需要通过购置和建造形成生产经营能力。

三、发行优先股股票

优先股是一种特别的股票,它与普通股有许多相似之处,但又有债券的某些特征,从法律的角度来讲,优先股属于自有资金。

(一)优先股的种类

1. 累积优先股和非累积优先股

累积优先股是指在任何营业年度内未支付的股利可累积起来,同以后营业年度的盈利一起支付的优先股股票;非累积优先股是指仅按当年利润分配股利,而不予以累积支付的优先股股票。

2. 可转换优先股和不可转换优先股

可转换优先股是指股东可在一定时期内按一定比例把优先股转换成普通股的股票;不可转换优先股是指不能转换成普通股的股票,不可转换优先股只能获得固定股利报酬,而不能获得转换收益。

3. 参加优先股和不参加优先股

参加优先股是指优先股股东不仅能取得固定股利,还有权与普通股股东一同参加利润分配的股票。根据参与利润分配的方式的不同,参加优先股又可分为全部参加分配的优先股和部分参加分配的优先股。前者表现为优先股股东有权与普通股股东共同等额分享本期剩余利润;后者则表现为优先股股东有权按规定额度与普通股股东共同参与利润分配,超过规定额度部分的利润,归普通股股东所有。

不参加优先股是指不能参加剩余利润分配,只能取得固定股利的优先股。其特点是优先股股东对股份公司的税后利润,只有权分得固定股利,对取得固定股利后的剩余利润,无权参加分配。

4. 可赎回优先股和不可赎回优先股

可赎回优先股又称可收回优先股,是指股份有限公司可按一定价格收回的优先股股票;不可赎回优先股是指不能收回的优先股股票。

(二)优先股股东的权利

优先股的"优先"是相对普通股而言的,这种优先主要表现在以下几个方面。

1. 优先分配股利权

公司在发放给普通股股东股利之前,持优先股的股东有按约定的股利率优先分得股利的权利。

2. 优先分配剩余资产权

公司破产清算时,在偿还负债之后的剩余财产的分配中,优先股股东具有优先求偿的权利。

(三)优先股的性质

优先股是一种具有双重性质的证券,它虽属自有资金,但兼有债券性质。从法律上讲,优先股是企业自有资金的一部分。优先股有固定的股利,这与债券利息相类似;优先股对盈利的分配和剩余资产的求偿具有优先权,这也类似于债券。

(四)发行优先股股票的筹资特点

(1) 没有固定到期日,不用偿还本金。
(2) 股利的支付既固定,又有一定弹性。
(3) 可以增加公司信誉。
(4) 筹资成本高,筹资限制多,财务负担重。

四、留存收益

(一)留存收益的性质

从性质上看,企业通过合法有效经营所实现的税后净利润,都属于企业的所有者。企业将本年度的利润部分甚至全部留存下来的原因很多,主要包括:第一,收益的确认和计量是建立在权责发生制基础上的,企业有利润,但企业不一定有相应的现金净流量增加,因而企业不一定有足够的现金将利润全部或部分派给所有者。第二,法律法规从保护债权人利益和要求企业可持续发展等角度出发,限制企业将利润全部分配出去。《公司法》规定,企业每年的税后利润,必须提取10%的法定盈余公积金。第三,企业基于自身扩大再生产和筹资的需求,也会将一部分利润留存下来。

(二)留存收益的筹资途径

1. 提取盈余公积金

盈余公积金,是指有指定用途的留存净利润。盈余公积金是从当期企业净利润中提取的积累资金,其提取基数是本年度的净利润。盈余公积金主要用于企业未来的经营发展,经投资者审议后也可以用于转增股本(实收资本)和弥补以前年度经营亏损,但不得用于以后年度的对外利润分配。

2. 未分配利润

未分配利润,是指未限定用途的留存净利润。未分配利润有两层含义:第一,这部分净利润本年没有分配给公司的股东投资者;第二,这部分净利润未指定用途,可以用于企业未来的经营发展、转增资本(实收资本)、弥补以前年度的经营亏损及以后年度的利润分配。

(三)利用留存收益的筹资特点

(1) 不用发生筹资费用。与普通股筹资相比,留存收益筹资不需要发生筹资费用,资本成本较低。

(2) 维持公司的控制权分布。利用留存收益筹资,不用对外发行新股或吸收新投资者,由此增加的权益资本不会改变公司的股权结构,不会稀释原有股东的控制权。

(3) 筹资数额有限。当期留存收益的最大数额是企业当期的净利润和以前年度未分配利润之和,不像外部筹资一次性可以筹集大量资金。如果企业发生亏损,那么当年就没有利润留存。另外,股东和投资者从自身期望出发,往往希望企业每年发放一定的利润,保持一定的利润分配比例。

3-3 拓展资源——什么是 IPO

寓德于技

中国高铁第一股——京沪高铁

2019年11月14日,京沪高铁IPO申请通过中国证监会发审,并于2020年1月16日在上海证券交易所成功上市,成为我国A股市场的"高铁第一股"。京沪高铁首次公开发行人民币普通股62.86亿股,募资总额306.76亿元,优质高铁资产证券化之路开启。同时,京沪高铁也打破了A股IPO最快审核纪录。从2019年10月22日申报到2019年11月14日审核通过,京沪高铁仅仅用了23天。2011年京沪高铁正式开通,一线纵贯南北政商枢纽,连接着北京南、南京南和上海虹桥等全国性交通要地。

据招股说明书显示,京沪高铁上市募集超300亿元资金,将用于收购新线路运营主体——京福安徽公司。由于该公司评估价格为500亿元,仍有近200亿元差额,需京沪高铁自筹资金解决。作为具有标杆意义的高铁第一股,京沪高铁上市首日,顶格涨停,背后股东被视为幕后赢家。京沪高铁的主要股东有三家:第一大股东为国铁集团下属投资股东,持股比例43%;第二大股东为中国平安旗下平安资管,持股比例9.9%;第三大股东为社保基金,持股比例6.2%。

资料来源:中国网。"中国高铁第一股"京沪高铁将登陆上交所主板" 资料有删减。

今日,京沪高铁已是中国高铁的闪亮名片,以京沪高铁为代表的中国高铁已成功走向世界,成为领跑世界高铁发展的重要力量。截至2021年底,我国高铁运营里程突破4万千米,位居全球首位。中国高铁从无到有,并由"追赶者"一跃成为世界铁路的"领跑者"。

任务要求

在前面所述的[任务引例]中,小李的出资属于哪种筹资方式?如何评价该种筹资方式?

任务指导

根据权益筹资中吸收直接投资方式的学习,我们的任务是:熟悉不同类型权益筹资方式的含义,了解它的筹资程序,同时能够评价它的优缺点。

任务实施

[任务引例]中,小李出资15万元,属于吸收直接投资的筹资方式。吸收直接投资是指企业按照"共同投资、共同经营、共担风险、共享利润"的原则以协议等形式吸收国家、法人、个人和外商投入资金的一种权益筹资形式。吸收直接投资的企业,资本不分为等额股份、无须公开发行股票。投资者对企业具有经营管理权,企业经营状况好,盈利多,投资者

可以多分利润;但经营状况差,甚至破产清算,则要在其出资限额内按出资比例承担损失。出资形式可以是货币资金形式出资,也可以是非货币形式,如设备、专利技术出资等。

吸收直接投资的优点如下:

(1) 能够尽快形成生产能力。吸收直接投资不仅可以取得一部分货币资金,而且能够直接获得所需的先进设备和技术,尽快形成生产经营能力。

(2) 可以降低财务风险。吸收直接投资可形成权益资金,企业不需要向出资者支付固定的报酬,故财务风险小。

(3) 可增强企业信誉。

通过吸收直接投资而形成的企业自有资金,增强了企业的经济实力,企业的信誉随之提高,从而提高举债能力和偿债能力。

(4) 吸收直接投资的手续相对比较简便,筹资费用较低。

吸收直接投资的缺点如下:

(1) 相对于股票筹资来说,资本成本较高。当企业经营较好,盈利较多时,投资者往往要求将大部分盈余作为红利分配。

(2) 企业控制权集中,不利于企业治理。采用吸收直接投资方式筹资,投资者一般都要求获得与投资数额相适应的经营管理权。如果某个投资者的投资比例较大,则该投资者对企业的经营管理就会有相当大的控制权,容易损害其他投资者的利益。

同步训练

某公司 2022 年度为扩大生产规模,需要筹措 1 000 万元人民币,用于新建厂房。财务经理拟采用权益筹资方式筹集资金,并拟定了三种筹资方案,如表 3-4 所示。

要求:请分别指出各种情况的具体筹资方式。

表 3-4　企业股权筹资活动明细表

项目	筹资方案
1	公司拟引入新的投资者 A 公司,双方签订投资意向合同,合同约定由 A 公司出资 1 000 万元,双方将共同投资、共同经营、共担风险、共享收益
2	公司拟召开股东会议,根据经营需要,决议以未分配利润 500 万元、盈余公积 300 万元、资本公积 200 万元转增股本
3	公司拟发行普通股 200 万股,发行价格为 5 元/股

任务拓展

小组任务:5~6 人一组,上网搜索"乐视网(300104)2010 年上市至 2020 年退市历程"的案例。讨论分析股票上市和退市的条件。

子任务二　选择债务筹资方式

任务引例

> 1. 俱乐部拟筹备发行面值为 500 元的债券,年利率为 8%,期限为 5 年。每年末付息一次,在经过有关部门层层审批核准后,市场利率发生波动。
> 2. 小王的俱乐部采用融资租赁方式于 2022 年 1 月 1 日从某租赁公司租入设备一台,设备价款为 100 000 元,租期 10 年,所有权归租赁公司,双方协商采用 12% 的折现率。

引例中所述筹资方式都属于债务筹资。相对于权益筹资,债务筹资方式有哪些特点? 具体有哪些债务筹资方式可供选择呢?

知识准备

债务筹资,是指企业通过举债筹措资金,资金供给者作为债权人享有到期收回本息的筹资方式。相对于权益筹资,它的主要特点有:①时间限制性,通过债务筹集的资金具有使用上的时间限制,需要到期偿还;②财务负担性,企业采用债务融资方式获取资金,需支付债务利息,从而形成企业的固定负担。债务筹资的基本形式包括向银行借款、发行债券、租赁融资和商业信用等。

一、银行借款

银行借款,是指企业向银行或其他非银行金融机构借入的、需要还本付息的款项。

(一) 银行借款的种类

借款按照不同的标准可以分为不同的种类,科学地划分借款种类,有利于企业有针对性地选择相应的借款种类,也有利于银行等金融机构加强信贷管理。

1. 按借款期限的长短,分为短期借款和长期借款

短期借款是指企业向银行或其他金融机构借入的偿还期限在一年以内的各种款项。短期借款的目的主要为了解决企业对资金的临时需求,以缓解资金周转困难的压力,保证生产经营的顺利进行。

长期借款是指企业向银行或其他金融机构借入的偿还期限在一年以上的各种款项。长期借款的目的主要是为了解决企业长期资金的不足和资金需求量的增加,以满足企业对长期资金的需求。比如,企业为了扩大生产规模而购建或改建固定资产、为了提高产品科技含量而增加研发支出等,这必然会增加企业对长期资金的需求,长期借款是企业筹措此类资金的一种选择。

正常的企业经营中需要不断投入资金购买原材料、支付工资和费用,以便生产出产成品进行销售。但产品销售过程中由于赊销的存在,从产成品到资金需要一段时间。在产品变现前,企业需要继续投入资金支持生产并支付各项费用,从而产生了资金需求。但这种需求是短期的,可以通过短期借款来解决,若使用长期借款会增加借款成本。此外,企业需进行各项投资以扩大规模从而满足不断增长的市场需求,但固定资产投资期限长,回收慢,占用了大量资金,也会使企业产生新的资金需求。这种资金需求是中长期性的,适宜用长期借款来解决。

2. 按是否有担保,分为信用贷款和担保贷款

信用贷款,是指以借款人的信誉或保证人的信用为依据而取得的贷款。企业取得这种贷款,不需要以其他任何财产作抵押。

担保贷款,是指由借款人自己或者第三方提供担保而取得的贷款。担保包括保证、抵押、质押三种方式,由此,担保贷款包括保证贷款、抵押贷款和质押贷款三种基本类型。

企业除需确定贷款期限外,还需确定担保方式。采用保证贷款需要担保企业有较强的实力。采用抵押、质押贷款,需要对财产本身有一定的要求,同时还要履行评估、登记等必要的手续,支付一定数额的费用,融资成本相对较高。所以,企业在借款时尽可能使用保证担保的方式,既节省支出,又不需要花费很长时间去做评估。

3. 按借款的偿还方式,分为一次偿还借款和分期偿还借款

一次偿还借款,是指企业在借款到期时一次还本付息或定期付息、到期还本的借款。一般来说,借款企业希望采用这种还款方式,因为它可以降低企业的实际借款利率;但由于会加重企业到期一次性还款的负担,增加银行的经营风险,银行等金融机构不希望采用这种方式贷款。一次偿还方式一般适用于金额小、期限短的借款。

分期偿还借款,是指企业在借款到期前定期等额或不等额偿还本息的借款。一般来说,借款企业不希望采用这种还款方式,因为它会提高企业的实际借款利率;分期偿还借款降低了银行的经营风险,所以银行等金融机构更愿意采用这种方式贷款。分期偿还方式一般适用于金额大、期限长的借款。

(二)银行借款的程序

银行的借款流程是比较复杂的,如果对银行贷款业务流程不熟悉、对银行要求提交的材料不清楚,就会降低了筹资效率,甚至导致筹资失败。企业办理银行借款一般流程,如图3-2所示。

图3-2 企业银行借款流程图

1. 开立账户

企业应当首先确定银行开户网点,咨询银行有关开户手续并着手准备开户材料。

2. 申请借款

企业应安排专人负责借款事宜,与银行联络并提出书面申请,同时按银行的要求准备相关资料和填写借款申请书。在提供手续时,企业应重点关注银行考察的关键指标,比如：资产负债率、盈利指标等,这些指标是银行考察企业信用、决定是否发放贷款的重要依据。

企业在提出申请时应明确借款用途、期限、金额、用款计划、还款来源,使银行对企业的借款的计划性和偿还能力有所了解,以便借款的顺利进行。

3. 贷前调查

银行客户经理的贷前调查是企业申请贷款的一项重要步骤,调查的数据要求全面、真实、具体,确保企业的贷款用途、合法合规性、行业及企业经营管理情况、财务状况和担保情况符合银行贷款业务的要求。

4. 银行审批

审批阶段对于大部分企业来说略显神秘,因为企业不参与该阶段工作。银行内部按照权限要求根据有关政策和贷款条件,对借款企业进行信用审查,依据审批权限,核准公司申请的借款金额和用款计划。银行审查的主要内容有:公司的财务状况、信用情况、盈利的稳定性、发展前景、借款投资项目的可行性、抵押品或担保情况等。

5. 签订借款合同

借款申请获得批准后,银行与企业进一步协商贷款的具体条件,签订正式的借款合同,规定贷款的数额、利率、期限和一些约束性条款。

6. 取得借款

借款合同签订后,企业在核定的贷款指标范围内,根据用款计划和实际需要,一次或分次将贷款转入企业的存款账户。企业应严格按照合同条款明确自己的权责,按时支付利息,并配合银行做好各项贷后的检查,与银行维护好关系,以便日后再建立新的合作关系。

(三)长期借款筹资方式

1. 长期借款的保护性条款

长期借款的期限长、风险较大,作为贷款者,银行或金融机构为减少坏账损失,提出一些有助于保证贷款按时足额偿还的条件。这些条件就是贷款合同中的保护性条款。保护性条款大致分为以下三类。

1) 一般性保护条款

一般性保护条款应用于大多数借款合同,但根据具体情况会有不同内容,主要包括:

(1) 对借款企业流动资金保持量的规定,其目的在于保持借款企业资金的流动性和偿还能力。

(2) 对支付现金股利和再购入股票的限制,其目的在于限制现金外流。

(3) 对资本支出规模的限制,其目的在于减小企业日后不得不变卖固定资产以偿还贷款的可能性,着眼于保持借款企业资金的流动性。

(4) 限制其他长期债务,其目的在于防止其他贷款人取得对企业资产的优先求偿权。

2) 例行性保护条款

例行性保护条款作为例行常规,在大多数借款合同中都会出现,主要包括:

(1) 借款企业定期向银行提交财务报表,其目的在于及时掌握企业的财务情况。

(2) 不准在正常情况下出售较多资产,以保持企业正常的生产经营能力。

(3) 如期缴纳税金和清偿其他到期债务,以防被罚款而造成现金流失。

(4) 不准以任何资产作为其他承诺的担保与抵押,以避免企业过重的负担。

(5) 不准贴现应收票据或出售应收账款,以避免或有负债。

(6) 限制租赁固定资产的规模,其目的在于防止企业负担巨额租金以致削弱其偿债能力,同时还可防止企业以租赁固定资产的办法摆脱对其资本支出和负债的约束。

3) 特殊性保护条款

特殊性保护条款是针对某些特殊情况而出现在部分借款合同中的,主要包括:

(1) 贷款专款专用。

(2) 不准企业投资于短期内不能收回资金的项目。

(3) 限制企业高级职员的薪金和奖金总额。

(4) 要求企业主要领导人在合同有效期间担任领导职务。

(5) 要求企业主要领导人购买人身保险。

此外,短期借款筹资中的周转信贷协定、补偿性余额等条件,也同样适用于长期借款。

2. 长期借款的成本

长期借款的利息率通常高于短期借款,但信誉好或抵押品流动性强的借款企业,仍然可以争取到较低的长期借款利率。长期借款利率有固定利率和浮动利率两种,并在借款合同中明确。对于借款企业来讲,若预测市场利率将上升,应与银行签订固定利率合同;反之,则应签订浮动利率合同。

除了利息之外,银行还会向借款企业收取其他费用,如实行周转信贷协定所收取的承诺费、要求借款企业在本银行中保持补偿余额所形成的间接费用。这些费用会加大长期借款的成本。

3. 长期借款的偿还方式

长期借款的偿还方式包括:①定期支付利息、到期一次性偿还本金;②定期等额偿还,即平时逐期偿还小额本金和利息、期末偿还剩下的大额部分。第一种偿还方式会加大企业借款到期时的还款压力;而第二种偿还方式又会提高企业使用贷款的实际利率。

(四) 银行借款的筹资特点

1. 筹资速度快

与发行股票、债券等相比,银行借款的程序相对简单,所花费时间较短,企业可迅速获得所需资金。

2. 借款弹性较大

在借款之前,企业根据当时的资本需求与银行等金融机构直接商定贷款的数量、时间和条件。在借款期间,若企业的财务状况发生变化,也可以与债权人再协商,变更借款数量、时间及条件,或提前偿还等。所以,银行借款对企业具有较大的灵活性,特别是短期借款更是如此。

3. 资金成本较低

与债券筹资相比,借款的利率通常低于债券利率。此外,企业取得银行借款通常没有证券发行费、租赁手续费,所以资金成本较低。

4. 财务风险较大

银行借款通常有固定的利息费用和偿付期限。特别是当企业经营不善、财务困难时,也要按照约定偿还本息,加重企业的负担,甚至可能引起破产。

5. 限制条件较多

与其他筹资方式相比,银行借款合同对借款用途有明确的规定,通过借款的保护性条款,对企业资本支出额度、再筹资、股利支付等行为有严格的约束,以致对企业今后的筹资、投资活动以及财务政策产生影响。

6. 筹资数额有限

银行借款的数额往往受到贷款机构资本实力及贷款管理等的约束,不可能像发行股票、债券那样一次筹集大笔资金,无法满足企业大规模资金的需要。

二、发行债券

企业债券又称公司债券,是企业依照法定程序发行,约定在一定期限还本付息的有价证券。

(一) 债券的分类

1. 按是否记名,分为记名债券和无记名债券

记名债券是指债券上记载债权人的姓名或名称,并在发行单位或代理机构进行登记的债券,持有人凭印鉴领取本息;无记名债券是指不需在债券上记载持有人的姓名或名称,也不需在发行单位或代理机构登记的债券。无记名债券可自由转让,无须办理过户手续,因而流通比较方便。对个人发行的债券多采用无记名债券。

2. 按能否转换为公司股权,分为可转换债券和不可转换债券

可转换债券是一种可以在特定时间、按特定条件转换为公司普通股股票的特殊公司债券。可转换债券的优点是具有普通股所不具备的固定收益和一般债券不具备的升值潜力,即兼具债券和股票的特征,所以利率比普通债券低。不可转换债券,是指不能转换为发债公司股票的债券,大多数公司债券属于这种类型。

3. 按是否有担保,分为无担保债券和有担保债券

无担保债券是指不提供任何形式的担保,仅靠发行公司的信誉而发行的债券,又称信用债券。与有担保债券相比,无担保债券的持有人承担的风险较大,因而往往要求较高的利率。有担保债券又分为抵押债券、质押债券和保证债券等。

4. 按付息的方式,分为零息债券、定息债券和浮息债券

零息债券又叫贴息债券,指以低于债券面值的价格发行,到期按面值偿还,差额即为利息的债券;定息债券是将利率印在票面上并按其利率向债券持有人支付利息的债券,该利率不随市场利率的变化而调整;浮息债券是指利率是随市场利率变动而调整的债券,浮息债券一般是中长期债券。

(二)债券的发行

1. 发行条件

债券发行条件指债券发行者发行债券筹集资金时所必须考虑的有关因素,具体包括发行金额、面值、期限、偿还方式、票面利率、付息方式、发行价格、发行费用、有无担保等,需符合《公司法》《证券法》的规定。

1)债券发行额

债券发行额指债券发行人一次发行债券时预计筹集的资金总量。企业应根据自身的资信状况、资金需求程度、市场资金供给情况、债券自身的吸引力等因素进行综合判断后再确定一个合适的发行额。发行额定得过高,会造成发售困难;发行额太小,又不易满足筹资的需求。

2)债券面值

债券面值即债券票面上标出的金额。企业可根据不同认购者的需要,使债券面值多样化,既有大额面值,也有小额面值。

3)债券的期限

从债券发行日起到偿还本息日止的这段时间称为债券的期限。企业通常根据资金需求的期限、未来市场利率走势、流通市场的发达程度、债券市场上其他债券的期限情况、投资者的偏好等来确定发行债券的期限。一般而言,当资金需求量较大,债券流通市场较发达,利率有上升趋势时,可发行中长期债券;否则,应发行短期债券。

4)债券的偿还方式

按照债券的偿还日期的不同,债券的偿还方式可分为期满偿还、期中偿还和延期偿还;按照债券的偿还形式的不同,可分为以货币偿还、以债券偿还和以股票偿还。企业可根据自身实际情况和投资者的需求灵活作出决定。

5)票面利率

票面利率可分为固定利率和浮动利率两种。企业应根据自身资信情况、公司承受能力、利率变化趋势、债券期限的长短等决定选择何种利率形式。

6)付息方式

付息方式一般可分为一次性付息和分期付息两种。企业可根据债券期限情况、筹资成本要求、对投资者的吸引力等选择不同的付息方式,如对中长期债券可采取分期付息方式,对短期债券可以采取一次性付息方式等。

7)发行价格

债券的发行价格即债券投资者认购新发行的债券时实际支付的价格。债券的发行价格可分为平价发行(按票面值发行)、折价发行(以低于票面值的价格发行)和溢价发行(以高于面值的价格发行)三种。选择不同发行价格的主要考虑因素是使投资者得到的实际收益与市场收益率相近,因此企业可根据市场收益率和市场供求情况确定合适的发行价格。

8)发行方式

企业可根据市场情况、自身信誉和销售能力等因素,选择采取向特定投资者发行的私募方式、还是向社会公众发行的公募方式;是自己直接向投资者发行的直接发行方式、还是让证券中介机构参与的间接发行方式;是公开招标发行方式、还是与中介机构协商议价的非招标发行方式等。

9) 是否记名

记名公司债券转让时必须在债券上背书,同时还必须到发行公司登记,而不记名公司债券则无须如此。因此,不记名公司债券的流动性要优于记名公司债券。企业可根据市场需求等情况决定是否发行记名债券。

10) 担保情况

发行的债券有无担保,是债券发行的重要条件之一。一般而言,由信誉卓著的第三方担保或以企业自己的财产作抵押担保,可以增加债券投资的安全性,减少投资风险,提高债券的吸引力,企业可以根据自身的资信状况决定是否以担保形式发行债券。通常,大型金融机构、大型企业发行的债券多为无担保债券,而信誉等级较低的中小企业大多发行有担保债券。

11) 债券选择权情况

附有选择权的公司债券是指在债券发行中,发行者给予持有者一定的选择权,如可转换公司债券、有认股权证的公司债券、可退还的公司债券等。一般说来,有选择权的债券利率较低,也易于销售。但可转换公司债券在一定条件下可转换成公司发行的股票,有认股权证的债券持有人可凭认股权证购买所约定公司的股票等,因而会影响到公司的所有权。可退还的公司债券在规定的期限内可以退还给发行人,因而增加了企业的负债和流动性风险。企业可根据自身资金需求情况、资信状况、市场对债券的需求情况以及现有股东对公司所有权的要求等选择是否发行有选择权的债券。

12) 发行费用

债券发行费用,是指发行者支付给有关债券发行中介机构和服务机构的费用,债券发行者应尽量减少发行费用,在保证发行成功和有关服务质量的前提下,选择发行费用较低的中介机构和服务机构。

2. 发行程序

企业发行债券的基本程序如图 3-3 所示。

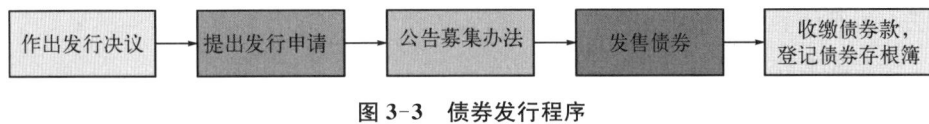

图 3-3 债券发行程序

3. 发行价格的计算

理论上,债券发行价格是债券的面值和年利息按发行当时的市场利率折现的现值,计算公式为:

$$债券发行价格 = \frac{票面利率}{(1+市场利率)^n} + \sum_{t=1}^{n} \frac{票面金额 \times 票面利率}{(1+市场利率)^t}$$

在实务中,我们可以采用 Excel 中的函数来计算债券发行价格。在 Excel 中,计算现值的函数是 PV,其语法格式为:PV(rate,nper,pmt,[fv],[type])。其中:参数 rate 为各期利率;参数 nper 为投资期(或付款期)数;参数 pmt 为各期支付的金额,省略 pmt 参数就不能省略 fv 参数;fv 参数为未来值,省略 fv 参数即假设其值为 0,也就是一笔贷款的未来值为零,此时不能省略 pmt 参数;type 参数值为 1 或 0,用以指定付款时间是在期初还是在期末,如果省略 type 则假设值为 0,即默认付款时间在期末。

例如,甲公司发行面值为 5 000 元,票面年利率为 8%,期限为 10 年,每年年末付息的债券,若市场利率为 8%,要求计算该债券的发行价格。具体操作步骤如下:

第一步:在 Excel 工作表的单元格中录入:=PV(8%,10,0,−5 000,0),按 Enter 键确认,结果自动显示为 2 315.97 元,即该债券的面值相当于现在的价值是 2 315.97 元。

第二步:在 Excel 工作表的单元格中录入:=PV(8%,10,−400,0,0),按 Enter 键确认,结果自动显示为 2 684.03 元,即该债券的利息相当于现在的价值是 2 684.03 元。

第三步:在 Excel 工作表的单元格中录入:=PV(8%,10,0,−5 000,0)+PV(8%,10,−400,0,0),结果如图 3-4 所示。

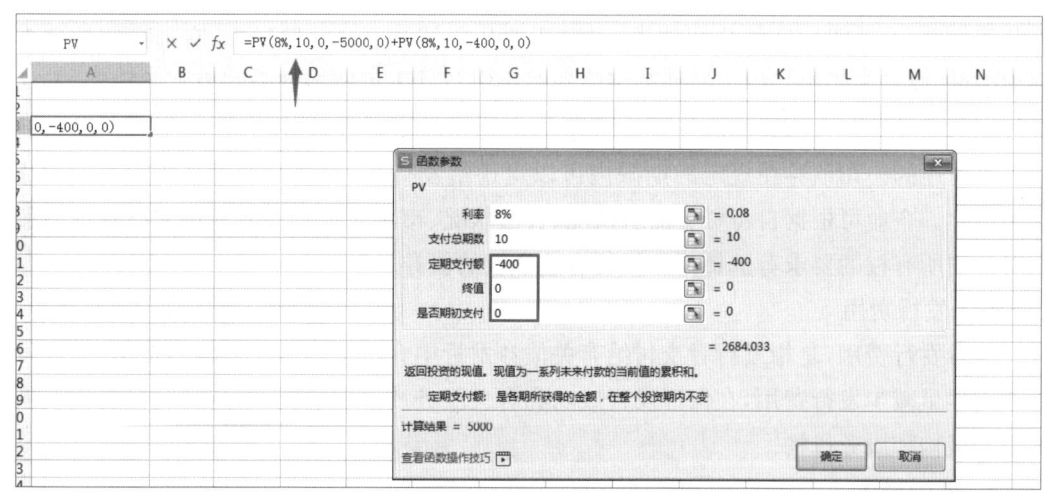

图 3-4　EXCEL 操作过程

(三) 发行债券的筹资特点

1. 资金成本较低

与权益筹资相比,发行债券筹资的资金成本较低。由于债券筹资风险小,筹资企业支付的利息少;债券利息在税前列支,能够得到抵减税款的好处;债券的发行手续费相对较少,使得债券实际筹资成本较低。

2. 能保障所有者的控制权

债券持有人只是企业的债权人,并非所有者,无权参与企业的经营管理,一般只能获得固定的利息,因而发行债券不会影响所有者的控制权。

3. 能获得财务杠杆收益

债券利息支出的数额是固定的,当企业的投资收益率高于债券利息时,与长期借款一样,可产生财务杠杆作用,增加股东收益。

4. 财务风险高

不管企业的经营状况如何,债券筹资都需要在规定的时间还本付息,因而增加了企业的财务压力。特别当企业经营状况不佳、投资收益率低于债券利息时,企业会背上沉重的负担,甚至可能导致破产。

5. 限制条款多

企业发行债券的限制条件较多,比如对发行主体、款项的用途、再次发行条件等都有一定的限制,从而约束了企业对债券筹资方式的运用。

三、融资租赁

租赁是出租人在承租人支付一定报酬的条件下,给予承租人在约定期限内占有和使用财产权利的一种契约性行为。

(一)融资租赁的种类

1. 直接租赁

直接租赁,是指承租方提出租赁申请,出租方按照承租方的要求选购,然后再出租给承租人。这种租赁只涉及两方当事人,即出租方和承租方,是融资租赁的典型形式。

2. 售后回租

售后回租,是指企业出于资金的需要,将自己拥有的资产出售给出租人,然后再签订租赁合同租回使用,并按期支付租金的融资方式。这种租赁也只涉及两方当事人,即出租方和承租方,性质与直接租赁相同;所不同的是租赁双方还多了一层购销关系。

3. 杠杆租赁

杠杆租赁,是指由出租方出部分资金(通常为租赁资产的20%~40%),其余资金以该资产为抵押向银行等金融机构借款,购入租赁资产并出租给承租方的一种租赁形式,由于租金收入一般大于借款所偿还的本息,出租方可从中获得财务杠杆利益,所以称为杠杆租赁。这种租赁涉及三方当事人:出租人、资金的提供方、承租人。

(二)融资租赁租金的构成

融资租赁租金包括设备款和租息两部分。其中:设备款是租金的主要内容,它由设备的买价、运杂费和保险费等构成;租息主要包括租赁公司的融资成本(即设备租赁期间的利息)和租赁公司承办租赁设备的营业费用和一定的利润。

(三)融资租赁租金的支付方式

租金通常采用分次支付的方式,具体如下:

(1)按支付间隔的长短,分为年付、半年付、季付和月付。
(2)按支付时间在期初还是期末,分为先付租金和后付租金。
(3)按是否等额支付,分为等额支付和不等额支付。

(四) 融资租赁租金的计算

在我国融资租赁实务中,租金的计算通常采用等额年金法。结合时间价值原理,其实质是已知租赁资产的净现值求年金的过程。

1. 后付租金的计算

后付租金是在约定的每期期末支付等额租金,即根据普通年金现值公式求每期租金。其计算公式为:

$$A = \frac{P}{(P/A, i, n)}$$

2. 先付租金的计算

先付租金是在约定的每期期初支付等额租金,即根据先付年金现值公式求每期租金。其计算公式为:

$$A = \frac{p}{(P/A, i, n-1) + 1}$$

实务中,我们也可以用 Excel 中的函数来计算融资租赁的租金。在 Excel 中,计算等额收(付)款的函数是 PMT,其语法格式为:PMT(rate,nper,pv,[fv],[type])。例如,某设备价款为 90 000 元,租期为 8 年,到期后设备归企业所有,双方商定采用 20% 的利率,试计算该企业每年年末应支付的等额租金。具体操作如下:

在 Excel 工作表的单元格中录入:=PMT(20%,8,-90 000,0,0),按 Enter 键确认,结果自动显示为 23 454.85 元,如图 3-5 所示。

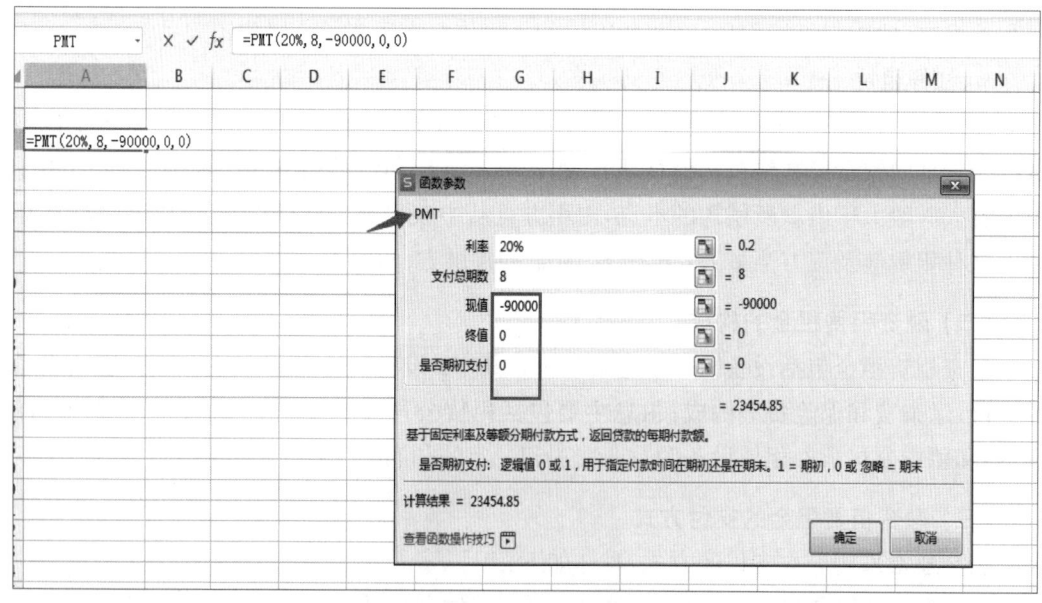

图 3-5 Excel 操作图

(五)融资租赁的筹资特点

1. 能迅速获得资产

融资租赁集融资与融物于一身,使企业在资金短缺的情况下迅速获得设备并投入营运,并很快形成生产力。

2. 限制条件少

借款和债券筹资往往都有许多的限制条款,相比之下,租赁公司类似的限制条款一般较少。

3. 财务风险较小

与一次性支付款项购入设备相比,由于租金是在租期内分期支付,所以能够降低企业的财务负担。另外,租金作为费用处理,还可以获得节税的好处。

3-4 拓展资源——债券的信用评级标准

4. 资本成本高

一般来说,融资租赁其租金要比发行债券或银行借款所负担的利息高得多,对此,财务人员必须要有清醒的认识,特别是在财务困难时期,固定的租金支出是一项沉重的负担。

寓德于技

蓝光发展债券违约行为

蓝光发展(600466.SH)凭借快速增长和产品、营销、投资布局等综合实力提升,被中国房地产业协会、中国房地产测评中心联合评选为"2018 中国房地产开发企业 500 强"第 26 名。2021 年 8 月 12 日,蓝光发展旗下"16 蓝光 MTN003"未按时兑付本息,构成实质性违约。据公开资料显示,该笔债券发行规模为 13 亿元,主承销商为中国农业银行股份有限公司和中信银行股份有限公司西安分行。

实际上,蓝光发展旗下已有多笔债券出现违约,其经营也举步维艰,企图获得政府救助得到"喘息"。就在"16 蓝光 MTN003"违约前一天,阳光 100 中国发布公告称,由于蓝光发展未能于到期日支付 2021 年债券的本金及溢价,将触发该公司发行的于 2022 年到期金额为 2.196 亿美元、票面利率为 13%的优先绿色票据交叉违约条款。

2021 年以来,房地产行业债券违约现象相比过去两年大幅增加。根据 Wind 数据显示,2021 年至今,已经有超过 38 只房地产行业债券违约,牵涉债券发行规模达 587.2 亿元。

截至 2022 年 4 月 6 日,蓝光发展存续的公司债券均已违约,累计违约本金为 54.47 亿元。

资料来源:搜狐网。"蓝光发展新增违约债务 60.34 亿 累计违约金额 105.79 亿"资料有删减。

公司债券筹资虽具有资金成本低、筹资对象广、可获得财务杠杆利益等特点。但债券筹资同样也具有财务风险,公司一定要结合自身未来的生产经营状况,估计未来的现金流和偿债能力的变化,再决定发行债券的数量和期限。企业在选择债务筹资方式时,一定要按时履行还款义务,否则就违背了诚实守信的原则。

 任务要求

在前面所述的[任务引例]中,思考下列问题:
(1) 分别计算市场利率在6%、8%、10%的条件下债券的发行价格。
(2) 分别计算每年年末或每年年初等额支付租金的数额,并判断哪种租赁方式更划算。

 任务指导

债务资本是企业以负债方式借入并到期偿还的资金。企业进行债务筹资应准确把握各种筹资方式的优缺点,正确合理选择筹资方式。根据债务筹资方式的学习,我们的任务是:熟悉不同债务筹资方式的特点;能够根据借款的实际利率计算公式来选择合适的借款方案;能够计算发行债券的价格;能够根据融资租赁租金的计算方法来选择合理的租赁方案。

 任务实施

1. 分别计算市场利率在6%、8%、10%的条件下债券的发行价格

(1) 当市场利率为6%时:
$P = 500 \times (P/F, 6\%, 5) + 500 \times 8\% \times (P/A, 6\%, 5)$
$\quad = 500 \times 0.7473 + 500 \times 8\% \times 4.2124 = 542.15(元)$

(2) 当市场利率为8%时:
$P = 500 \times (P/F, 8\%, 5) + 500 \times 8\% \times (P/A, 8\%, 5)$
$\quad = 500 \times 0.6806 + 500 \times 8\% \times 3.9927 = 500.01(元)$

(3) 当市场利率为10%时:
$P = 500 \times (P/F, 10\%, 5) + 500 \times 8\% \times (P/A, 10\%, 5)$
$\quad = 500 \times 0.6209 + 500 \times 8\% \times 3.7908 = 462.08(元)$

由以上计算结果可见,债券的票面利率、市场利率与债券发行价格之间的关系是:
当票面利率高于市场利率时,以溢价发行债券;当票面利率低于市场利率时,以折价发行债券;当票面利率与市场利率一致时,以平价发行债券。

2. 分别计算市场利率在6%、8%、10%的条件下债券的发行价格

(1) 如果租金每年年末支付:
$A = 10/(P/A, 12\%, 10) = 10/5.6502 = 1.77(万元)$

(2) 如果租金每年年初支付:
$A = 10/[(P/A, 12\%, 9) + 1] = 10/6.3282 = 1.58(万元)$

每年年初支付租金比年末少支付0.19万元,因此选择每年年初支付租金更划算。

同步训练

1. 判断筹资方式

某公司 2022 年度为扩大生产规模,急需筹措 100 万元人民币用于购买电气设备。财务经理拟采用债务筹资方式筹集资金,并给出了以下四种筹资方案,如表 3-5 所示。

要求:请分别指出各方案的具体筹资方式。

表 3-5　企业债务筹资方案明细表

项目	筹资方案
1	公司拟向中国银行申请一笔 3 年期的借款 100 万元,利率为 5%
2	公司将签发 180 天到期、票面利率为 8%、票面面值为 120 万元的带息应收票据向银行贴现,贴现率为 6%
3	公司将一台公允价值 400 万元的机器设备以融资租赁方式出租给 A 公司,租赁合同规定的年利率为 7%,租赁期为 3 年,每年年末支付当年租金 120 万元
4	公司拟于公开市场发行一笔 3 年期的固定利率债券,面值 120 万元,债券利率为 6%

2. 计算债券发行价格

2022 年 1 月 1 日,B 公司发行票面面值为 100 元、票面年利率为 10%、期限为 4 年、每年年末付息、到期还本的债券,若市场利率分别为 8%、10% 和 12% 时,则该债券的发行价格应分别定为多少?

3. 计算融资租赁租金

2022 年 1 月 1 日,C 公司采用融资租赁方式从租赁公司租入一台设备,设备价款为 40 000 元,租期为 8 年,到期设备归公司所有。双方商定采用 18% 的折现率,请分别计算该公司每年年末和每年年初应支付的等额租金,并判断哪种方式更划算。

任务拓展

小组任务:5~6 人一组,分析讨论权益筹资和债务筹资不同方面的特点。

任务三　测算资本成本

任务引例

随着全民健身意识的提高,经过几年的不断发展,小王的俱乐部共有16家直营连锁店。该俱乐部拟申请新三板挂牌上市,需要筹集1 000万元资本,现初步确定了以下四种均可实现的筹资方案。

甲方案:向中国建设取得5年期长期借款,年利率10%,每年付息一次,到期一次还本,借款费用率0.2%。

乙方案:公开发行债券10万张,每张债券面值为100元,发行价格为100元。期限5年、票面利率为7%,每年付息一次,到期一次还本,发行费用率3%。

丙方案:发行普通股100万股,发行价格为每股10元,筹资费用率2%,本年发放现金股利每股0.6元,预期股利年增长率为10%。

丁方案:发行优先股100万股,发行价格为每股10元,预计每年每股固定发放股息0.8元,筹资费用率为3%。

资本成本是财务管理的一个非常重要的概念,它是企业筹资决策的重要依据,是投资决策的"取舍率",也是评价整体业绩的重要依据。小王该如何通过计算资本成本来进行筹资决策呢?

知识准备

一、资本成本的含义

资本成本,是指企业为筹集和使用资本而付出的代价,包括筹资费用和占用费用。资本成本是资本所有权与资本使用权分离的结果。对出资者而言,由于让渡了资本使用权,必须要求取得一定的补偿,资本成本表现为让渡资本使用权所带来的投资报酬。对筹资者而言,由于取得了资本使用权,必须支付一定代价,资本成本表现为取得资本使用权所付出的代价。

(一) 筹资费

筹资费,是指企业在资本筹措过程中为获得资本而付出的代价,如向银行支付的借款手续费,因发行股票、公司债券而支付的发行费等。筹资费用通常在资本筹集时一次性发生,在资本使用过程中不再发生,因此,视为筹资数额的一项扣除。

(二) 占用费

占用费,是指企业在资本使用过程中因占用资本而付出的代价,如向银行等债权人支付的利息,向股东支付的股利等。占用费用是因为占用了他人资金而必须支付的,是资本成本的主要内容。

二、资本成本的作用

（一）资本成本是比较筹资方式、选择筹资方案的依据

各种资本的资本成本率，是比较、评价各种筹资方式的依据。在评价各种筹资方式时，一般会考虑的因素包括对企业控制权的影响、对投资者吸引力的大小、融资的难易和风险、资本成本的高低等，而资本成本是其中的重要因素。在其他条件相同时，企业筹资应选择资本成本最低的方式。

（二）平均资本成本是衡量资本结构是否合理的依据

企业财务管理目标是企业价值最大化，企业价值是企业资产带来的未来经济利益的现值。计算企业价值时，通常会选择企业的平均资本成本作为贴现率，当平均资本成本最小时，企业价值最大，此时的资本结构是企业理想的最佳资本结构。

（三）资本成本是评价投资项目可行性的主要标准

资本成本通常用相对数表示，它是企业对投入资本所要求的报酬率（或收益率），即最低必要报酬率。任何投资项目，如果它预期的投资报酬率超过该项目使用资金的资本成本，则该项目在经济上就是可行的。因此，资本成本是企业用以确定项目要求达到的投资报酬率的最低标准。

（四）资本成本是评价企业整体业绩的重要依据

一定时期企业资本成本的高低，不仅反映企业筹资管理的水平，还可作为评价企业整体经营业绩的标准。企业的生产经营活动，实际上就是所筹集资本经过投放后形成的资产营运，企业的总资产报酬率应高于其平均资本成本，才能带来剩余收益。

三、个别资本成本的计算

（一）资本成本计算的基本模式

1. 一般模式

为了便于分析比较，资本成本通常用不考虑货币时间价值的一般通用模型计算，即用相对数资本成本率来表达。计算时，将初期的筹资费用作为筹资额的一项扣除，扣除筹资费用后的筹资额称为筹资净额，一般模式通用的计算公式为：

$$资本成本率 = \frac{年资金占用费}{筹资总额 - 筹资费用} \times 100\% = \frac{年资金占用费}{筹资总额(1 - 筹资费用率)} \times 100\%$$

注意：若资金来源为负债，还存在税前资本成本和税后资本成本的区别。计算税后资本成本需要从年资金占用费中减去资金占用费导致的所得税节约额。

2. 折现模式

对于金额大、时间超过一年的长期资本，更准确的资本成本计算方式是采用折现模式，即将债务未来还本付息或股权未来股利分红的折现值与目前筹资净额相等时的折现率作为资本成本率。即：

由：筹资净额现值－未来资本清偿额现金流量现值＝0
得：资本成本率＝所采用的折现率

（二）银行借款资本成本的计算

银行借款资本成本包括借款利息和借款手续费用。其中，借款利息在税前支付，具有抵税效应。银行借款资本成本的计算公式如下：

$$K_L = \frac{I(1-t)}{L(1-f)} = \frac{i(1-t)}{(1-f)}$$

式中：K_L 为银行借款成本；I 为银行借款年利息；L 为银行借款筹资总额；t 为所得税税率；i 为银行借款年利率；f 为银行借款筹资费率。

如果银行借款手续费很低，则可忽略不计，上式可简化为：

$$K_L = i(1-t)$$

【业务 3-1】 某公司向银行借款 500 万元，年利率 4%，无须支付手续费，所得税税率 25%。则银行借款的资本成本为：

$$K_L = 4\% \times (1-25\%) = 3\%$$

（三）公司债券资本成本的计算

公司债券资本成本，包括债券利息和借款发行费用。其中，债券利息同样具有抵税效应，但债券的筹资费用一般较高，主要包括申请手续费、注册费、印刷费、上市费以及推销费等。公司债券资本成本的计算公式如下：

$$K_b = \frac{I(1-t)}{B_0(1-f)} = \frac{B \times i(1-t)}{B_0(1-f)}$$

式中：K_b 为债券资本成本；I 为债券年付利息；t 为所得税税率；B 为债券面值；i 为债券票面利息率；f 为债券筹资费率；B_0 为债券筹资额，按发行价格确定。

【业务 3-2】 某公司平价发行期限为 5 年、面值为 1 000 万元、票面利息率为 5% 的债券，每年付息一次，发行费用率为 2%，所得税税率为 25%。则该债券的资本成本为：

$$K_b = \frac{1\,000 \times 5\% \times (1-25\%)}{1\,000 \times (1-2\%)} = 3.82\%$$

（四）优先股资本成本的计算

企业发行优先股，既要支付筹资费用，又要定期支付股利。但其股利在税后支付，且没有固定到期日，故优先股成本通常高于债券成本。优先股资本成本的计算公式如下：

$$K_p = \frac{D}{P_0(1-f)}$$

式中：K_p 为优先股资本成本；D 为优先股每年股利；P_0 为发行优先股总额；f 为优先筹资费用率。

【业务3-3】 某公司发行面值2 000万元的优先股,溢价筹得资金5 000万元,筹资费用率为3%,每年支付10%的股利。则优先股的资本成本为:

$$K_p = \frac{2\,000 \times 10\%}{5\,000 \times (1-3\%)} = 4.12\%$$

(五) 普通股资本成本的计算

普通股资本成本主要是向股东支付的各期股利和发行费用。与负债资本成本相比,股利在税后收益中支付,不能抵减所得税,所以普通股的资本成本较高。另外,普通股的股利通常是不固定的计算,比较复杂。此处只介绍股利折现模型,其原理是,如果投资者长期持有股票,股票现在的价格就应该与该股票在未来期间给投资者带来的收益按一定收益率折算的现值相等。

(1) 若每年股利固定增长率为 g,则普通股资本成本的计算公式为:

$$K_r = \frac{D_1}{V_0(1-f)} + g$$

式中:K_r 为普通股成本;D_1 为第一年股利;V_0 为普通股筹资总额,按发行价计算;f 为普通股筹资费用率;g 为股利逐年增长率。

【业务3-4】 某公司普通股每股发行价格为5元,筹资费用率为4%,第一年年末发放股利每股0.5元,股利年增长率为5%。则普通股的资本成本为:

$$K_r = \frac{0.5}{5 \times (1-4\%)} + 5\% = 15.42\%$$

(2) 若每年股利不确定时,要根据普通股现值公式计算普通股资本成本,计算公式为:

$$V_0 = \sum_{i=1}^{n} \frac{D_i}{(1+K_s)^i}$$

式中:V_0 为普通股现值;D_i 为第 i 期支付的股利;K_s 为普通股资本成本(常用内插法求出)。

(六) 留存收益资本成本的计算

留存收益是企业将税后利润的一部分或全部留作资金使用,其实质是股东对企业追加投资,也要求有一定的收益率。因此,留存收益资本成本的计算与普通股基本相同,不同点在于留存收益无须考虑筹资费用。则留存收益资本成本的计算公式为:

$$K_e = \frac{D_1}{V_0} + g$$

【业务3-5】 某公司决定将本年实现的净利润2 000万元暂不分给股东,而留作资金使用,普通股每股发行价格为5元,筹资费用率为4%,第一年年末发放股利每股0.5元,股利年增长率为5%。则留存收益的资本成本为:

$$K_e = \frac{0.5}{5} + 5\% = 15\%$$

四、综合资本成本的计算

综合资本成本也称加权平均资本成本,反映了多元化融资方式下企业资金成本整体水平的高低。在衡量和评价单一融资方案时,需要计算个别资本成本;在衡量和评价企业筹资总体的经济性时,需要计算企业的综合资本成本。综合资本成本用于衡量企业资本成本水平,确立企业理想的资本结构。

企业综合资本成本,是以各项个别资本在企业总资本中的比重为权数,对各项个别资本成本率进行加权平均而得到的总资本成本率。计算公式为:

$$K_w = \sum_{j=1}^{n} K_j W_j$$

式中:K_w 为综合资本成本;K_j 为第 j 种个别资本成本;W_j 为第 j 种个别资本在全部资本中的比重。

综合资本成本的计算,存在着权数价值的选择问题,即各项个别资本按什么权数来确定资本比重。通常,可供选择的价值形式有账面价值、市场价值、目标价值等。

(一) 账面价值权数

账面价值权数是以各项个别资本的会计报表账面价值为基础来计算资本权数,确定各类资本占总资本的比重。其优点是资料容易取得,可以直接从资产负债表中得到,而且计算结果比较稳定。其缺点是,当债券和股票的市价与账面价值差距较大时,导致按账面价值计算出来的资本成本,不能反映目前从资本市场上筹集资本的现时成本,不适合评价现时的资本结构。

(二) 市场价值权数

市场价值权数是以各项个别资本的现行市价为基础来计算资本权数,确定各类资本占总资本的比重。其优点是能够反映现时的资本成本水平,有利于进行资本结构决策。但现行市价处于经常变动之中,不容易取得,而且现行市价反映的只是现时的资本结构,不适用未来的筹资决策。

(三) 目标价值权数

目标价值权数是以各项个别资本预计的未来价值为基础来确定资本权数,确定各类资本占总资本的比重。以目标价值为基础计算资本权重,能体现决策的相关性。目标价值是目标资本结构要求下的产物,是公司筹措和使用资金对资本结构的一种要求。对于公司筹措新资金,目标价值是有益的,适用于未来的筹资决策,但目标价值的确定难免具有主观性。因此,目标价值权数是主观愿望和预期的表现,依赖于财务经理的价值判断和职业经验。

【业务 3-6】 某公司资金总额为 1 亿元,其中银行借款 2 000 万元,债券 3 000 万元,普通股 3 000 万元,留存收益 2 000 万元。各种资金的成本分别为:$K_l = 2.68\%$、$K_b = 3.42\%$、$K_s = 15.42\%$、$K_r = 15\%$。则该公司加权平均资本成本为:

(1) 计算各种资金所占比重:

$$W_l = 0.2 \div 1 \times 100\% = 20\%$$
$$W_b = 0.3 \div 1 \times 100\% = 30\%$$
$$W_s = 0.3 \div 1 \times 100\% = 30\%$$
$$W_r = 0.2 \div 1 \times 100\% = 20\%$$

3-5 拓展资源——优序融资理论

(2) 计算综合资金成本:

$$K_w = 20\% \times 2.68\% + 30\% \times 3.42\% + 30\% \times 15.42\% + 20\% \times 15\% = 9.19\%$$

寓德于技

30家上市公司20年未分红

现金分红是上市公司回报投资者的重要途径。但《华夏时报》记者梳理发现,剔除掉退市股和ST股,有30家上市公司自2001年以来已经20年"一毛不拔",成为老大难问题。特别是海航科技(600751.SH)、北汽蓝谷(600733.SH)等7家公司自从上市以来没有推出过一次分红派息计划,而其中不少公司多年来营收和盈利能力都正常,也多次通过各种形式从市场进行再融资,可谓是资本市场的"铁公鸡"。

30家公司均匀地分布在多个行业中,涉及交通运输、酒店、教育、汽车等大消费行业,也包括建筑材料、装饰和机械设备等传统工业行业,以及电子、计算机等科技型公司。

一位市场人士告诉记者,如果公司正处于高速增长期,更适合把盈利投入到再生产中,能为股东产生更多效益;增长稳定,而且利润很丰厚的成熟型企业更适合分红。虽然30家公司中增速维持正向的居多,但从收入和盈利的增速来看,基本都不属于高速增长阶段。

Wind数据显示,在上述30家公司中,截至2019年年末,过去10年收入、净利润复合增速均为正向的有22家,超过20%的有7家。即使放在全市场,10年来两项数据增速均超过20%的公司也不过585家,这7家公司在整个市场的前20%之列。值得注意的是,其中7家公司自上市以来从未进行过分红派息。

现金分红是A股面临的老大难问题,市场始终存在"重融资、轻回报"的整体环境,使得部分公司只在意资本市场的融资用途,却忽视了与中小股民互利共赢的功能。

资料来源:华夏时报。铁公鸡再融资800亿,30家上市公司20年未分红。资料有删减。

上市公司股权融资成本低的主要原因是用资费用相对较低,而用资费用又取决上市公司支付的现金股利。如果上市公司支付股利数量相对较少甚至不支付现金股利,以此来压低融资成本,以及不考虑回报投资者的做法不符合为股东创造财富的精神。有些公司每年握着大把的利润却不愿意回馈股东,这种行为显然会降低其社会价值。

任务要求

在前面所述的[任务引例]中,已知企业所得税税率为25%,如果你是这家公司的财务主管,不考虑其他因素,通过比较四种方案的资金成本高低,应如何进行筹资决策?

任务指导

正确计算资本成本是企业筹资管理的重要依据,资本成本主要包括个别资本成本、综合资本成本和边际资本成本。通过资本成本的学习,我们的任务是:明确资本成本的内容和作用;掌握权益资本成本和债务资本成本的计算方法;掌握综合资本成本的计算方法。

任务实施

甲方案银行长期借款的资本成本=10%×(1−25%)/1−0.2%=7.65%
乙方案发行债券的资本成本=100×10%×(1−25%)/100×(1−3%)=7.73%
丙方案发行普通股的资本成本=0.6×(1+10%)/10×(1−2%)+10%=16.73%
丁方案发行优先股的资本成本=0.8/10×(1−3%)=8.25%
通过比较上述各项的资金成本,应选择甲方案。

同步训练

1. 计算银行借款的资本成本率

某企业取得5年期长期借款200万元,年利率10%,每年付息一次,到期一次还本,借款费用率0.2%,企业所得税税率25%,计算该项借款的资本成本率。

2. 计算普通股的资本成本率

某公司普通股市价30元,筹资费用率2%,本年发放现金股利每股0.6元,预期股利年增长率为10%。计算该普通股的资本成本率。

3. 计算综合资本成本率

某公司准备投资500万元建一个项目,该项目建成后,每年可获得利润80万元,企业准备通过向银行借款、发行债券和发行股票等方式筹资500万元。现有两个方案可供选择,有关资料如表3-6所示。

表3-6 筹资方案表

筹资方式	资本成本	方案A	方案B
银行借款	8%	100	150
发行债券	12%	200	200
发行股票	18%	200	150
合计		500	500

要求：选择最佳的筹资方案。

任务拓展

小组任务：5～6人一组，结合前期各组模拟创建的投资项目，尝试计算所选筹资方案的资本成本。

任务四 分析杠杆效应

子任务一 分析经营杠杆效应

任务引例

小王的俱乐部每年的固定总成本均为 600 万元,变动成本率为 60%。该俱乐部 2020 年、2021 年、2022 年的营业总收入额分别为 2 500 万元、3 000 万元、2 800 万元。根据杠杆原理进行经营杠杆效应的分析。

财务管理中存在着类似于物理学中的杠杆效应,表现为:由于特定费用(如固定成本或固定财务费用)的存在,当某一财务变量以较小幅度变动时,另一相关财务变量会以较大幅度变动。合理运用杠杆原理,有助于企业合理规避风险,提高资金营运效率。财务管理中的杠杆效应有三种形式,即经营杠杆、财务杠杆、总杠杆(又称复合杠杆)。

知识准备

一、经营杠杆原理

经营杠杆,是指在某一固定经营成本的作用下,产销量变动对息税前利润产生的作用。由于固定经营成本的存在,使得企业的息税前利润变动率大于产销量变动率,这就是经营杠杆的放大企业风险效应。

二、经营杠杆系数

只要企业存在固定经营成本,就存在经营杠杆作用,但不同的企业,经营杠杆作用的程度是不同的。测量经营杠杆作用程度,常用指标为经营杠杆系数。

经营杠杆系数(DOL),是指息税前利润变动率相当于产销量变动率的倍数。用公式表示为:

$$经营杠杆系数(DOL) = \frac{\Delta EBIT/EBIT_0}{\Delta X/X_0} = \frac{息税前利润变动率}{产销量变动率}$$

式中:DOL 为经营杠杆系数;$\Delta EBIT$ 为息税前利润变动量;$EBIT_0$ 为变动前的息税前利润;ΔX 为产销业务量变动量;X_0 为变动前的产销业务量。

根据此公式计算经营杠杆系数时,必须根据变动前和变动后的有关资料才能进行计算,而不能根据基期资料计算,且计算过程比较复杂。为此,根据上述公式可以推导出用基期资料计算的经营杠杆系数公式。

$$DOL = \frac{M_0}{EBIT_0} = \frac{基期边际贡献}{基期息税前利润}$$

此计算结果与根据经营杠杆系数定义计算的经营杠杆系数是一致的。

三、经营杠杆与经营风险

经营杠杆系数表明，息税前利润变动率是产销量变动率的倍数，即产销量增加时，息税前利润将以 DOL 的倍数增加；产销量下降时，息税前利润也将以 DOL 的倍数减少。一般说来，在其他因素不变的情况下，固定经营成本越高，经营杠杆系数越大，经营风险就越大。由于企业的固定成本不可能为零，经营杠杆系数必然大于1。因此企业的经营风险必然存在，但企业可以通过降低固定经营成本来降低经营风险。

寓德于技

秦池的昙花一现

1995 年，秦池以 6 666 万元的价格第一次夺得 1996 年中央电视台"标王"后，广告效应，使"秦池"一夜成名，"秦池"的品牌地位基本确立，市场份额也相应增加，当年"秦池"酒厂享受到了经营杠杆的积极作用。但这种局面并没有维持多久，当 1996 年 11 月秦池以 3.2 亿元的天价再次成为 1997 年中央电视台的"标王"后，为了在短时间内满足客户订单需求，"秦池"竟采取收购散酒来勾兑，并被新闻媒介披露，产品质量、信用遭到严重破坏。1997 年"秦池"的销售收入无法持续增长，此时 3.2 亿元的广告费却使秦池陷入了难以自拔的财务危机之中。

资料来源：网易新闻"6 666 万元斩获标王的秦池酒，名气远超茅台，为何两年后一蹶不振？"资料有删减。

市场经济的竞争规律是物竞天择，适者生存。这种优胜劣汰的机制赋予每个企业机遇和挑战。要想取得竞争的优势，就必须灵活地应对企业面临的风险，在竞争中求生存和发展。任何事物都有两面性，杠杆效应可以使企业获得丰厚的杠杆收益，加速企业的发展，但同时也可能带来一定的风险，令企业陷入困境，如何正确熟练地运用杠杆原理，回避经营风险，取得杠杆收益，实现企业价值最大化，这是每个财务管理者或企业家的目标。

任务要求

在前面所述的[任务引例]中，根据 2020 年和 2021 年的业务数据，进行经营杠杆利益分析；根据 2021 年和 2022 年的业务数据，进行经营杠杆风险分析；计算 2022 年的经营杠杆系数。

任务指导

经营杠杆利益是在企业在一定的产销规模内，由于固定成本并不随产品销量（或销售额）的增加而增加，随着销量的增长，单位产品所负担的固定成本会相对减少，从而给企业带来额外的收益。经营风险也称营业风险,是指利用经营杠杆而导致的息税前利润变动的风险,它是由于企业经营上的原因所导致的未来经营收益的不确定性,影响经营风险因素主要包括产品需求、产品售价、产品成本、调整价格能力、固定成本比重等。经营杠杆的大小一般用经营杠杆系数表示。根据所学内容,我们的任务是能够结合企业实际情况对经营杠杆产生的利益和风险进行分析,并能够测算出经营杠杆系数。

任务实施

1. 分析经营杠杆利益

经营杠杆利益分析如表 3-7 所示。

表 3-7 经营杠杆利益分析表 金额单位:万元

项目	2020 年	2021 年	各项目变化率
营业收入	2 500	3 000	20%
变动成本	1 500	1 800	20%
固定成本	600	600	0
总成本	2 100	2 400	14.29%
息税前利润	400	600	50%

通过分析,俱乐部的营业收入从 2 500 万元增长到 3 000 万元,增幅为 20%。同期的息税前利润增幅达到 50% 了,说明该公司有效利用了经营杠杆,获得了较高的经营杠杆效益。

2. 分析经营杠杆风险

经营杠杆风险分析如表 3-8 所示。

表 3-8 经营杠杆风险分析表 金额单位:万元

项目	2021 年	2022 年	各项目变化率
营业收入	3 000	2 800	-6.67%
变动成本	1 800	1 680	-6.67%
固定成本	600	600	0
总成本	2 400	2 280	-5%
息税前利润	600	520	-13.33%

通过分析,俱乐部的营业收入从 3 000 万元下降到 2 800 万元,降幅为 6.67%。同期的息税前利润降幅达到 13.3% 了,说明该公司由于受到了经营杠杆的影响,遭受了一定程度上的经营损失。

3. 计算经营杠杆系数

2022 年的经营杠杆系数 $DOL = \dfrac{息税前利润变动率}{产销量变动率} = 13.33\% / 6.67\% = 1.99$

也可采用简化公式计算，$DOL=\dfrac{基期边际贡献}{基期息税前利润}=3\,000-1\,800/3\,000-1\,800-600=2$。

同步训练

1. 计算经营杠杆系数

某公司生产销售某种服装，固定成本为 500 万元，变动成本率为 70%。2021 年，年产销额为 5 000 万元，变动成本为 3 500 万元，固定成本为 500 万元；2022 年，年产销额为 7 000 万元，变动成本为 4 900 万元，固定成本仍为 500 万元。计算 2022 年该公司的经营杠杆系数。

2. 分析经营风险

某公司有关资料如表 3-9 所示，计算该公司的经营杠杆系数，并进行经营风险分析。

表 3-9　公司有关资料明细表　　　　　　　　　　　金额：万元

项目	2020 年	2021 年
销售额	16 000	20 000
变动成本	7 040	8 800
固定成本	4 660	4 660

任务拓展

> 小组任务：5～6 人一组，上网搜索"秦池酒厂"的相关案例，结合经营杠杆效应分析秦池集团走向衰退的原因。

子任务二　分析财务杠杆效应

任务引例

> 小王的俱乐部每年的固定总成本均为 600 万元，变动成本率为 60%。该俱乐部 2020 年、2021 年、2022 年的息税前利润分别为 400 万元、520 万元、320 万元。每年的债务利息均为 100 万元，普通股在外发行股数为 10 万股，企业所得税税率为 25%。根据杠杆原理进行财务杠杆效应的分析。

财务杠杆又称融资杠杆或资本杠杆，是由债务利息等固定融资成本所引起的，是企业在制定资本结构决策时，对债务筹资的利用。

 知识准备

一、财务杠杆的原理

无论企业营业利润多少,债务利息和优先股股利都是固定不变的。当息税前利润增大时,每一元盈余所负担的固定财务费用就会相对减少,这能给普通股股东带来更多的盈余;反之,当息税前利润减少时,每一元盈余所负担的固定财务费用就会相对增加,这就会大大减少普通股股东的盈余。这种由于固定性资本成本的存在,而使得企业的普通股每股收益变动率大于息税前利润变动率的现象称作财务杠杆。

表 3-10 甲、乙公司的资金结构和普通股利润表

项目	甲公司	乙公司
股本	2 000 000	1 000 000
发行在外股数(股)	20 000	10 000
债务(利息率为 10%)	0	1 000 000
资金总额	2 000 000	2 000 000
息税前利润	200 000	200 000
利息	0	100 000
税前利润	200 000	100 000
税后利润(所得税率为 40%)	120 000	60 000
每股利润	6	6
息税前利润增长率	20%	20%
增长后的息税前利润	240 000	240 000
债券利息	0	100 000
税前利润	240 000	140 000
税后利润	144 000	84 000
每股利润	7.2	8.4
每股利润增加额	1.2	2.4
每股利润增长率	20%	40%

在表 3-10 中,甲、乙两个公司的资金总额相等,息税前利润相等,息税前利润的增长率也相同,不同的只是资金结构。甲公司的全部资金都是股东投入的,乙公司的资金中有一半是借入的。在息税前利润增长 20%的情况下,甲公司的每股利润增长了 20%,而乙公司的每股利润增长了 40%,这就是财务杠杆的作用。当然,如果息税前利润下降,乙公司每股利润的下降幅度要大于甲公司每股利润的下降幅度。

二、财务杠杆系数

只要企业筹集债务资金,就存在财务杠杆,但不同的企业,财务杠杆的作用程度是不

相同的。测量财务杠杆作用程度,常用的指标是财务杠杆系数。

财务杠杆系数,是指普通股每股利润的变动率相当于息税前利润变动率的倍数。其计算公式为:

$$财务杠杆系数(DFL) = \frac{\Delta EPS/EPS_0}{\Delta EBIT/EBIT_0} = \frac{普通股每股利润变动率}{息税前利润变动率}$$

式中:DFL 为财务杠杆系数;ΔEPS 为普通股每股税后利润变动额;EPS_0 为基期的普通股每股税后净利润。

【业务 3-7】 根据表 3-10 中的资料,计算甲、乙公司的财务杠杆系数为:

$$DFL_甲 = \frac{1.2 \div 6}{40\,000 \div 200\,000} = 1$$

$$DFL_乙 = \frac{2.4 \div 6}{40\,000 \div 200\,000} = 2$$

在不存在优先股股息的情况下,财务杠杆系数可以采用下边的简化公式:

$$DFL = \frac{EBIT_0}{EBIT_0 - I_0}$$

其中,I_0 为利息费用;$EBIT_0$ 为息税前利润。

如果企业既存在固定利息的债务,也存在固定股息的优先股,则财务杠杆系数的计算进一步调整为:

$$DFL = \frac{EBIT_0}{EBIT_0 - I_0 - \dfrac{D_p}{1-T}}$$

其中,D_p 为优先股股利;T 为所得税税率。

通过简化的计算公式可知,当利息费用和优先股股利等于零时,财务杠杆系数等于1。

【业务 3-8】 根据表 3-10 中的资料,计算甲、乙公司的财务杠杆系数为:

$$DFL_甲 = \frac{200\,000}{200\,000 - 0} = 1$$

$$DFL_乙 = \frac{200\,000}{200\,000 - 100\,000} = 2$$

三、财务杠杆与财务风险

通过财务杠杆系数的计算可知,在企业负债经营的情况下,如果息税前利润增加,企业的每股利润以财务杠杆系数的倍数增加,如表 3-2 中的乙企业,当息税前利润增加 20% 时,每股利润增加 40%,是息税前利润增长率的 2 倍。当然,若企业的息税前利润下降,该企业的每股利润也会以财务杠杆系数的倍数下降,这就是财务风险。

财务风险是指企业为获得财务杠杆利益而利用债务资金时,增加了破产机会或可能会降低普通股每股利润所带来的风险。一般财务杠杆系数越大,财务风险越高。企业为取得财务杠杆利益,就要增加负债,一旦企业息税前利润下降,不足以补偿利息支出,企业的每股利润就会下降得更快。若企业为避免财务风险,全部用自有资金经营,就得不到财务杠杆利益。因此,企业要根据具体情况决定筹资结构和筹资比例。当企业息税前利润较多、增长幅度较大时,适当地利用负债筹资,可以发挥财务杠杆的作用;当企业息税前利润较少时,可用自有资金筹资,或减少负债资金,以减少企业的财务风险。

寓德于技

降负债去杠杆,绿地控股压降有息负债812亿元

2021年下半年,绿地控股持续加快降负债、去杠杆步伐,不断取得成效。据公开信息,自2020年8月央行和住建部联合部署实施以"三条红线"为核心的房地产金融审慎管理制度以来,绿地全面加大了降负债去杠杆的力度,围绕"三年三步走"去杠杆计划,聚焦多项核心措施,有计划、分步骤、多管齐下降负债去杠杆,阶段目标不断获得提前完成。进入下半年,绿地有息负债总额逐月明显下降,预计将较6月底再降约300亿元。据中报披露,截至6月底,绿地有息负债总额已降至2 869亿元,较今年初下降349亿元,自去年推进降负债计划以来,累计较高点已下降超过1 013亿元。

从具体降负债措施来看:一是主动压减有息负债规模,优化资产负债结构。二是聚焦成长性地区,优化土地储备结构,提高土地投资质量。三是根据市场情况以销定产,灵活调整生产供应节奏。四是加快资金回笼,实施审慎稳健的现金流管理。五是加快已售项目建设和交付结转。六是积极充实企业资本金,提升资本实力。

资料来源:新浪财经网 "绿地控股有息负债全年压降812亿,未来围绕'聚焦、转型、再造、强体'稳发展" 资料有删减。

适度负债有利于降低资金成本、获得杠杆利益,实现企业价值最大化。但是过度负债或者杠杆太高会给企业造成巨大的财务风险。因此,当企业负债过高时,应该采取有效的措施降低杠杆,降低企业财务风险。企业的决策者要本着爱岗敬业的精神,保有职业谨慎,保持合理适度的杠杆和偿债能力,才能对债务和债权人做到诚实守信。

3-6 拓展资源——供给侧改革

任务要求

在前面所述的[任务引例]中,根据2020年和2021年的业务数据,进行财务杠杆利益分析;根据2021年和2022年的业务数据,进行财务杠杆风险分析;计算2022年的财务杠杆系数。

任务指导

财务杠杆利益是指在资本规模和资本结构一定的条件下,企业从息税前利润中支付的债务利息是相对固定,当息税前利润增多时,每1元息税前利润所负担的债务利息会相

应降低,扣除企业所得税后,可分配给企业股权资本所有者的利润就会增加,从而给企业所有者带来额外的收益。运用财务杠杆,企业可以获得一定的财务杠杆利益,同时也承受着相应的财务风险。财务风险是与企业筹资相关的风险,也称筹资风险或融资风险,它是指财务杠杆作用导致企业所有者权益变动,甚至可能导致企业破产的风险,即由于债务筹资引起每股收益或净资产收益率的变动以及由于债务筹资而到期不能还本付息的风险。影响财务风险的因素主要包括资本供求的变化、利率水平的变动、获利能力的变动,资本结构的变化等。

公司利用财务杠杆是为了提高股东收益,但股东收益的提高应当以相应地提高其财务风险为代价,必须在财务杠杆利益与财务风险之间作出合理的权衡。财务杠杆的大小一般用财务杠杆系数表示。根据所学内容,我们的任务是能够结合企业实际情况对财务杠杆产生的利益和风险进行分析,并能够测算出财务杠杆系数。

任务实施

1. 分析财务杠杆利益

财务杠杆利益分析如表 3-11 所示。

表 3-11　财务杠杆利益分析表　　　　　　　　　　　　　　单位:万元

项目	2020 年	2021 年	各项目的变动率
息税前利润	400	520	30%
利息	100	100	0
税后利润	225	315	40%
股数(万股)	10	10	0
每股净收益	22.5	31.5	40%

经过分析,俱乐部息税前利润从 400 万元增加到 520 万元,增幅为 30%,同期每股收益增幅高达 40%,说明公司有效地利用了财务杠杆,为公司股权资本所有者带来了额外的收益。

2. 分析财务杠杆风险

财务杠杆风险分析如表 3-12 所示。

表 3-12　财务杠杆风险分析表　　　　　　　　　　　　　　单位:万元

项目	2021 年	2022 年	各项目的变动率
息税前利润	520	320	−38.46%
利息	100	100	0
税后利润	315	165	−47.62%
股数(万股)	10	10	0
每股净收益	31.5	16.5	−47.62%

经过分析,俱乐部的息税前利润从 520 万元降低到 320 万元,降幅为 38.46%,同期每股收益降幅达到 47.62%,说明该公司受财务杠杆效应影响,产生了一定的财务损失。

3. 计算财务杠杆系数

2022 年的财务杠杆系数 $\text{DFL}=\dfrac{普通股每股利润变动率}{息税前利润变动率}=\dfrac{47.62\%}{38.46\%}=1.24$

也可采用简化公式计算,$\text{DFL}=\dfrac{基期息税前利润}{基期息税前利润-利息费用}=\dfrac{520}{520-100}=1.24$。

同步训练

1. 计算杠杆系数

某企业年销售净额为 280 万元,息税前利润为 80 万元,固定成本为 32 万元,变动成本率为 60%;资本总额为 200 万元,债务比率为 40%,债务利息率为 12%。

要求:试分别计算企业的经营杠杆系数和财务杠杆系数。

2. 分析财务风险

某公司有关资料如表 3-13 所示,要求先将表格中的数据补充完整,再分别用两种方法计算该公司的财务杠杆系数,并进行财务风险分析。

表 3-13　公司有关资料明细表　　　　　　　　　　　　单位:万元

项目	2021 年	2022 年	变动额	变动率
普通股股数(万股)	1 000	1 000		
普通股股本(每股面值 5 元)	5 000	5 000		
债务(年利率 12%)	1 000	1 000		
债务利息	?	?		
息税前利润	4 300	6 540	?	?
利润总额	?	?	?	
所得税(25%)	?	?	?	
净利润	?	?	?	
每股净收益	?	?	?	?

任务拓展

小组任务:5~6 人一组,上网搜索与"大宇集团解体"的相关资料,对"财务杠杆效应是一把双刃剑"这句话进行评述。

子任务三 分析总杠杆效应

> 小王的俱乐部每年的固定成本总额均为 600 万元,变动成本率为 60%。该俱乐部 2020 年、2021 年的营业收入分别为 2 500 万元、2 800 万元,息税前利润分别为 400 万元、520 万元,每年的债务利息约为 100 万元,企业所得税税率为 25%,每年派发的优先股股利为 125 万元。根据杠杆原理进行总杠杆效应的分析。

总杠杆也称联合杠杆或者综合杠杆,是指经营杠杆和财务杠杆的叠加效应。

一、总杠杆原理

由于存在固定的生产经营成本,产生经营杠杆作用,使息税前利润的变动率大于业务量的变动率;由于存在固定的财务成本(如固定利息和优先股股利),产生财务杠杆作用,使企业每股利润的变动率大于息税前利润的变动率。如果两种杠杆共同起作用,那么销售额稍有变动就会使每股收益产生更大的变动。通常将这两种杠杆的共同作用称为总杠杆。

二、总杠杆系数

只要企业存在固定的生产经营费用和固定的利息费用等支出,就会存在总杠杆,但不同的企业,总杠杆的作用程度是不相同的。测量总杠杆作用程度,常用的指标是总杠杆系数。

总杠杆系数(DCL),是指每股利润变动率相当产销量变动率的倍数。其计算公式为:

$$总杠杆系数(DCL) = \frac{\Delta EPS/EPS_0}{\Delta X/X_0} = \frac{每股收益变动率}{产销量变动率}$$

【业务 3-9】 根据某公司的财务资料(表 3-14),计算总杠杆系数。

表 3-14 财务资料表   单位:万元

项目	2010 年	2011 年	2011 年比 2010 年增减
销售收入	1 000	1 200	20%
变动成本	600	720	20%
固定成本	200	200	0
息税前利润	200	280	20%
利息	80	80	0

(续表)

项目	2010年	2011年	2011年比2010年增减
税前利润	120	200	66.67%
所得税(税率40%)	48	80	66.67%
税后利润	72	120	66.67%
普通股股数	100	100	0
每股利润	0.72	1.2	66.67%

$$DCL = \frac{(1.2-0.72) \div 0.72}{(1\,200-1\,000) \div 1\,000} = 3.33$$

上述计算总杠杆系数的公式,是根据定义给出的,计算时比较复杂,在实际工作中可以采用如下简化公式计算:

$$DCL = DOL \times DFL = \frac{M_0}{M_0 - a_0 - I_0}$$

其中:M_0 为基期边际贡献;a_0 为基期所得税税额;I_0 为基期利息费用。

【业务3-10】 根据表3-13的资料,计算总杠杆系数如下:

$$DCL = \frac{1\,000-600}{1\,000-600-200-80} = 3.33$$

3-7 拓展资源——经营风险与财务风险的反向搭配

三、总杠杆与企业风险

在总杠杆的作用下,当企业的产品销售量增加时,每股利润会大幅度上升,当企业的产品销售量下降时,每股利润会大幅度下降。企业总杠杆系数越大,每股利润的波动就越大。由于总杠杆作用使每股利润大幅度波动而造成的风险,称为企业风险。在其他因素不变的情况下,总杠杆系数越大,企业风险越大,总杠杆系数越小,企业风险越小。

要减少企业风险,企业可以通过对经营杠杆和财务杠杆的不同组合来进行。比如,经营杠杆作用较高时,可在较低程度上运用财务杠杆,以回避过大的风险;反之,经营杠杆作用较低时,可以在较高程度上运用财务杠杆,以提高股东的盈余。

任务要求

在前面所述的[任务引例]中,根据2020年和2021年的业务数据进行总杠杆效应分析,并计算总杠杆系数。

任务指导

如果企业同时存在固定性经营成本和固定性财务成本,就存在总杠杆效应。产销量变动通过息税前利润的变动,传导至普通股收益,使得每股收益发生更大的变动。总杠杆综合了经营杠杆和财务杠杆的共同影响,管理层应平衡两者的相互关系,对经营风险与财务风险进行管理。根据所学内容,我们的任务是能够结合企业实际情况对总杠杆产生的利益和风险进行分析,并能够测算出总杠杆系数。

任务实施

根据前面所学公式,计算有关的总杠杆系数,总杠杆系数测算表如表 3-15 所示。

表 3-15 总杠杆系数测算表

项目	2020 年	2021 年	各项目变化率
营业收入	2 500	2 800	12%
变动成本	1 500	1 680	12%
固定成本	600	600	0
总成本	2 100	2 280	8.57%
息税前利润	400	520	30%
利息	100	100	0
税后利润	225	315	40%
优先股股利	125	125	0
普通股收益	100	190	90%
每股净收益(10 万股)	10	19	90%

该俱乐部的经营杠杆系数计算为:$DOL = 30\%/12\% = 2\,500 - 1\,500/2\,500 - 1\,500 - 600 = 2.5$

该俱乐部的财务杠杆系数计算为:$DFL = 90\%/30\% = 400/[400 - 100 - 125/(1 - 25\%)] = 3$

该俱乐部的总杠杆系数计算为:$DTL = 90\%/12\% = 2.5 \times 3 = 7.5$

经过分析,该公司的总杠杆系数为 7.5,当营业收入增长 10% 时,普通股每股收益将增长 75%,具体反映公司的总杠杆利益;反之,当公司营业收入下降 10% 时,普通股每股收益将下降 75%,具体反映了公司的总杠杆风险。

同步训练

1. 计算杠杆系数

某企业年销售净额为 280 万元,息税前利润为 80 万元,固定成本为 32 万元,变动成本率为 60%;资本总额为 200 万元,债务比率 40%,债务利息率 12%。

要求:分别计算企业的经营杠杆系数、财务杠杆系数和总杠杆系数。

2. 分析杠杆效应

(1) 春兰电器股份有限公司(简称春兰公司)固定成本总额为 800 万元,单位变动成本为 6 元,产品单位售价为 10 元。春兰公司 2020—2022 年的产销量分别为 240 万件、

260 万件、300 万件。为便于分析公司的经营杠杆效应,请完善公司经营杠杆利益分析表(表 3-16)中各项目的数据。

表 3-16　公司经营杠杆利益分析表

年份	产销量（万件）	产销量变动率	销售额	变动成本	边际贡献	固定成本	息税前利润	息税前利润变动率
2020	240							
2021	260							
2022	300							

(2) 已知春兰公司每年的债务利息为 150 万元,发行在外的普通股股数为 100 万股,无优先股,企业所得税税率为 25%。为便于分析公司的财务杠杆效应,请完善公司财务杠杆利益分析表(表 3-17)中各项目的数据。

表 3-17　公司财务杠杆利益分析表

年份	息税前利润	息税前利润变动率	债务利息	税前利润	所得税额	税后利润	每股净收益	每股净收益变动率
2020								
2021								
2022								

要求:
(1) 分别利用定义公式和简化公式计算春兰公司 2021 年和 2022 年的经营杠杆系数。
(2) 分别利用定义公式和简化公式计算春兰公司 2021 年和 2022 年的财务杠杆系数。
(3) 计算春兰公司 2021 年和 2022 年的总杠杆系数。

 任务拓展

小组任务:5~6 人一组,分析不同类型的企业和处于不同发展阶段的企业应如何综合运用经营杠杆和财务杠杆。

任务五　优化资本结构

任务引例

1. 俱乐部因扩大业务规模需要增加资金 5 000 万元。拟定了两个筹资方案。有关资料如表 3-18 所示。

表 3-18　俱乐部筹资方案资料表

资金种类	方案一 资本结构	方案一 个别资本成本	方案二 资本结构	方案二 个别资本成本
长期借款	9.23%	6.12%	30%	6.12%
发行债券	7.69%	9.97%	10%	9.97%
发行普通股	38.46%	15.6%	10%	15.6%
发行优先股	7.69%	10.31%	45%	10.31%
利用留存收益	36.93%	15%	5%	15%
合计	100%		100%	

2. 俱乐部公司目前的资本总额为 20 000 万元,其中债务资本为 8 000 万元,年利率为 10%;普通股总股数为 2 400 万股,每股面值 5 元,普通股总额为 12 000 万元。为投资一新项目,准备追加筹资 2 000 万元,现有 A、B 两筹资方案:

A 方案:增发普通股 400 万股,每股发行价格为 5 元。

B 方案:增发公司债券 2 000 万元,年利率为 12%。

根据公司财务部门预测,追加筹资后企业的息税前利润可达到 3 000 万元,该公司适用的企业所得税税率为 25%,不考虑筹资费用。追加筹资前后的资本结构如表 3-19 所示。

表 3-19　俱乐部资本结构资料表　　　　　　　　　　　　　　　　单位:万元

筹资方式	当前资本结构	A 增资方案资本结构	B 增资方案资本结构
发行普通股	12 000	14 000	12 000
发行债券	8 000	8 000	10 000
资本总额	20 000	22 000	22 000

资本结构决策是企业财务决策的核心问题,高负债的资本结构给企业带来财务杠杆收益的同时,也会加大企业财务风险。所以,企业应综合考虑有关影响因素,运用适当的方法确定最佳资本结构,并在以后追加筹资中继续维持。对现有不合理的资本结构,应通

过筹资活动进行调整,使其趋于合理化。最优资本结构是指在一定条件下企业平均资本成本最低、公司价值最大的资本结构。最优资本结构是企业追求的目标,企业应通过降低资本成本提高普通股每股收益实现资本结构优化。

知识准备

一、资本结构的含义

资本结构是指企业资本总额中各种资本的构成及其比例关系。筹资管理中,资本结构有广义和狭义之分。广义的资本结构包括全部债务与股东权益的构成比率;狭义的资本结构仅指长期负债与股东权益资本构成比率。狭义资本结构下,短期债务作为营运资金来管理。本书所指的资本结构通常仅指狭义的资本结构,也就是企业各种长期资本的构成及其比例关系,尤其是长期债务资本与(长期)股权资本之间的构成及其比例关系。

不同的资本结构会给企业带来不同的后果。企业利用债务资本进行举债经营具有双重作用,既可以发挥财务杠杆效应,也可能带来财务风险。因此企业必须权衡财务风险和资本成本的关系,确定最佳的资本结构。评价企业资本结构最佳状态的标准应该是能够提高股权收益或降低资本成本,最终目的是提升企业价值。股权收益,表现为净资产报酬率或普通股每股收益;资本成本,表现为企业的平均资本成本率。根据资本结构理论,当企业平均资本成本最低时,企业价值最大。所谓最佳资本结构,是指在一定条件下使企业平均资本成本率最低、企业价值最大的资本结构。资本结构优化的目标,是降低平均资本成本率或提高普通股每股收益。

从理论上讲,最佳资本结构是存在的,但由于企业内部条件和外部环境的经常性变化,动态地保持最佳资本结构十分困难。因此在实践中,目标资本结构通常是企业结合自身实际情况进行适度负债经营所确立的资本结构。

二、资本结构的影响因素

资本结构是一个产权结构问题,是社会资本在企业经济组织形式中的资源配置结果。资本结构的变化,将直接影响社会资本所有者的利益。

(一) 企业经营状况的稳定性和成长率

企业产销业务量的稳定程度对资本结构有重要影响:如果产销业务量稳定,企业可较多地负担固定的财务费用;如果产销业务量和盈余有周期性,则要负担固定的财务费用将承担较大的财务风险。经营发展能力表现为未来产销业务量的增长率,如果产销业务量能够以较高的水平增长,企业可以采用高负债的资本结构,以提升权益资本的报酬。

(二) 企业的财务状况和信用等级

企业财务状况良好,信用等级高,债权人愿意向企业提供信用,企业容易获得债务资本。相反,如果企业财务情况欠佳,信用等级不高,债权人投资风险大,这样会降低企业获得信用的能力,加大债务资金筹集的资本成本。

(三) 企业资产结构

资产结构是企业筹集资本后进行资源配置的资金占用结构,包括长短期资产构成和比例,以及长短期资产内部的构成和比例。资产结构对企业资本结构的影响主要包括:拥有大量固定资产的企业主要通过长期负债和发行股票筹集资金;拥有较多流动资产的企业更多地依赖流动负债筹集资金;资产适用于抵押贷款的企业负债较多;以技术研发为主的企业则负债较少。

(四) 企业投资人和管理当局的态度

从企业所有者的角度看,如果企业为少数股东控制,股东通常重视企业控股权问题,为防止控股权稀释,企业一般尽量避免普通股筹资,而是采用优先股或债务资本筹资;如果企业股权分散,企业可能更多地采用权益资本筹资以降低企业的筹资风险。从企业管理当局的角度看,高负债资本结构的财务风险高,一旦经营失败或出现财务危机,管理当局将面临被董事会解聘的风险。因此,稳健的管理当局偏好于选择低负债比例的资本结构。

(五) 行业特征和企业发展周期

不同行业的资本结构差异很大。产品市场稳定的成熟产业经营风险低,因此可提高债务资本比重,发挥财务杠杆作用。高新技术企业的产品、技术、市场尚不成熟,经营风险高,因此可降低债务资本比重,控制财务杠杆风险。在同一企业不同发展阶段,资本结构安排不同。企业初创阶段,经营风险高,在资本结构安排上应控制负债比例;企业发展到成熟阶段,产品产销业务量稳定和持续增长,经营风险低,可适度增加债务资本比重,发挥财务杠杆效应;企业收缩阶段,产品市场占有率下降,经营风险逐步加大,应逐步降低债务资本比重,保证经营现金流量能够偿付到期债务,保持企业持续经营能力,减少破产风险。

(六) 经济环境的税收政策和货币政策

资本结构决策必然要研究理财环境因素,特别是宏观经济状况。政府调控经济的手段包括财政税收政策和货币金融政策,当所得税税率较高时,债务资本的抵税作用大,企业可以充分利用这种作用来提高企业价值。货币金融政策影响资本供给,从而影响利率水平的变动,当国家执行紧缩的货币政策时,市场利率较高,企业债务资本成本增大。

三、最优资本结构的决策

最优资本结构是指企业在一定时期内,筹措资金的加权平均资本成本最低,并使企业的价值达到最大化的资本结构。确定最优资本结构的方法一般包括平均资本成本比较法、每股收益无差别点分析法和公司价值分析法。

(一) 平均资本成本比较法

平均资本成本比较法,是通过计算和比较各种可能的筹资组合方案的平均资本成本,选择平均资本成本率最低的方案。即能够降低平均资本成本的资本结构,就是合理的资本结构。这种方法侧重于从资本投入的角度对筹资方案和资本结构进行优化分析。

【业务3-11】 某公司需筹集100万元长期资本,可以用贷款、发行债券、发行普通股三种方式筹集,其个别资本成本率已分别测定,有关资料如表3-20所示。

表 3-20　某公司资本成本与资本结构数据表

筹资方式	资本结构			个别资本成本率
	A方案	B方案	C方案	
贷款	40%	30%	20%	6%
发行债券	10%	15%	20%	8%
发行普通股	50%	55%	60%	9%
合计	100%	100%	100%	

第一步：分别计算三个方案的综合资本成本 K。
A 方案：$K=40\%\times 6\%+10\%\times 8\%+50\%\times 9\%=7.7\%$
B 方案：$K=30\%\times 6\%+10\%\times 8\%+55\%\times 9\%=7.95\%$
C 方案：$K=20\%\times 6\%+20\%\times 8\%+60\%\times 9\%=8.2\%$

第二步：根据企业筹资评价的其他标准，考虑企业的其他因素，对各个方案进行修正之后，再选择其中成本最低的方案。本例中，我们假设其他因素对方案选择的影响甚小，则 A 方案的综合资本成本最低。因此，该公司的资本结构为贷款 40 万元，发行债券 10 万元，发行普通股 50 万元。

(二) 每股收益无差别点分析法

可以用每股收益的变化来判断资本结构是否合理，即能够提高普通股每股收益的资本结构，就是合理的资本结构。在资本结构管理中，利用债务资本的目的之一，就在于债务资本能够提供财务杠杆效应，利用负债筹资的财务杠杆作用来增加股东财富。

每股收益受到经营利润水平、债务资本成本水平等因素的影响，分析每股收益与资本结构的关系，可以找到每股收益无差别点。所谓每股收益无差别点，是指不同筹资方式下每股收益都相等时的息税前利润和业务量水平。根据每股收益无差别点，可以分析判断在什么样的息税前利润水平或产销业务量水平前提下，适于采用何种筹资组合方式，进而确定企业的资本结构安排。

每股收益无差别点可以通过计算得出，其公式为：

$$EPS = \frac{(EBIT-I)(1-T)}{N}$$

式中：N 代表流通在外的普通股股数；T 为企业所得税税率。

在每股收益无差别点上，无论是采用负债融资，还是采用权益融资，每股收益都是相等的。若以 EPS_1 代表负债融资，以 EPS_2 代表权益融资，则：

$$EPS_1 = EPS_2$$

$$\frac{(\overline{EBIT}-I_1)(1-T)}{N_1} = \frac{(\overline{EBIT}-I_2)(1-T)}{N_2}$$

式中：$\overline{EBIT}$ 为息税前利润平衡点，即每股收益无差别点；I_1、I_2 为两种筹资方式下的债务利息；N_1、N_2 为两种筹资方式下普通股股数。

从每股无差别点分析图(图 3-6)中，我们可以看到，如果预期的息税前利润大于每股收益无差别点的息税前利润，则运用负债筹资方式；如果预期的息税前利润小于每股收益无差别点的息税前利润，则运用权益筹资方式。

在每股收益无差别点上，无论是采用债务还是股权筹资方案，每股收益都是相等的。当预期息税前利润或业务量水平大于每股收益无差别点时，应当选择负债筹资方式即财务杠杆效应较大的筹资方案；反之，则应当选择权益筹资方式即财务杠杆效应较小的筹资方案。

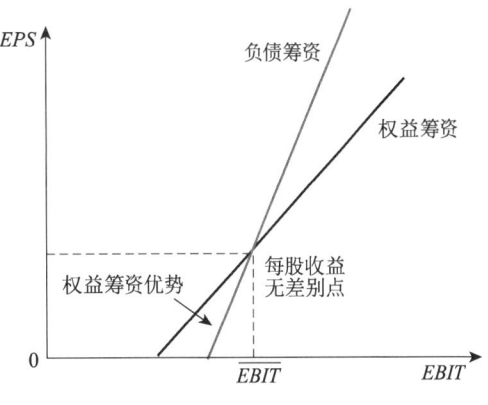

图 3-6　每股无差别点分析图

【业务 3-12】某公司目前资本总额为 7 000 万元，其中债务资本 2 000 万元，每年需支付 120 万元的利息；普通股总股数为 500 万股，每股面值 10 元，普通股总额 5 000 万元。适用的企业所得税税率为 25%，公司现拟扩大生产，准备追加筹资 3 000 万元。现财务部门提出了两个方案：

方案 1：增发普通股 300 万股，每股面值 10 元，等价发行。

方案 2：发行债券 3 000 万元，债券年利率 7%。

要求：用每股收益无差别点分析法选择合适的筹资方案。

(1) 增发普通股后的每股利润：

$$EPS_1 = \frac{(\overline{EBIT} - 120)(1 - 25\%)}{500 + 300}$$

(2) 增发债券后的每股利润：

$$EPS_2 = \frac{(\overline{EBIT} - 120 - 3\,000 \times 7\%)(1 - 25\%)}{500}$$

(3) 令 $EPS_1 = EPS_2$，解得：

$$\overline{EBIT} = 680(万元)$$

在此点：$EPS_1 = EPS_2 = 0.525(元/股)$

(4) 判断：①当企业盈利能力 $EBIT > 680$ 万元时，利用负债筹资更好；②当企业盈利能力 $EBIT < 680$ 万元时，利用权益(股票)筹资更好；③当企业盈利能力 $EBIT = 680$ 万元时，利用权益(股票)或负债筹资均可。

应该指出，每股收益无差别点分析法只考虑了资金结构对每股利润的影响，并假定每股利润最大，股票价格也最高。事实上，随着负债的增加，投资者的风险加大，股票价格和企业价值也会有下降的趋势。因此，在采用该方法时，应结合资金结构对风险的影响进行分析，才能避免作出错误的决策。

寓德于技

*ST金钰资不抵债退市

2021年1月13日晚,*ST金钰发布公告称,公司于今日收到上交所的《关于东方金钰股份有限公司股票终止上市的决定》,上交所决定终止公司股票上市。资料显示,*ST金钰主要从事翡翠行业,拥有从翡翠原材料到生产加工、技术要售的完整产业链条,亦有"翡翠第一股"之称。据悉。*ST金钰子公司深圳东方金钰珠宝实业有限公司还曾是2008年北京奥运会的特许生产商之一,参与奥运会金属制品(摆件)的生产。依靠赌石起家的时任*ST金钰董事长赵兴龙,通过公司上市一度成为云南首富。

近年来,*ST金钰的主营业务已经基本停滞,多项债务逾期,财务状况持续恶化。被债权人申请破产重整,持续经营能力存在重大不确定性,二级市场股价持续下跌。因2018年、2019年连续两年巨额亏损,2019年审计报表被出具无法表示意见,*ST金钰股票已被实施退市风险警示。

同时,2018年、2019年连续两年内部控制被出具否定意见,目前被查明存在资金占用尚未整改,内控运行失效,*ST金钰当前的经营困境是长期经营不善、内控失序的结果。2019年7月,*ST金钰被债权人以不能清偿到期债务为由向法院申请对公司进行破产重整。截至目前未被法院受理,*ST金钰后续是否进入破产重整程序尚存在重大不确定性。

据2020年三季度报告,*ST金钰上年前三季度实现营收216.94万元,同比下滑93.73%;净利润为-6.57亿元,亏损幅度同比扩大4.01%,截至第三季度末,*ST金钰负债合计110.69亿元,总资产为107.64亿元,资产负债率达102.83%。

资料来源:搜狐网"*ST金钰终止上市1月21日起进入退市整理期"资料有删减。

3-8 拓展资源——资本结构的MM理论

相对来说,负债能够降低资本成本,提高企业盈利性。在资本结构决策过程中,过分强调债务资本的低成本优势而忽略其风险的冒进做法,违背了爱岗敬业的精神,不能通过创新精神和思维来提高企业目利,降低经营风险和财务风险,显然是对公司和股东的不负责任,公司造假也违背了诚实守信的原则。

任务要求

请在前面所述的[任务引例]中,利用平均资本成本比较法为俱乐部作出资本结构决策;利用每股收益无差别点分析法作出最优资本结构决策。

任务指导

资本结构,是指企业各种资本的价值构成及其比例关系,是企业一定时期组合筹资的结果。资本结构反映企业债务与股权的比例关系,它在很大程度上决定着企业的偿债和再融资能力,决定着企业未来的盈利能力,是企业财务状况的一项重要指标。通过资本结构内容的学习,我们的任务是:明确资本结构的概念;掌握用平均资本成本比较法进行资本结构决策;掌握用每股收益无差别点分析法进行资本结构决策。

 任务实施

【任务一】

1. 明确平均资本成本比较法的基本原理

平均资本成本比较法是指通过比较各备选筹资方案加权平均资本成本的高低来作出资本结构决策的方法。决策的基本原理是:加权平均资本成本越低,方案越优。决策步骤如下:

第一步,计算各备选方案的个别资本成本。

第二步,计算各备选方案的加权平均资本成本。

第三步,比较各备选方案的加权平均资本成本,选择加权平均资本成本最低的资本结构为最优资本结构。

2. 计算各备选方案加权平均资本成本

根据[任务引例]中的资料,计算俱乐部各备选方案的加权平均资本成本,如表 3-21 所示。

表 3-21 俱乐部各备选方案加权平均资本成本计算表

资金种类	方案一			方案二		
	资本结构	个别资本成本	加权平均资本成本	资本结构	个别资本成本	加权平均资本成本
长期借款	9.23%	6.12%	0.56%	30%	6.12%	1.84%
发行债券	7.69%	9.97%	0.77%	10%	9.97%	1.00%
发行普通股	38.46%	15.6%	6.00%	10%	15.6%	0.16%
发行优先股	7.69%	10.31%	0.79%	45%	10.31%	4.64%
利用留存收益	36.93%	15%	5.54%	5%	15%	0.75%
合计	100%		13.66%	100%		8.39%

3. 作出最优资本结构决策

据表 3-20 的计算结果,若不考虑其他因素,仅以加权平均资本成本进行筹资方案选择,加权平均成本越低,方案越优。因此俱乐部为扩大生产经营规模,5 000 万元的筹资应选择方案二。

【任务二】

1. 明确每股收益无差别点分析法的决策原理

每股收益无差别点是指两种筹资方式下普通股每股收益相等时的息税前利润或销售

收入。决策的基本原理如下:

(1) 当实际或预计息税前利润大于每股收益无差别点的息税前利润时,运用债务资本筹资方式可获得较高的每股收益。

(2) 当实际或预计息税前利润小于每股收益无差别点的息税前利润时,运用权益资本筹资方式可获得较高的每股收益。

(3) 当实际或预计息税前利润等于每股收益无差别点的息税前利润时,运用债务资本或权益资本筹资方式获得的每股收益一致,此时选择两种方式均可。

2. 每股收益无差别点法的决策步骤

第一步,列出不同筹资方案下每股收益计算式。

$$EPS = \frac{(EBIT - I)(1 - T)}{N}$$

第二步,令两种筹资方案的每股收益相等,其计算公式为:

$$EPS_1 = EPS_2$$

$$\frac{(\overline{EBIT} - I_1)(1-t)}{N_1} = \frac{(\overline{EBIT} - I_2)(1-t)}{N_2}$$

第三步,比较实际或预计 $EBIT$ 与 $\overline{EBIT}$ 的大小,作出筹资方案的选择。

3. 利用每股收益无差别点分析法进行决策

(1) 列出方案 A 和 B 的每股收益计算式:

A 方案:

$$EPS_A = \frac{(EBIT - 8\,000 \times 10\%) \times (1 - 25\%)}{2\,400 + 400}$$

B 方案:

$$EPS_B = \frac{(EBIT - 8\,000 \times 10\% - 2\,000 \times 12\%) \times (1 - 25\%)}{2\,400}$$

(2) 令 $EPS_A = EPS_B$,解得,$\overline{EBIT} = 2\,480$(万元)。

(3) 作出筹资方案选择:

$\overline{EBIT}$ 为 2 480 元是两个筹资方案的每股收益无差别点,在此点上,两个方案的每股收益相等,均为 0.45 元。

当预期的 $EBIT$ 为 3 000 万元时,大于每股收益无差别点的息税前利润 2 480 万元,俱乐部应当采用 B 方案的筹资,即发行债券筹资。

同步训练

1. 采用平均资本成本比较法进行决策

A 公司初创时有三个筹资方案可供选择,有关资料如表 3-22 所示。

表 3-22　某公司筹资有关资料　　　　　　　　　　　　　　　　　单位：万元

筹资方式	筹资方案一		筹资方案二		筹资方案三	
	筹资金额	资本成本	筹资金额	资本成本	筹资金额	资本成本
长期借款	80	6%	100	6.5%	160	7%
长期债券	200	7%	300	8%	240	7.5%
优先股	120	12%	200	12%	100	12%
普通股	600	15%	400	15%	500	15%
资本合计	1 000		1 000		1 000	

要求：利用平均资本成本平均法确定 A 公司最佳筹资方案。

2. 利用每股收益无差别分析法进行决策

B 公司目前资本结构为：总资本 1 000 万元，其中债务资本 400 万元(年利息 40 万元)；普通股股本 600 万元(600 万股，面值 1 元，市价 5 元)。B 公司由于有一个较好的新投资项目，需要追加筹资 300 万元，现有两种筹资方案：

甲方案：向银行取得长期借款 300 万元，利息率 16%。

乙方案：增发普通股 100 万股，每股发行价 3 元。

根据财务人员测算，追加筹资后销售额有望达到 1 200 万元，变动成本率 60%，固定成本为 200 万元，企业所得税税率为 20%，不考虑筹资费用因素。

要求：利用每股收益无差别点分析法进行筹资决策。

任务拓展

小组任务：5～6 人一组，结合前期各组模拟创建的投资项目所采用的筹资方案，利用比较资本成本法进行资本结构决策。

项目练习

一、单项选择题

1. 下列筹资方式中,资金成本较低的是( )。
   A. 发行股票   B. 发行债券   C. 长期借款   D. 留存收益

2. 公司拟筹集能够长期使用、筹资风险相对较小且易取得的资金,下列融资方式较适合的是( )。
   A. 发行普通股 B. 银行借款   C. 商业信用融资 D. 发行长期债券

3. 下列各项中,不属于留存收益筹资的特点是( )。
   A. 筹资数额有限   B. 筹资成本最低
   C. 维持公司控制权分布   D. 不发生筹资费用

4. 留存收益资本成本的计算方法与普通股基本相同,只是不考虑( )。
   A. 筹资费用   B. 资金占用费
   C. 预计以后每年股利增长率 D. 所得税税率

5. 下列筹资方式中,资本成本最高的是( )。
   A. 普通股   B. 优先股   C. 长期债券   D. 长期借款

6. 某公司发行总面额为500万元的10年期债券,票面利率为12%,发行费用率为5%,公司所得税率为25%。该债券采用溢价发行,发行价格为600万元,则该债券的资本成本为( )
   A. 8.46%   B. 7.89%   C. 10.24%   D. 9.38%

7. 下列各项中,不影响经营杠杆系数的是( )。
   A. 产品销售数量   B. 产品销售价格
   C. 固定成本   D. 利息费用

8. 某企业发行普通股1 000万股,每股面值1元,发行价格为每股5元,筹资费率为4%,每年股利固定为每股0.20元,则该普通股资本成本为( )。
   A. 4%   B. 4.17%   C. 16.17%   D. 20%

9. 某企业2020年的销售额为5 000万元,变动成本为1 800万元,固定经营成本为1 400万元,利息费用50万元,没有优先股,预计2021年销售增长率为20%,则2020年的每股收益增长率为( )
   A. 32.5%   B. 41.4%   C. 39.2%   D. 36.6%

10. 某公司全部资产为120万元,负债比率为40%,负债利率为10%,息税前利润为20万元,则财务杠杆系数为( )。
    A. 1.25   B. 1.32   C. 1.43   D. 1.56

11. 某公司的经营杠杆系数为2,财务杠杆系数为3,预计销售将增长10%,在其他条件不变的情况下,每股收益将增长( )。

A. 50%　　　　B. 10%　　　　C. 30%　　　　D. 60%

12. 某公司的经营杠杆系数为1.8,财务杠杆系数为1.5,则该公司销售额每增长1倍,就会造成每股收益增加( )。

A. 1.2倍　　　B. 1.5倍　　　C. 0.3倍　　　D. 2.7倍

13. 经营杠杆给企业带来的风险是指( )。

A. 成本上升的风险

B. 利润下降的风险

C. 销售量变动导致息税前利润发生更大幅度变动的风险

D. 业务量变动导致息税前利润同比例变动的风险

二、多项选择题

1. 下列各项中,属于留存收益区别于"发行普通股"筹资方式的特点的有( )。

A. 筹资数额有限　　　　　　B. 财务风险大

C. 不会分散控制权　　　　　D. 资金成本高

2. 在不考虑筹资规模的前提下,下列各项筹资方式中,其资本成本高于留存收益筹资方式的有( )。

A. 发行普通股　　　　　　　B. 吸收直接投资

C. 发行公司债券　　　　　　D. 银行借款

3. 股票筹资的优点包括( )。

A. 提高公司信誉　　　　　　B. 在公司持续经营中不需偿还

C. 没有固定的利息负担　　　D. 筹资成本高

4. 企业自有资金筹资方式有( )。

A. 企业内部积累　B. 发行债券　　C. 发行股票　　D. 商业信用

5. 优先股的"优先权"主要表现在( )。

A. 优先分配股利　　　　　　B. 管理权优先

C. 优先分配剩余资产　　　　D. 决策权优先

6. 下列各项中,属于筹措自有资金的方式有( )。

A. 融资租赁　　　　　　　　B. 发行债券

C. 发行股票　　　　　　　　D. 吸收直接投资

7. 下列个别资本成本中,属于权益资本成本的有( )。

A. 优先股成本　　　　　　　B. 长期债券成本

C. 普通股成本　　　　　　　D. 留存收益成本

8. 下列成本费用中,属于资本成本中的筹资费用的有( )。

A. 借款手续费　B. 股票发行费　C. 利息　　　　D. 股利

9. 下列各项中,属于资金筹集费用的有( )。

A. 股利　　　　　　　　　　B. 委托金融机构发行债券的代办费

C. 委托金融机构发行债券的注册费　　D. 向银行支付的手续费

10. 下列各项中,影响财务杠杆系数的因素有(　　)。
    A. 销售收入　　B. 变动成本　　　C. 固定成本　　　D. 财务费用

11. 下列有关杠杆的表述中,正确的有(　　)。
    A. 经营杠杆表明产销量变动对息税前利润变动的影响
    B. 财务杠杆表明息税前利润变动对每股收益的影响
    C. 总杠杆表明产销量变动对每股收益的影响
    D. 经营杠杆系数、财务杠杆系数以及总杠杆系数恒大于1

12. 某公司经营杠杆系数为1.4,财务杠杆系数为2.5,则下列说法正确的有(　　)。
    A. 如果产销量增减变动1%,则息税前营业利润将增减变动1.4%
    B. 如果息税前营业利润增减变动1%,则每股收益将增减变动2.5%
    C. 如果产销量增减变动1%,每股收益将增减变动3.5%
    D. 如果产销量增减变动1%,每股收益将增减变动4.5%

13. 下列各项中,影响总杠杆系数的因素有(　　)。
    A. 固定经营成本　　　　　　B. 单位边际贡献
    C. 产销量　　　　　　　　　D. 固定利息

14. 复合杠杆的作用在于(　　)。
    A. 用来估计销售变化对息税前利润的影响
    B. 用来估计销售变化对每股利润造成的影响
    C. 揭示经营杠杆与财务杠杆之间的相互关系
    D. 揭示企业面临的风险对企业投资的影响

15. 下列关于最佳资本结构的表述中,正确的有(　　)
    A. 公司总价值最大时的资本结构是最佳资本结构
    B. 在最佳资本结构下,公司综合资本成本率最低
    C. 若不考虑风险价值,销售量高于每股收益无差别点时,运用负债筹资,可实现最佳资本结构
    D. 若不考虑风险价值,销售量高于每股收益无差别点时,运用股权筹资,可实现最佳资本结构

三、判断题

1. 负债筹资与普通股筹资相比,不会分散企业的控制权。　　　　　　　　　(　　)
2. 优先股是一种具有双重性质的证券,它虽属自有资金,但却兼具债券性质。　(　　)
3. 相对于股票筹资而言,银行借款的缺点是筹资成本高,财务风险大。　　　(　　)
4. 当经营杠杆和财务杠杆系数都为1.5时,总杠杆系数为3。　　　　　　　　(　　)
5. 在计算债券成本时,债券筹资额应按面值确定,而不应按发行价确定。　　(　　)
6. 相对于股票资金,长期借款由于借款期限长,风险大,因此资金成本比较高。(　　)
7. 资金占用费等同于资金时间价值。　　　　　　　　　　　　　　　　　　(　　)

8. 资本成本概念是商品经济条件下资本所有权和使用权分离的必然结果。（ ）

9. 最佳资本结构是使企业筹集能力最强，财务风险最小的资本结构。（ ）

10. 作为企业资金的一项来源，留用的未分配利润和盈余公积金等不需要支付利息和股利，因此是没有资金成本的。（ ）

11. 狭义的资本结构是指长期负债与权益资本之间的构成及其比例关系。（ ）

四、计算分析题

1. 某公司向银行借入一笔长期借款，借款年利率为 10%，借款手续费率为 0.5%，企业所得税税率为 25%。

   要求：计算银行借款资本成本。

2. 某公司按面值发行优先股 2 000 万元，筹资费用率为 2%，年股利率为 10%，企业所得税税率为 25%。

   要求：计算优先股资本成本。

3. 某公司发行普通股筹资，股票面值 1 000 万元，实际发行价格为 1 600 万元，筹资费用率为 5%，第一年年末股利率为 10%，预计股利每年增长 4%，企业所得税税率为 25%。

   要求：计算普通股资本成本。

4. 某公司拟筹资 2 500 万元，其中发行债券 1 000 万元，筹资费用率为 2%，债券年利率为 10%，企业所得税税率为 25%；发行优先股 500 万元，年股息率为 7%，筹资费用率为 3%；发行普通股 1 000 万元，筹资费率为 4%，第一年预期股利率为 10%，以后每年增长 4%。

   要求：计算该筹资方案的综合资本成本。

5. ABC 公司资本总额为 250 万元，负债比率为 45%，其利率为 14%。该公司销售额为 320 万元，固定成本 48 万元，变动成本率为 60%。

   要求：分别计算该公司的经营杠杆系数和财务杠杆系数。

6. 甲公司只生产销售 C 产品，其总成本习性模型为 $Y=15\,000+7X$。假定该公司 2021 年 C 产品每件售价为 12 元，产品销售为 15 000 件，按市场预测 2022 年 C 产品的销售数量将增长 12%。

   要求：

   (1) 计算 2021 年该公司的边际贡献总额。

   (2) 计算 2021 年该公司的息税前利润。

   (3) 计算 2022 年的经营杠杆系数。

   (4) 2022 年的息税前利润增长率。

   (5) 假定该公司 2021 年发生负债利息 8 000 元，2021 年保持不变，计算 2021 年的总杠杆系数。

7. 甲公司目前发行在外普通股 200 万股（每股 1 元），已发行利率为 8% 的债券 600 万元，目前的息税前利润为 150 万元。该公司打算为一个新的投资项目融资 500 万元，新项目投产后公司每年息税前利润会增加 150 万元。现有两个方案可供选择：按 10% 的利率发行债券(方案 1);按每股 20 元发行新股(方案 2)。该公司适用企业所得税税率 25%。

要求:

(1) 计算两个方案的每股收益无差别点息税前利润。

(2) 判断哪个方案更好。

【课赛融通项目训练】

业务资料:

绿森生物公司是一家专注药品研发的生物医药公司,为加大对新药品的研制投入扩大研发费用需要筹集资金 500 万元。2021 年年初资本总额为 1 500 万元,资本结构如表 3-23 所示。

表 3-23 资本结构

资本来源	筹资金额
股本	50 万股(面值 1 元、发行价格 16 元)
资本公积	750 万元
长期借款	500 万元(5 年期、年利率 8%,分期付息一次还本)
应付债券	200 万元(按面值发行、3 年期、年利率 5%,分期付息一次还本)

预计 2020 年度息税前利润为 200 万元,2021 年度息税前利润为 200 万元。

现有两个方案可供选择:

方案一:采用发行股票方式筹集资金。发行普通股 20 万股,股票的面值为 1 元,发行价格 28 元。

方案二:采用发行债券方式筹集资金。期限 3 年,债券票面年利率为 6%,按面值发行,每年年末付息,到期还本。

绿森生物公司筹资后,发行的普通股每股市价为 28 元,预计 2022 年每股现金股利为 2 元,预计股利每年增长 3%。绿森生物公司适用的企业所得税税率为 25%。不考虑筹资费用和其他因素影响。

要求:

1. 计算方案一的每股收益

根据前述业务资料,计算方案一的每股收益,并将计算结果填入表 3-24 中。

表 3-24 方案一每股收益计算表

项目	单位	数值
息税前利润	万元	
利息支出	万元	
息后税前利润	万元	

（续表）

项目	单位	数值
企业所得税税率		
息税后利润	万元	
支付优先股股利	万元	
股票数	万股	
方案一每股收益	元/股	

注意：题目没有给出的信息填0，数值保留两位小数。

2. 计算方案二的每股收益

根据前述业务资料，计算方案二的每股收益，并将计算结果填入表3-25中。

表3-25　方案二每股收益计算表

项目	单位	数值
息税前利润	万元	
利息支出	万元	
息后税前利润	万元	
企业所得税税率		
息税后利润	万元	
股票数	万股	
方案二每股收益	元/股	

注意：题目没有给出的信息填0，数值保留两位小数。

3. 确定最佳筹资方案

根据前述计算结果，确定最佳筹资方案，并将选择结果填入表3-26中。

表3-26　最佳融资方案确定表

应选择的融资方案	选择

4. 计算资本成本

根据前述业务资料，计算新增发普通股票和新发债券的资本成本，并将计算结果填入表3-27中。

表3-27　资本成本计算

项目	数值
新增发普通股筹资的资本成本率	
新增发债券筹资的税后资本成本率	

注意：填写百分数，百分号前的数值保留2位小数。

5. 计算绿森生物公司 2021 年的财务杠杆系数

根据前述业务资料,选定最优方案并筹资后,假设 2020 年实现息税前利润与预期的一致,其他条件不变,计算绿森生物公司 2021 年的财务杠杆系数,并将计算结果填入表 3-28 中。

表 3-28　财务杠杆系数

项目	数值
最佳方案 2021 年的财务杠杆系数	

注意:数值保留 2 位小数。

项目投资管理

学习目标

● 知识目标

理解投资管理的内容、分类；
掌握各阶段项目投资现金流量的计算方法；
理解项目投资决策评价指标的含义，理解各评价指标的优缺点和适用范围；
理解项目投资决策的各种方法及适用范围。

● 能力目标

能够正确、熟练编制"项目投资现金流量表"；
能够灵活运用资金时间价值计算中的四个"系数表"或者利用 Excel 函数计算项目投资决策指标；
能够运用决策指标选择合适的方法进行项目投资决策；
能够利用网络等各种媒体手段收集企业投资决策所需资料；
能够运用数理统计等方法加工整理所需资料；
能够撰写投资决策分析报告。

● 素质目标

培养学生创业观念和创业意识；
培养严谨、科学、精细的工作作风；
提高学生遵纪守法的职业素养；
加强学生团结协作意识。

学习导图

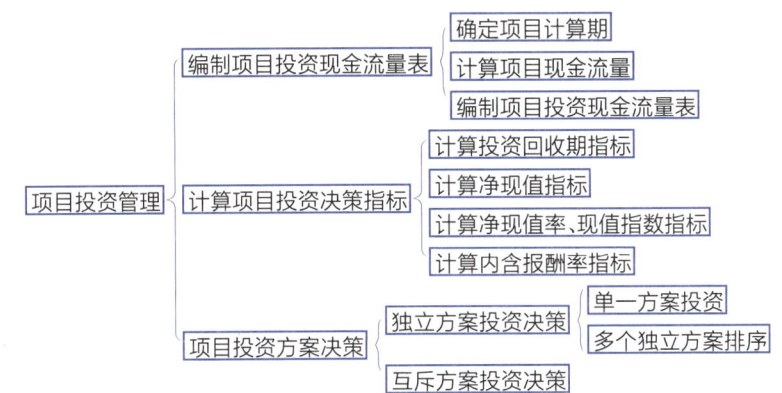

项目四 项目投资管理

📋 项目引例

小张和小李为某学院酿酒技术专业（酒品鉴赏）方向的毕业生，两人同时也是音乐爱好者，因此，他们打算毕业后合资开一家音乐酒吧。为此，小张和小李进行了充分的市场调研，同时，他们聘请了相关的业内人士对音乐酒吧项目未来经营状况进行了初步的预测。根据调研预测结果，小张和小李打算将音乐酒吧设在商业步行街，需要租用一个 200 平方米的店铺，年租金 60 万元，装修及设施布置支出约 400 万元，三个月施工完毕后正式营业，可使用 8 年。

根据业务测算，年营业收入预计 780 万元，酒水成本 450 万元，每年人工成本合计为 50 万元，水电费、清洗费、垃圾处理费等其他运营费用合计为每年 20 万元，店内酒水存货全年平均持有量为 70 万元。

由于考虑到资金成本等因素，他们需要音乐酒吧年收益率不低于 15%，如果所得税税率按照 25% 计算，请分析这个投资项目是否有投资价值。

📚 知识准备

一、投资活动的内容

投资是指根据企业发展战略和业务计划，为了未来获取利益而投放资金于一定对象的行为。投资活动由投资主体、投资客体、投资目的和投资方式四个要素组成，如图 4-1 所示。

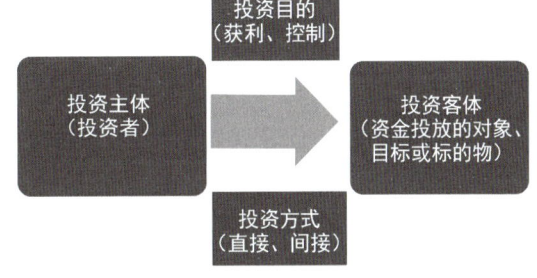

图 4-1 投资活动四要素

（一）投资主体

投资主体即投资者，它可以是自然人、法人或国家。

（二）投资客体

投资客体是指资金投放的对象、目标或标的物。比如，投资购买固定资产、无形资产、投资性房地产、股票、债券等，这些固定资产、无形资产、投资性房地产、股票、债券等就是投资客体。

（三）投资目的

企业投资目的主要是未来获利，也有可能是获得被投资企业的控制权。

（四）投资方式

投资方式是指投入资金运用的形式与方法，包括直接投资与间接投资两种。

直接投资是指把资金直接投放于生产经营性资产，以便获得收益的投资。例如，购置设备、兴建工厂、开办商店等。

间接投资又称证券投资，是指把资金投放于金融性资产，以便获取股利或者利息收入的投资。

二、投资的分类

按照不同的标准,投资有各种不同的分类,通常用到的有以下四种分类,如图4-2所示。

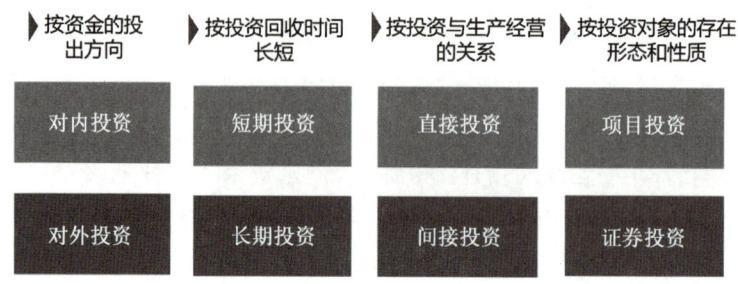

图 4-2　投资的分类

(一) 按照资金的投出方向,投资可分为对内投资和对外投资

对内投资又称内部投资,是指在企业内部购置各种生产经营用资产的投资,对内投资都是直接投资;对外投资是指企业以现金、实物、无形资产等方式或者以购买股票、债券等有价证券方式向其他单位的投资,对外投资主要是间接投资,也可以是直接投资。

(二) 按照投资回收时间的长短,投资可分为长期投资与短期投资

短期投资又称流动资产投资,是指能够在1年以内收回的投资;长期投资则是指1年以上才能收回的投资。

(三) 按照投资与生产经营的关系,投资可分为直接投资与间接投资

直接投资是企业直接参与了投资资产的生产经营;间接投资是企业不直接参与投资资产的生产经营。

(四) 按照投资对象的存在形态和性质,投资可分为项目投资和证券投资

项目投资是以某个建设项目为对象的长期投资行为,它把资金直接投放于固定资产等生产经营性资产上;证券投资是以金融资产为对象的投资行为,它把资金投放在非经营性资产比如股票、债券资产上。

三、项目投资的含义与特点

(一) 项目投资的含义

项目投资是一种以特定建设项目为对象的长期投资行为,包括新建项目投资和更新改造项目投资。

新建项目投资以新增生产能力为目的,比如企业引进一条新的生产线、企业修建一个新的度假村等;更新改造项目投资以恢复和改善生产能力为目的,比如企业用一台效率更高的新机器取代现有的旧机器、企业在原有基础上扩建厂房等。

寓德于技

光伏发电投资项目

近些年来,我国光伏发电发展迅速,成果显著,在应用规模、技术进步、成本下降、消纳利用、政策体系、国际影响力等方面都已经成为全球光伏发电领域的引领者,像高铁一样,光伏发电也成为中国递给世界的又一张新名片。

某公司计划投资建设广西隆安正东光伏发电项目、广西隆林县者保乡光伏项目、广西合山公司灰场光伏项目、广西武宣县雅村光伏项目和广西宾阳马王风电三期项目等。上述项目,累计总投资额约25.42亿元,资金来源为资本金30%,银行贷款70%。

广西隆安正东光伏发电项目、广西隆林县者保乡光伏项目、广西合山公司灰场光伏项目、广西武宣县雅村光伏项目建设期为四至六个月,广西宾阳马王风电三期项目建设期约12个月,电站建成后自持营运。所发电量由广西电网全额消纳,经测算,各项目20年运行期相应的项目投资财务内部收益率超过7%,具有较好的盈利能力。

本次投资将进一步提高公司新能源装机占比,增强公司盈利能力,符合公司的发展需要及长远规划。

资料来源:桂冠电力拟25.42亿元投建511.22 MW光伏、风电项目 https://guangfu.bjx.com.cn/news/20210930/1179859.shtml 资料有删减。

思考:案例中的项目投资有哪些特点。

(二) 项目投资的特点

项目投资主要有以下四个特点。

1. 投资数额大

项目投资所形成的生产经营能力主要体现在新增固定资产上。固定资产的购建本身所需的资金量是巨大的,而且为使固定资产正常运行,还需要配置相应的流动资产,有些项目甚至还需要其他长期资产的投资,所以投资数额较大。

2. 影响时间长

项目投资的寿命一般都在几年以上,有的甚至长达几十年,一旦投资完成,就会长时期地对企业的生产经营产生影响。首先,项目本身可能会给企业带来长期的经济效益;其次,项目投资支出主要是资本性支出,这就会使企业在今后一段较长时间内增加一部分固定成本,如果投资形成的生产经营能力不能充分利用,企业难以负担这部分固定成本,就可能造成长期亏损;最后,项目投资作为一项数额较大的预付成本,一旦支出就意味着将大量资金凝固起来,这有可能使企业在一定时期内的资金调度相对紧张。

3. 不可逆转性

投资项目一旦实施并形成一定的生产经营能力,无论其投资效益如何,均难以改变。即使必须改变,也必然在财力、物力上付出极高的代价,使企业蒙受巨大的损失。

4. 投资风险高

项目投资所提供的经济效益只能在今后较长时期内逐步实现,未来时期内各种影响投资效益的因素,诸如市场需求、原材料供应、国家政策等,都会发生各种变化,而项目投资又不可逆转,这就意味着企业进行项目投资必然要冒较高的风险。

四、投资管理程序与投资岗位职责

(一) 投资管理程序

项目投资耗费资金多,经历时间长,投资风险高,影响程度深。同时,投资形成的是企业生产经营的物质技术基础,合理与否都是至关重要的,因此,企业必须制定科学的投资管理程序。投资管理程序共包括以下四步。

1. 投资项目的提出和投资计划的制定

投资项目的提出是项目投资程序的起点,是以企业长远发展战略、中长期投资计划和投资环境的变化为基础,同时在把握良好投资机会的前提下提出的。一般而言,新增生产能力的投资项目由企业高层管理者提出,而更新改造的投资项目可以由企业中层或者基层管理者提出。投资计划的制定需要对市场做充分的调查研究,投资计划要详细、清晰、明确,考虑资金来源和投资风险的控制。

2. 投资项目可行性分析

针对制定出的投资计划,要由投资管理部门从多个方面进行可行性分析,写出投资项目可行性分析报告。投资项目可行性分析一般应包括以下三个方面:

(1) 技术可行性分析,要求从技术角度,分析本企业的技术水平是否达到该项目的实施要求,或者能否获得该项目实施所要求的技术。

(2) 市场可行性要求投资项目形成的服务或产品能够为市场所接受,具有一定的市场占有率,进而带来财务上的可行性。

(3) 财务可行性要求投资项目在经济上具有效益性,简而言之就是对于投资者而言要有利可图。

3. 项目投资决策

在项目投资可行性分析的基础上,企业应该权衡利弊作出最后的决策。对于投资额特别大的项目,应由董事会或股东大会投票表决;对于投资额较小的项目,则可以由企业经理层作出决策。

4. 项目实施过程监控管理

在投资项目实施过程中,企业必须加强对建设进度、建设质量、建设成本等方面的管理,使投资项目能够保质保量完成。但是,在投资项目实施过程中企业如果发现国家政策、市场环境、企业内部环境等发生了某些重大变化,使原来的项目失去了可行性,则必须尽早果断停止该项目的建设,或者采取其他补救措施,及时止损。

(二) 投资管理岗位职责

企业投资管理岗位的职责主要包括以下几个方面:

(1) 负责对拟建项目进行初步论证,分析投资可能存在的风险和收益情况,提交书面建议和报告。

（2）负责组织内外部专家对拟建项目进行可行性研究和论证，提交拟建项目的投资建议和报告，为领导决策提供依据。

（3）参与权限内的投资谈判、签订合同或者协议等项目中期管理等活动。

（4）参与权限内的投资项目后期验收与评价工作。

（5）负责对公司现有投资项目进行调研、建档，定期提供相关项目投资分析报告和运行效益评价报告。

（6）负责公司投资项目的退出方案设计。

（7）对投资项目退出方式的风险和收益进行评估，提出退出方案建议，为领导决策提供依据。

（8）负责相关资料信息的收集、汇总和整理。

（9）负责定期向上级汇报工作，接受检查和监督。

本项目主要完成项目投资的财务可行性分析论证，具体包含三个任务：编制项目投资现金流量表、计算项目投资决策指标以及项目投资决策。

任务一 编制项目投资现金流量表

在本项目引例中,小张和小李的预测数据主要涉及两个方面的信息,一方面是时间信息,另一方面是现金流信息。

投资项目是为了创造价值,现金收支必然是最重要的分析因素,受资金时间价值的影响,一定数额的现金在不同时期的价值是不同的,因此,分析现金流量及其发生的期间是正确评价投资项目效益的基础。

子任务一 确定项目计算期

任务要求

根据[项目引例]中小张和小李对音乐酒吧投资项目的调研预测数据,确定该投资项目计算期。

任务指导

项目计算期,是指项目从开始投资建设到最终清理结束整个过程的全部时间,它通常以年为计算单位。一个完整的项目计算期,由建设期(记作 $s,s \geqslant 0$)和生产周期(记作 p)两部分构成,如图4-3所示。

建设期,是指从开始建设投资到建成投产这一过程的全部时间。建设期的第1年年初(记作第0年)称为建设起点,建设期的最后一年年末(记作第 s 年)称为投产日,如果项目的建设期长于1年,以实际建设年数作为建设期,如果项目计算期很短,比如购买设备,基本上是年内一次性投入,在计算项目计算期时可以将建设期理解为一个时点,即建设期为零。

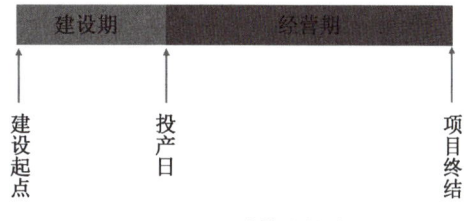

图4-3 项目计算期构成

经营期,是指从投产日到终结点这一过程的全部时间。经营期开始于建设期的最后一年年末即投产日,结束于项目最终清理的最后一年年末(记作第 n 年),称为终结点。项目计算期、建设期和经营期之间存在以下关系:

$$n = s + p$$

当建设期为零时,经营期就是项目计算期。

4-1 思考提示

 想一想

试营业期属于项目计算期哪个时期?

 任务实施

小张和小李的音乐酒吧项目建设期为三个月,比较短,所以理解为一个时点,即建设期为零,由于建设结束后可使用 8 年,所以经营期为 8 年,该项目计算期计算如下:

$$n = 0 + 8 = 8$$

由此可见,小张和小李的音乐酒吧项目计算期为 8 年。

 同步训练

巨峰公司有一投资项目正常投资期为 5 年,每年年初投资 100 万元,共需投资 500 万元。从第六年年初竣工投产可使用 15 年,期末无残值,投产后每年经营现金净流量为 150 万元。

要求:确定该项目投资计算期。

子任务二 计算项目现金流量

 任务要求

根据[项目引例]中小张和小李对音乐酒吧投资项目的调研预测数据计算项目各期现金流量。

 知识准备

一、现金流量的概念

这里的现金是广义的现金,它不仅包括各种货币资金,而且还包括项目所需投入的企业拥有的非货币资源的变现价值。例如,一个投资项目除了需要货币资金,还需要使用原有的厂房、设备和材料(图 4-4),那么该投资项目投资的现金流量就包含货币资金、厂房、设备、材料的变现价值合计 2 500 万元。

二、现金流量的内容

现金流量包括三项内容,即现金流出量、现金流入量和现金净流量。

(一)现金流出量

一个方案的现金流出量,是指由该方案所引起的企业现金支出的增加额,用字母 CO 表示,主要包括项目在建设期的固定资产投资、无形资产投资、长期待摊费用支出和流动资产支出以及项目运营期的付现经营成本和税款支出。

图 4-4 项目现金流量的构成

(二) 现金流入量

一个方案的现金流入量,是指由该方案所引起的企业现金收入的增加额,用字母 CI 表示,主要包括经营期的营业收入和终结期清理固定资产残值净收益和回收垫支的流动资金。

(三) 现金净流量

现金净流量又称净现金流量,用字母 NCF 表示,是指一定期间现金流入量减去现金流出量的差额。现金流入量大于现金流出量,现金净流量为正值;反之为负值。现金净流量的计算公式为:

$$现金净流量(NCF_t) = 现金流入量(CI) - 现金流出量(CO)$$

三、现金流量的估算原则

估计投资现金流量是投资决策中最重要的,也是最基本和难以处理的。在估计现金流量时应坚持以下三个原则。

(一) 实际现金流量原则

投资现金流量不等于会计利润,投资现金流量按收付实现制计算,而会计净收益是按权责发生制计算。这两者的主要区别表现在固定资产的折旧费用以及无形资产的摊销、长期待摊费用的摊销上,而折旧、摊销费用并不会引起现金流出,因此在现金流量分析中不予考虑。

(二) 增量现金流量原则

增量现金流量是由于决定投资某项目而导致的企业整体未来现金流量的改变量。只有增量现金流量才是与项目投资相关的现金流量,而如果无论投资项目是否被接受,现金流量都存在,则与投资决策不相关。

例如,某公司决定开发一种新型机床,预计该机床上市后,销售收入为 2 000 万元,但会冲击原来的普通型机床,使其销售收入减少 400 万元。因此,在投资分析时,新型机床增量现金流入量应为 1 600 万元,而不是 2 000 万元。

根据增量现金流量原则,确定项目现金流量时仅包含项目投资的机会成本,而不包含沉没成本。

1. 沉没成本

沉没成本，是指过去已经发生，无法由现在或将来的任何决策所能改变的成本。比如，投资决策前的市场调研开支，由于在决定是否投资该项目前已经发生，并不是由于决定投资该项目而导致的现金流量的改变，因此，在评估增量现金流时，沉没成本不算作增量现金流。

2. 机会成本

机会成本是指在投资决策中，从多种方案中选取最优方案而放弃次优方案所丧失的收益。例如，某公司一投资项目需用自有的一幢房屋，这幢房屋如果将其出租，每年可得净收入60万元；如果将这幢房屋用于该项目投资，就不能出租，该公司每年将损失这60万元出租收入，这部分丧失的收入就是投资该项目的机会成本。再比如，某企业正在考虑是购买一台新设备生产产品，还是继续使用旧设备生产产品。如果选择购买新设备，就可将旧设备变卖，预期变卖所得10万元；如果选择继续使用旧设备，没有现实的资金流出，无法得到这10万元，这10万元就属于继续使用旧设备的机会成本，应当计入继续使用旧设备方案的成本。

机会成本与投资选择的多样性和资源的稀缺性相联系，当存在多种投资机会，而可供使用的资源又是有限的时候，机会成本就一定存在。

机会成本在生活中是很普遍的，不过这个成本不一定会用货币衡量，只要有选择就会存在机会成本。比如有限的休息时间是用来郊游或者购物？毕业后打算继续上学还是就业？人生处处都会面临选择，鱼与熊掌不可兼得，要学会正确地取与舍。

4-2 思考提示

 **想一想**

如何正确计算上大学的成本？

（三）税后原则

企业应向政府纳税，在评价投资项目时所使用的现金流量应当是税后的现金流量，因为只有税后的现金流量才能与投资者的利益相关。

 **任务指导**

通过前面的学习我们了解到现金流量包括现金流入量、现金流出量和现金净流量，而现金净流量是根据现金流入减去现金流出量计算所得。可是由于建设期、营运期、终结期三个阶段的现金流各自特点不同，具体计算方法也不同。

一、建设期现金流量的计算

建设期现金流量就是企业在项目建设期间发生的现金流量，这个阶段的现金流量基本上都是现金流出量，是企业为使项目完全达到正常运营状态而投入的资金，包括长期资产投资和流动资金投资。

长期资产投资如购建的固定资产、无形资产以及发生的长期待摊费用等成本开支；流动资金投资又称垫支流动资金或营运资金投资,是指项目建成后为了让其运转起来而投放的资金,比如现金、原材料等。

由于建设期主要是现金流出,现金净流量以负数表示,金额为当期发生的现金流出合计。需要注意的是,项目投资为长期投资,现金流量计算要考虑资金时间价值因素,只有同一期的金额才能进行加减计算。

二、经营期现金流量的计算

经营期现金流量是指项目投产后,在经营期间每期所发生的现金流入量、流出量。经营期现金流入量主要是由于生产经营产生的营业收入;经营期现金流出量主要是由于生产经营产生的付现成本和税费。这里需要注意,付现成本仅仅指的是需要实际支付的成本,而折旧、摊销等非付现成本由于并不会引起现金流动,计算经营期现金流出时不予考虑。

经营期的现金净流量有三个计算公式:

$$营业现金净流量=营业收入-付现成本-企业所得税 \quad (4-1)$$

上述公式的难点在于确定所得税,而所得税需要根据会计利润进行预计。我们将式(4-1)进行拆解计算得到式(4-2):

$$营业现金净流量=营业收入-付现成本-所得税$$
$$=营业收入-(付现成本+非付现成本)+非付现成本-所得税$$
$$=营业收入-总成本-所得税+非付现成本$$
$$营业现金净流量=税后会计营业利润(净利润)+非付现成本 \quad (4-2)$$

式(4-2)反映了会计利润与现金流量之间的差异——非付现成本。会计净利润计算中扣除了非付现成本,但这种非付现成本并没有实际发生,因此需要在会计净利润的基础上加回来。当项目预测中有关于会计净利润的信息,我们可以使用式(4-2)。

在式(4-2)基础上继续将以上公式进行演算,得到式(4-3):

$$营业现金净流量=税后会计营业利润(净利润)+非付现成本$$
$$=(营业收入-付现成本-非付现成本)\times$$
$$(1-所得税税率)+非付现成本$$
$$=营业收入\times(1-所得税税率)-付现成本\times$$
$$(1-所得税税率)+非付现成本\times所得税税率$$
$$营业现金净流量=税后营业收入-税后付现营业成本+非付现成本抵税 \quad (4-3)$$

式(4-3)反映了非付现成本在现金流量计算中的意义,它本身并不会引起现金流出,我们计算现金净流量时原本可以不考虑它,但是由于非付现成本的存在,企业计算应纳税所得额时准予扣除,所以非付现成本就有了抵税利益,需要加上这个利益。

三、终结期现金流量的计算

终结期现金流量,是指在终结项目时产生的现金流量,主要包括三项内容:处置固定资产净残值、垫支营运资金的收回以及由于处置固定资产应缴纳(可抵减)的所得税。前两项为现金流入,最后一项为现金流出或流入,详细分析如图4-5所示。

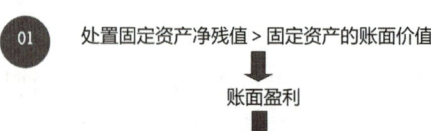

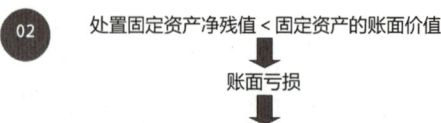

图 4-5　处置固定资产应缴纳(可抵减)的所得税分析

$$项目终结现金净流量 = 处置固定资产净残值 + 垫支营运资金的收回 +(或-) 固定资产处置应缴纳(抵减)的所得税$$

任务实施

1. 建设期现金流量

小张和小李的音乐酒吧项目建设期为三个月,因此建设期现金流可以理解为均发生在项目初始点。该项目长期资产投资是前期的装修装饰费 400 万元,店内酒水存货全年平均持有量为 70 万元属于建设期末垫支营运资金。

建设期现金净流量 = -(400+70) = -470(万元)

2. 经营期现金净流量

音乐酒吧项目经营期为 8 年,由于资金具有时间价值,现金净流量应该分年度计算。分析预测信息可知,每年营业收入为 780 万元;每年付现成本包括酒水成本 450 万元、人工成本 50 万元、水电费、清洗费、垃圾处理费等其他运营费用合计 20 万元以及每年店面租金 60 万元,共计 580 万元;非付现成本为每年摊销的装修装饰费 50 万元(400÷8)。

每年现金流入量为年营业收入 780 万元。

每年现金流出量 = 年付现成本 580 + 年所得税 37.5 = 617.5(万元)

其中:

年所得税 = [780-(580+50)]×25% = 37.5(万元)

每年营业现金净流量 = 780-617.5 = 162.5(万元)

我们还可以直接用第三个公式来计算经营期现金净流量:

每年的营业现金净流量 = (营业收入-付现成本)×(1-企业所得税税率)+非付现成本×企业所得税税率 = (780-580)×(1-25%)+50×25% = 162.5(万元)

3. 终结期现金净流量

由于音乐酒吧项目不涉及前期固定资产投资,终结期现金流只有收回垫支营运资金的 70 万元。

 **同步训练**

1. 巨龙公司购入一批价值100万元的专用材料,因规格不符无法投入使用,拟以85万元变价处理,并已找到购买单位。此时,技术部门完成一项新产品开发,并准备支出500万元购入设备当年投产。经化验,上述专用材料完全符合新产品使用,故不再对外处理,除此之外,不需要再为新项目垫支流动资金。那么,在评价该项目时第一年的现金流出量为多少?

2. 巨峰公司拟租用一旧厂房作为加工车间,专门生产液压零件。厂房租金为每年150 000元;第1年年初的设备投资额为2 000 000元,该设备可使用10年,10年后的残值为200 000元,按直线法计提折旧;第1年年初需垫支流动资金300 000元,并在10年后如数收回;零件售价为70元,单位变动成本为30元。第1年产销量为25 000件,年固定成本为750 000元(包括厂房租金和设备折旧部分,下同);后两年预计每年产销量增加5 000件,从第4年开始销量稳定在每年40 000件。该企业所得税税率为20%,企业资金成本为15%。

要求:计算巨峰公司该项目计算期每期的现金净流量。

子任务三 编制项目投资现金流量表

 任务要求

根据[项目引例]中小张和小李对音乐酒吧投资项目的调研预测数据和计算的项目各期现金流量编制项目投资现金流量表。

任务指导

在实际工作中,具体计算某一投资项目的现金流量时需要分年度编制现金流量表。项目投资现金流量表,是一种能够全面反映投资项目在其项目计算期内每年现金流入量和现金流出量的具体内容构成,以及现金净流量水平的报表。它与财务会计中的现金流量表不但格式不同,而且作用也不完全相同。项目投资现金流量表的具体格式,如表4-1所示。

表4-1 项目投资现金流量表 单位:万元

项目计算期 (第 t 年)	建设期		经营期				
	...	s	$s+1$	$s+2$	...	$n-1$	n
一、现金流入量							
1. 营业收入							

(续表)

项目计算期 （第 t 年）	建设期		经营期				
	...	s	$s+1$	$s+2$	...	$n-1$	n
2. 回收固定资产残值							
3. 回收流动资产							
4. 固定资产处置抵税							
现金流入量合计							
二、现金流出量							
1. 建设投资							
2. 流动资金投资							
3. 付现经营成本							
4. 各项税款							
5. 固定资产处置缴税							
现金流出量合计							
三、现金净流量							

任务实施

根据项目计算期、项目现金流量的结果，编制音乐酒吧项目投资的现金流量表，如表 4-2 所示。

表 4-2　音乐酒吧项目投资现金流量表　　　　　　　　　　单位：万元

项目计算期 （第 t 年）	建设期	经营期	
	0	1～7 年每年	8
一、现金流入量			
1. 营业收入		780	780
2. 回收固定资产残值			
3. 回收流动资产			70
4. 固定资产处置抵税			
现金流入量合计		780	850
二、现金流出量			
1. 建设投资	400		
2. 流动资金投资	70		
3. 付现经营成本		580	580
4. 各项税款		37.5	37.5

(续表)

项目计算期 （第 t 年）	建设期	经营期	
	0	1～7年每年	8
5. 固定资产处置缴税			
现金流出量合计	470	617.5	617.5
三、现金净流量	−470	162.5	232.5

同步训练

巨峰公司拟租用一旧厂房作为加工车间，专门生产液压零件。厂房租金为每年15万元；第1年年初的设备投资额为200万元，该设备可使用10年，10年后的残值为20万元，按直线法计提折旧；第1年年初需垫支流动资金30万元，并在10年后如数收回；零件售价为70元，单位变动成本为30元。第1年产销量为2.5万件，年固定成本为75万元（包括厂房租金和设备折旧部分，下同）；后两年预计每年产销量增加0.5万件，从第4年开始销量稳定在每年4万件。该企业所得税税率为20%，企业资金成本为15%。

要求：编制巨峰公司机加工车间项目投资现金流量表（表4-3）。

表4-3 巨峰公司机加工车间项目投资现金流量表　　　　　　　　　　单位：万元

项目计算期(年)	0	1	2	3	4	5	6	7	8	9	10
一、现金流入量											
1. 营业收入											
2. 回收固定资产残值											
3. 回收流动资产											
4. 固定资产处置抵税											
现金流入量合计											
二、现金流出量											
1. 建设投资											
2. 流动资金投资											
3. 付现经营成本											
4. 各项税款											
5. 固定资产处置缴税											
现金流出量合计											
三、现金净流量											

任务拓展

小组任务：5～6人一组，根据虚拟投资项目的前期调研结果确定项目计算期、计算项目现金流量并绘制项目投资现金流量表。

任务二 计算项目投资决策指标

通过项目投资现金流量表能够清楚了解项目在每期预计会产生的现金净流量,可是如何判断一个项目在经济效益方面具有投资价值呢?这就需要设置合理的判断标准,这个判断标准就称为项目投资决策指标。

由于判断一个项目是否具备经济效益有多个角度,因此项目投资决策指标就有多个,比如反映投资回收时间长短的有投资回收期指标;反映投资经济效益的有净现值指标;反映投资经济效率的指标有净现值率、现值指数和内含报酬率。

在项目投资评价指标体系中,主要有两类指标:一类是不考虑资金时间价值的指标,称为静态评价指标,比如静态回收期指标;另一类是考虑了资金时间价值的指标,称为动态评价指标,比如动态投资回收期、净现值、净现值率、现值指数、内含报酬率。

子任务一 计算投资回收期指标

任务要求

[项目引例]中小张和小李想在5年内收回对音乐酒吧的所有投资,请问是否能够实现?

任务指导

投资回收期,是指以项目的未来净现金流量收回全部投资所需的时间,一般以年为单位,它是反映投资回收能力的重要指标。根据是否考虑资金时间价值,投资回收期分为静态投资回收期和动态投资回收期。

一、投资回收期指标的计算

(一)静态投资回收期指标

根据投资回收期的概念,我们知道它是为了满足累计现金净流量为零时(收支相抵)所需要的全部时间。投资回收期的计算包括两种:不包括建设期的投资回收期(即从项目投产经营开始收回投资所需要的时间,记作PP');包括建设期的投资回收期(即从项目建设开始收回投资所需要的时间,记作PP)。

1. 公式法

当项目投产后每年的净现金流量(NCF)相等时,静态投资回收期的计算公式可按公式计算:

不包括建设期的投资回收期(PP')=建设期的原始投资额合计÷年净现金流量

包括建设期的投资回收期(PP)＝建设期＋不包括建设期的投资回收期(PP')

该方法计算非常简便,但是仅适用于每期经营现金净流量相等时可用。

2. 列表法

当项目投产后每年的净现金流量(NCF)不相等时,可以通过编制累计现金净流量计算表(表4-4)的方式,来确定包括建设期的投资回收期,进而再推算出不包括建设期的投资回收期的方法。

表4-4 累计现金净流量计算表   单位:万元

项目计算期	0	1	2	3	…	$n-1$	n
现金净流量							
累计现金净流量							

该方法相对于公式法较为麻烦,但是不论项目投产后每年的净现金流量是否相等,都可以通过这种方法来确定静态投资回收期。其计算公式如下:

$$\text{包括建设期的投资回收期}(PP) = \text{累计现金净流量最后一次出现负值的对应的年数} + \text{当年累计现金净流量绝对值} \div \text{下年净现金流量}$$

不包括建设期的投资回收期(PP')＝包括建设期的投资回收期(PP)－建设期

(二) 动态投资回收期指标

动态投资回收期与静态投资回收期的区别主要在于各期现金净流量由于发生时点不相同,所以不能直接加减计算,因此在计算之前,我们需要增加一个步骤,就是将各期现金净流量先折现。根据投资回收期的概念,动态投资回收期是为了满足累计现金净流量的折现值为零时(收支相抵)所需要的全部时间。

1. 利用累计现金净流量现值计算表计算

动态投资回收期可以通过编制"累计现金净流量现值计算表"(表4-5)的方式,来确定包括建设期的投资回收期,进而再推算出不包括建设期的投资回收期。其计算公式如下:

$$\text{包括建设期的投资回收期}(PP) = \text{累计现金净流量现值最后一次出现负值的对应的年数} + \text{当年累计现金净流量现值绝对值} \div \text{下年净现金流量}$$

不包括建设期的投资回收期(PP')＝包括建设期的投资回收期(PP)－建设期

表4-5 累计现金净流量现值计算表   单位:万元

项目计算期	0	1	2	3	…	$n-1$	n
现金净流量							
折现系数							
现金净流量现值							
累计现金净流量现值							

2. 利用 Excel 函数计算

 自主学习

> 动态投资回收期的计算由于考虑了资金时间价值，我们也可以根据项目现金流量表中现金流的特点，灵活使用项目二资金时间价值中学习的 Excel 函数来简化计算过程。比如，当建设期为零，经营期每期现金净流量相等时，每期的经营现金净流量便构成了年金形式，收回初始投资可以理解为年金现值等于初始投资额时所需要的时间，可以利用 NPER 函数来实现：
>
> $$\mathrm{NPER(rate,pmt,pv,,)}$$
>
> 这里的 rate 为投资者要求的最低报酬率，pmt 为每期经营现金净流量，pv 为初始投资额现值。

二、投资回收期指标的评价标准

项目投资回收期在一定程度上显示了资本的周转速度。显然，资本周转速度愈快，回收期愈短，风险愈小，盈利愈多。这对于那些技术上更新迅速的项目或资金相当短缺的项目或未来的情况很难预测而投资者又特别关心资金补偿的项目进行分析是特别有用的。

运用投资回收期指标进行投资决策时，决策者通常会设置一个基准投资回收期，对于单项投资方案决策，只要方案的投资回收期小于基准的投资回收期，则该投资项目都可以接受；对多个投资项目进行评价时，指标应短于基准投资回收期且越小方案越好。

三、投资回收期指标的特点

投资回收期指标能够直观地反映原始投资的返本期限且便于投资者理解，静态投资回收期指标还有个优点就是计算简单。但是，投资回收期指标没有考虑回收期满后继续发生的净现金流量。有些项目前期带来的收益高，后期少，而有的项目正好相反，通常有战略意义的投资前期收益较低而中后期收益较高，运用投资回收期指标进行决策可能导致决策者优先考虑急功近利的项目，从而作出错误的投资决策。此外，静态投资回收期指标还有个缺点就是没有考虑资金时间价值因素。因此，投资回收期指标仅作为项目投资财务可行性分析的次要指标。

任务实施

1. 静态投资回收期

（1）公式法。

根据音乐酒吧项目投资现金流量表可知，该项目投产后每年经营现金净流量都为 162.5 万元，我们可以用公式直接计算：

不包括建设期的投资回收期（PP'）=470÷162.5=2.89(年)

由于建设期为零,所以包括建设期的投资回收期(PP)=不包括建设期的投资回收期(PP')=2.89(年)

(2) 列表法。

我们也可以用列表法计算,在 Excel 中编制音乐酒吧项目累计现金净流量计算表如表 4-6 所示。

表 4-6　音乐酒吧项目累计现金净流量计算表　　　　　　单位:万元

项目计算期	0	1	2	3	4	5	6	7	8
现金净流量	−470	162.5	162.5	162.5	162.5	162.5	162.5	162.5	162.5
累计现金净流量	−470	−307.5	−145	17.5					

包括建设期的投资回收期(PP)=2+145÷162.5=2.89(年)

由于建设期为零,所以包括不建设期的投资回收期(PP)=包括建设期的投资回收期(PP')=2.89(年)

2. 动态投资回收期

(1) 利用累计现金净流量现值计算表计算。

在 Excel 中编制音乐酒吧项目累计现金净流量现值计算表如表 4-7 所示。

表 4-7　音乐酒吧项目累计现金净流量现值计算表　　　　单位:万元

项目计算期	0	1	2	3	4	5	6	7	8
现金净流量	−470	162.5	162.5	162.5	162.5	162.5	162.5	162.5	232.5
折现系数(15%)	1	0.8696	0.7561	0.6575	0.5718	0.4972	0.4323	0.3759	0.3269
现金净流量现值	−470	141.31	122.87	106.84	92.92	80.80	70.25	61.08	53.12
累计现金净流量现值	−470	−328.69	−205.82	−98.98	−6.06	74.73			

包括建设期的投资回收期=4+6.06/80.80=4.07(年)

由于建设期为零,所以包括不建设期的投资回收期=包括建设期的投资回收期=4.07(年)

(2) 利用 NPER 函数来计算。

在 Excel 中选中所需输出值的空白单元格,输入"=NPER(15%,162.5,−470,,)",得到结果为 4.07 年,如图 4-6 所示。

3. 决策

通过本任务的实施我们发现,静态投资回收期为 2.89 年,动态投资回收期 4.07 年,都低于小张和小李要求的 5 年,因此项目可行。

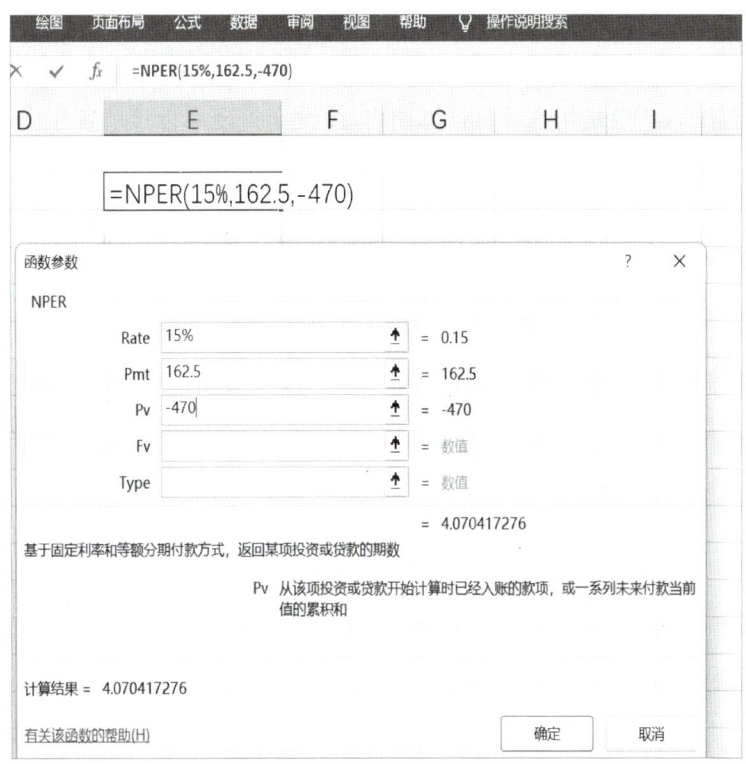

图 4-6　NPER 函数计算项目投资动态回收期

 同步训练

巨峰公司拟租用一旧厂房作为加工车间,专门生产液压零件。厂房租金为每年 150 000 元;第 1 年年初的设备投资额为 2 000 000 元,该设备可使用 10 年,10 年后的残值为 200 000 元,按直线法计提折旧;第 1 年年初需垫支流动资金 300 000 元,并在 10 年后如数收回;零件售价为 70 元,单位变动成本为 30 元。第 1 年产销量为 25 000 件,年固定成本为 750 000 元(包括厂房租金和设备折旧部分,下同);后两年预计每年产销量增加 5 000 件,从第 4 年开始销量稳定在每年 40 000 件。该企业所得税税率为 20%,企业资金成本为 15%,巨峰公司想要在投资后 6 年内收回投资。

要求:计算巨峰公司该项目投资静态回收期和动态回收期。

子任务二　计算净现值指标

任务要求

根据本项目任务一所编制的音乐酒吧项目投资现金流量表计算该项目的净现值指标并根据该指标判断项目财务可行性。

 **任务指导**

净现值(记作 NPV)是指在项目计算期内,按设定折现率计算的各年净现金流量的现值之和。实际上就是整个项目计算期所有现金流入的现值减去现金流出的现值。

一、净现值指标的计算

根据净现值的含义,它的计算公式可表示为:

$$净现值=各年净现金流量的现值合计$$

净现值的计算事实上属于资金时间价值计算的灵活运用。现值点位于项目计算期的期初,期数为项目计算期 n,其中建设期 s 期,现金收付为各期的项目净现金流量 NCF_t,其示意图如图 4-7 所示。

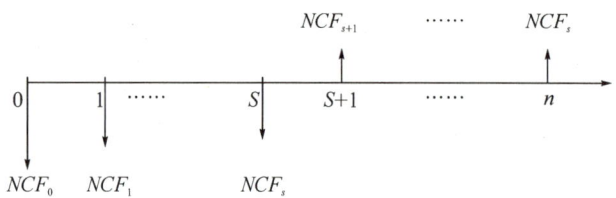

图 4-7 项目投资现金流量图

(一) 利用现值系数计算现值

第一步:计算投资项目各期的现金净流量,具体方法见本项目任务一。

第二步:选择基准收益率或者企业设定的折现率。项目投资折现率可以选择投资项目资金成本或者投资的机会成本亦或是选择行业平均收益率。

第三步:分析各期的现金净流量,应用复利现值系数或年金现值系数对各期现金净流量进行折现。

第四步:将各期现金净流量现值进行合计,得到投资项目净现值 NPV。

(二) 利用 Excel 中 NPV 函数计算净现值

第一步:计算投资项目各期的现金净流量并编制项目投资现金流量表,具体方法见本项目任务一。

第二步:选择基准收益率或者企业设定的折现率。

第三步:利用 NPV 函数将现金流量表中 $1-n$ 期的现金流进行了折现合计并加上 NCF_0,点击回车键即可得到现值 NPV。

二、净现值指标的评价标准

运用净现值指标进行单项投资决策时,当 NPV>0,投资项目可接受,因为增加了企业价值;NPV=0,项目是企业能够接受的底线;NPV<0,项目不能接受。

运用净现值指标进行多个项目选优投资决策时,应在 NPV>0 的项目中选择净现值最大的投资项目。

 想一想

> 当 NPV=0 时,项目投资有收益吗?如果有,收益率为多少?

4-3 思考提示

三、净现值指标的特点

净现值指标是项目投资决策中最常用的一个指标,它的优点有三个:它在计算过程中考虑了资金时间价值,增强了投资经济性评价的实用性;它考虑了项目计算期全部的净现金流量;它考虑了投资风险,项目投资的风险可以通过调整折现率来体现。因此,净现值指标是项目投资财务可行性分析的主要指标。

净现值指标的缺点表现为它是一个投资效益指标,是绝对数指标,不能反映投资项目所要达到的收益率,并且在投资额不相等时,仅用净现值指标无法比较不同项目的优劣。

任务实施

1. 利用现值系数计算

第一步:编制项目投资现金流量表。

根据本项目任务一的项目实施,可知音乐酒吧项目各期现金净流量如表 4-8 所示。

表 4-8 音乐酒吧项目现金净流量表 单位:万元

项目计算期	0	1	2	3	4	5	6	7	8
现金净流量	−470	162.5	162.5	162.5	162.5	162.5	162.5	162.5	232.5

第二步:确定折现率。

由于小张和小李要求音乐酒吧年收益率不低于 15%,因此 15% 便是企业设定的折现率。

第三步:折现。

现金净流量分析:1~7 期每期现金净流量相等,为普通年金形式,这 7 期现金净流量可以采用普通年金折现的方法;第 8 期的现金净流量单独求复利现值。

1~7 期现金净流量折现 $=162.5 \times (P/A, 15\%, 7) = 676.065$(万元)

第 8 期现金净流量折现 $=232.5 \times (P/F, 15\%, 8) = 76$(万元)

第四步:将各期现金净流量现值合计。

音乐酒吧投资项目净现值 NPV $=676.065+76-470=282.07$(万元)

2. 利用 Excel 中 NPV 函数计算

第一步:计算项目计算期各期现金净流量,并在 Excel 中编制现金流量表。

第二步:选择折现率。

前两步方法与利用现值系数计算的前两步相同。

第三步:在 Excel 中选中所需输出值的空白单元格,输入等于第 0 期的现金净流量加上 NPV 函数,选取参数值 $Rate=15\%$,Value1 选择第 1 期至第 8 期的现金净流量(图 4-8),按 Enter 键得到现值 NPV 为 282.07 万元,如图 4-9 所示。

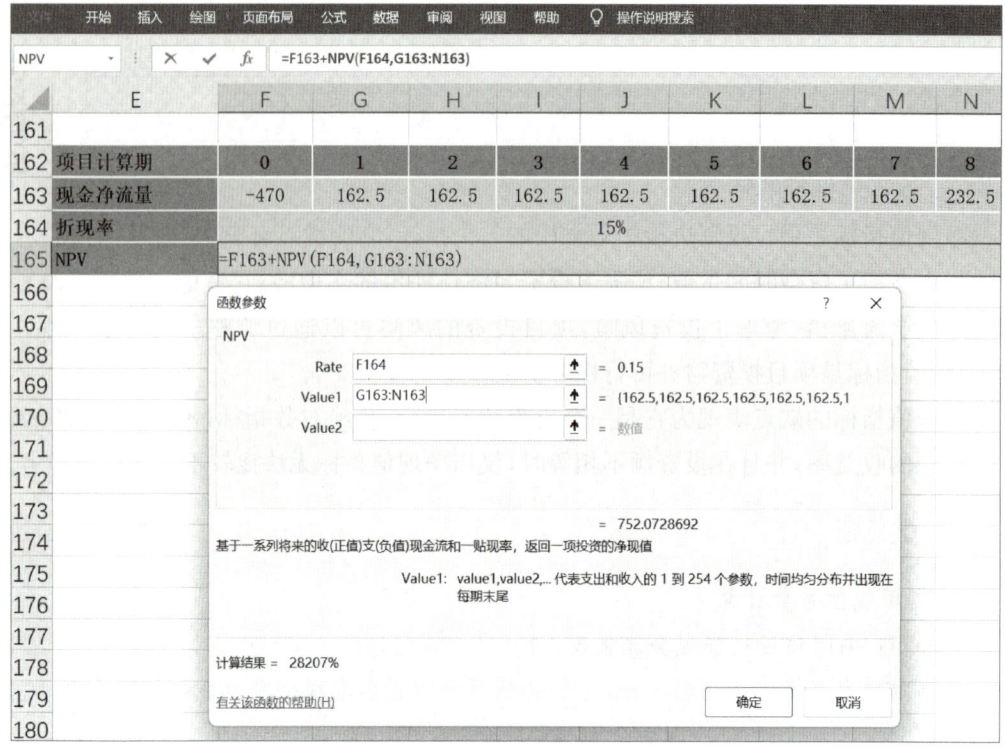

图 4-8　NPV 函数计算项目投资净现值 1

图 4-9　NPV 函数计算项目投资净现值 2

3. 决策

由于 NPV 大于 0，所以音乐酒吧项目具备财务可行性。

同步训练

巨峰公司拟租用一旧厂房作为加工车间，专门生产液压零件。厂房租金为每年 150 000 元；第 1 年年初的设备投资额为 2 000 000 元，该设备可使用 10 年，10 年后的残值为 200 000 元，按直线法计提折旧；第 1 年年初需垫支流动资金 300 000 元，并在 10 年后如数收回；零件售价为 70 元，单位变动成本为 30 元。第 1 年产销量为 25 000 件，年固定成本为 750 000 元（包括厂房租金和设备折旧部分，下同）；后 2 年预计每年产销量增加

5 000件,从第4年开始销量稳定在每年40 000件。该公司适用的企业所得税税率为20%,资金成本为15%。

要求:计算巨峰公司该项目投资净现值。

子任务三　计算净现值率、现值指数指标

任务要求

根据所编制的音乐酒吧项目投资现金流量表来计算该项目的净现值率、现值指数指标并根据计算结果判断项目财务可行性。

任务指导

一、净现值率、现值指数指标的计算

净现值率(记作NPVR),是指投资项目的净现值占原始投资额现值总和的比率,亦可将其理解为单位原始投资的现值所创造的净现值。

原始投资额是指项目建设期发生的所有现金流出,包括固定资产投资、无形资产投资、长期待摊费用和垫支流动资金支出,从金额上,它等于建设期发生的所有现金净流量,只不过建设期现金净流量需要带上资金流动方向,而原始投资额因为投资本身就是现金流出,所以只需要金额就可以了。比如,音乐酒吧项目建设期现金净流量为-470万元,原始投资额为470万元。根据净现值的含义,净现值率的计算公式可表示如下:

$$净现值率\ NPVR = \frac{投资项目的净现值\ NPV}{原始投资现值} \times 100\%$$

从公式可见,净现值率指标反映单位投资现值所带来的净现值。

现值指数(简称PI)也称为获利指数,是指项目投产后各年现金净流量折现值之和与原始投资额现值之比。其计算公式如下:

$$现值指数\ PI = \frac{项目投产后各年的现金净流量现值之和}{原始投资额现值}$$

从公式可见,现值指数指标反映未来收益现值是原始投资现值的倍数。

这两个指标反映的都是投入产出关系的指标,只不过净现值率指标反映的产出是一个净产出,即未来的产出减去了原始投资,而现值指数反映的产出是一个总产出。

想一想

现值指数与净现值率之间有什么关系?

4-4思考提示

二、净现值率、现值指数指标的评价标准

运用净现值率指标进行投资决策的标准与净现值指标相同,$NPVR \geqslant 0$,项目可行,否则项目不可行;运用现值指数指标进行投资决策时,$PI \geqslant 1$,方案可接受;否则,方案不可接受。

三、净现值率、现值指数指标的特点

净现值率、现值指数指标是相对数指标,它们能够反映投入产出效率,是净现值指标的一种补充,由于净现值不能直接考虑项目投资额的大小,为了考虑投资效率,常用净现值率和现值指数指标作为净现值的辅助评价指标。但是他们所计算的投入产出效率是整个项目期间投入产出效率,所以对于期限不相同的投资项目便失去了比较的基础,它无法反映投资项目的实际收益率。

任务实施

1. 指标计算

由于音乐酒吧项目原始投资都是期初一次投入方式,因此原始投资额现值就是原始投资额470万元。利用子任务二的计算结果计算如下:

净现值率 $NPVR = \dfrac{282.07}{470} \times 100\% = 60\%$

现值指数 $PI = \dfrac{676.065 + 76}{470} = 1.6$

2. 决策

由于净现值率大于0,现值指数大于1,所以音乐酒吧项目具备财务可行性。

同步训练

巨峰公司拟租用一旧厂房作为加工车间,专门生产液压零件。厂房租金为每年150 000元;第1年年初的设备投资额为2 000 000元,该设备可使用10年,10年后的残值为200 000元,按直线法计提折旧;第1年年初需垫支流动资金300 000元,并在10年后如数收回;零件售价为70元,单位变动成本为30元。第1年产销量为25 000件,年固定成本为750 000元(包括厂房租金和设备折旧部分,下同);后两年预计每年产销量增加5 000件,从第4年开始销量稳定在每年40 000件。公司适用的企业所得税税率为20%,企业资金成本为15%。

要求:计算巨峰公司该项目投资净现值率和现值指数。

子任务四　计算内含报酬率指标

任务要求

根据所编制的音乐酒吧项目投资现金流量表来计算该项目的内含报酬率指标并根据计算结果判断项目财务可行性。

任务指导

内含报酬率(记作 IRR)又称内部收益率,是指项目投资实际可实现的收益率。实质上,它是能使项目的净现值等于零时的贴现率。

一、内含报酬率的计算

内含报酬率的计算实质上是资金时间价值计算中的求折现率 i。

(一) 利用"系数表"计算

在实务中,由于各期现金净流量不完全相等,内含报酬率不容易直接求解,一般采用"逐次测试逼近法"结合"插值法"进行。

第一步,先预估一个折现率,并按此折现率计算净现值。如果计算结果为正,标明预估的折现率小于内含报酬率,应提高预估值再试;如果为负,标明预估的折现率大于内含报酬率,应降低预估值再试。

第二步,通过逐次测试,找到使净现值为正和为负且最接近于 0 的两个折现率。

第三步,根据上述两个相邻折现率采用插值法计算出方案的实际内涵报酬率。

(二) 利用 Excel 中 IRR 函数计算

在利用 Excel 中 IRR 函数计算时,内含报酬率的求解能够非常方便地实现,只需要插入 IRR 函数,并从 0 期到最后一期按顺序选择整个项目计算期所有的现金净流量作为参数即可。

二、内含报酬率指标的决策原则

运用内含报酬率指标进行决策时,应设置基准的贴现率 i_c。

运用净现值指标进行单项投资决策时,若 $IRR \geqslant i_c$,则方案可行,若 $IRR \leqslant i_c$,则方案不可行。

运用净现值指标进行多个项目选优投资决策时,应在 $IRR \geqslant i_c$ 的项目中选择内含报酬率最高的投资项目。

想一想

净现值、净现值率、现值指数、内含报酬率这些动态评价指标之间有什么关系?

4-5 思考提示

三、内含报酬率指标的特点

内含报酬率指标的优点表现为它的概念易于理解,容易被人接受;能从动态的角度直接反映投资项目的实际收益水平;计算过程不受基准收益率高低的影响,比较客观。

内含报酬率指标的缺点是当经营期出现大量追加投资时,有可能导致多个内含报酬率出现,或偏高或偏低,难以确定实际收益水平。

任务实施

1. 利用“系数表”计算

结合子任务二实施过程中对音乐酒吧项目现金净流量的分析以及内含报酬率的含义列出计算公式：

$$NPV=162.5\times(P/A,IRR,7)+232.5\times(P/F,IRR,8)-470=0$$

预估折现率 25%代入测试得 $NPV=82.69$，大于 0，因此需要选择更大的折现率测试；预估折现率 32%代入测试得 $NPV=-9.69$，小于 0，因此需要选择稍小的折现率测试；预估折现率 31%代入测试得 $NPV=1.82$。

说明内含报酬率就在 31%和 32%之间，采用插值法计算得：

$$IRR=31\%+\frac{1.82-0}{1.82-(-9.69)}(32\%-31\%)\approx 31.16\%$$

2. 利用 Excel 中 IRR 函数计算

在 Excel 中编制音乐酒吧现金流量表，选中所需输出值的空白单元格，输入“=IRR(F163:N163)”，点回车键，得到 IRR=31.16%，如图 4-10 所示。

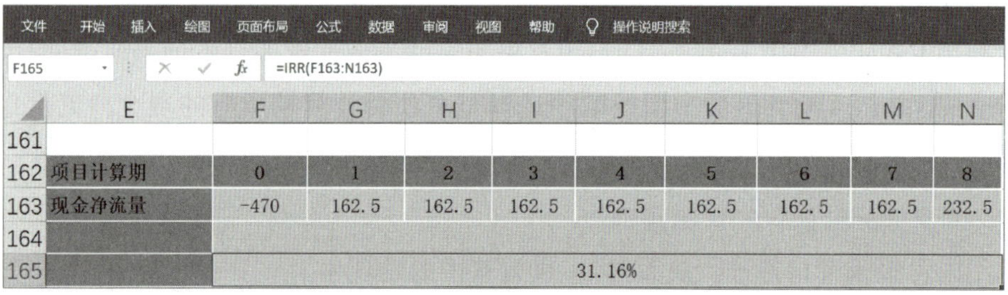

	E	F	G	H	I	J	K	L	M	N
161										
162	项目计算期	0	1	2	3	4	5	6	7	8
163	现金净流量	-470	162.5	162.5	162.5	162.5	162.5	162.5	162.5	232.5
164										
165		31.16%								

图 4-10　IRR 函数计算内涵报酬率

3. 决策

由于音乐酒吧项目内含报酬率大于小张和小李所要求的基准收益率 15%，所以音乐酒吧项目具备财务可行性。

同步训练

巨峰公司拟租用一旧厂房作为加工车间，专门生产液压零件。厂房租金为每年 150 000 元；第 1 年年初的设备投资额为 2 000 000 元，该设备可使用 10 年，10 年后的残值为 200 000 元，按直线法计提折旧；第 1 年年初需垫支流动资金 300 000 元，并在 10 年后如数收回；零件售价为 70 元，单位变动成本为 30 元。第 1 年产销量为 25 000 件，年固定成本为 750 000 元(包括厂房租金和设备折旧部分，下同)；后两年预计每年产销量增加 5 000 件，从第 4 年开始销量稳定在每年 40 000 件。公司适用的企业所得税税率为 20%，企业资金成本为 15%。

要求：计算巨峰公司该项目投资内含报酬率。

任务拓展

小组任务：5~6人一组，根据虚拟投资项目的前期调研预测情况合理确定基准折现率，根据任务一的[任务拓展]中计算的各期现金流量，计算该项目投资回收期、净现值、净现值率、现值指数、内含报酬率指标。

任务三　项目投资方案决策

通过任务二我们学习了项目投资决策指标,本任务我们需要应用这些指标对项目投资方案是否具备财务可行性进行决策。

 知识准备

项目投资方案,是指基于投资项目要达到的目标而形成的有关具体投资的设想与实践安排,或者说是未来投资行动的预案。

一个投资项目可以只安排一个投资方案,也可以设计多个可供选择的方案。当一个项目只有一个投资方案时,这个方案的可行性就是这个项目是否可行性。根据投资项目所安排的投资方案之间的关系,可以将投资方案分为独立方案、互斥方案等。

一、独立方案

所谓独立方案是指在决策过程,一组互相分离、互不排斥的方案或单一的方案,每一投资方案是否可行,仅取决于本方案的经济效益,与其他方案无关。比如[项目引例]中音乐酒吧项目只制定了一个投资方案,那么它就是单一方案。有时候,企业会有一组投资方案,选择某一方案并不排斥选择另一方案。例如,机器设备的购置与厂房修建,为各自独立的两个方案,它们之间有着相互依赖的关系,但不能相互取代。

二、互斥方案

所谓互斥方案是指互相关联、互相排斥的方案,采纳方案组中的某一方案,就会自动排斥这组方案中的其他方案。因此,互斥方案具有排他性。例如,企业要购置一台设备,既可以自行生产制造,也可以向其他厂家订购,这一组设备购置方案即为互斥方案,因为在这两个方案中,只能选择一个方案。

子任务一　独立方案投资决策

独立方案投资决策时,对于单一投资方案,主要评价该方案本身是否具备财务可行性,而对于一组独立投资方案决策实际上是要选择该组方案的投资优先次序,因此独立方案决策就包含了两种情形:单一方案投资与投资方案排序。

情景一　单一方案投资

 任务要求

根据本项目任务二所计算的音乐酒吧项目的各项投资决策指标,判断该项目是否具备财务可行性。

 任务指导

单一方案投资决策时,通过主要指标得出的结论与使用次要指标得出的结论不一定一致,应该以主要指标作为决策依据。

从主要指标净现值、净现值率、现值指数、内含报酬率之间的关系来看,它们得出的结论是一致的。因此,只要净现值≥0,净现值率≥0,现值指数≥1,内含报酬率≥基准折现率,方案就可以被接受。当方案从主要指标和次要指标看均具备财务可行性时,我们就认为该方案完全具备财务可行性;当次要指标的评价结论与主要指标的评价结论发生矛盾时,应当以主要指标的结论为准。

 任务实施

通过任务二实施过程可知,音乐酒吧项目各指标:
NPV 282.07>0;NPVR 60%>0;PI 1.6>1;IRR 31.16%>15%
次要评价指标:静态投资回收期为2.89年;动态投资回收期为4.07年。
均低于投资人要求的5年收回投资。
因此,音乐酒吧项目方案完全具备财务可行性。

情景二 多个独立方案排序

 任务要求

动感地带有甲、乙、丙三个品类动漫产品销售项目方案。甲项目方案原始投资额800万元,乙项目和丙项目方案原始投资额均为500万元。动感地带要求投资回报率不低于15%,其他有关资料如表4-9所示,请问该如何安排投资顺序?

表4-9 甲、乙、丙方案可行性评价指标　　　　　　　　　　金额单位:万元

投资项目	甲方案	乙方案	丙方案
原始投资额	800	500	500
项目计算期	10	10	15
净现值(NPV)	203.75	167.17	180.08
净现值率(NPVR)	25.47%	33.43%	36.02%
现值指数(PI)	1.25	1.33	1.36
内含报酬率(IRR)	21.41%	22.79%	22.31%

 **任务指导**

多个独立方案排序时,应当优先安排投资产出效率高的项目进行投资,因此需要选择反映投资效率的指标作为评价标准。任务二中学习的反映投资效率的指标有:净现值率、现值指数和内含报酬率,但由于净现值率、现值指数指标不能比较投资期限不相同的投资项目,而内含报酬率是该项目投资后预期每年能够获得的投资报酬率,适用于投资期限不同的投资项目比较,因此通常采用内含报酬率法进行比较决策。

 **任务实施**

甲方案与乙、丙方案投资额不一致,所以利用净现值这个绝对数指标没有可比性;丙方案与甲、乙方案项目计算期不一致,所以利用净现值率和现值指数指标也会失去可比性,应选择内含报酬率指标进行排序。

由于:$IRR_乙 > IRR_丙 > IRR_甲$

因此,动感地带安排这三项投资应按照乙方案、丙方案、甲方案的顺序更为合理。

 同步训练

巨峰公司拟租用一旧厂房作为加工车间,专门生产液压零件。厂房租金为每年 150 000 元;第 1 年年初的设备投资额为 2 000 000 元,该设备可使用 10 年,10 年后的残值为 200 000 元,按直线法计提折旧;第 1 年年初需垫支流动资金 300 000 元,并在 10 年后如数收回;零件售价为 70 元,单位变动成本为 30 元。第 1 年产销量为 25 000 件,年固定成本为 750 000 元(包括厂房租金和设备折旧部分,下同);后两年预计每年产销量增加 5 000 件,从第 4 年开始销量稳定在每年 40 000 件。公司适用的企业所得税税率为 20%,企业资金成本为 15%。

要求:判断该投资方案的财务可行性。

子任务二 互斥方案投资决策

任务要求

> 动感地带有丁、戊、己三个品类动漫产品销售项目,有关资料如表 4-10 所示。动感地带目前的资金能力只能选择一个项目进行投资,要求投资回报率不低于 15%。请问该如何选择?

表 4-10　丁、戊、己方案可行性评价指标　　　金额单位：万元

投资项目	丁方案	戊方案	己方案
原始投资额	600	800	800
项目计算期	10	10	15
净现值（NPV）	217.53	203.75	244.71
净现值率（NPVR）	36.25%	25.47%	30.59%
现值指数（PI）	1.36	1.25	1.31
内含报酬率（IRR）	22.85%	21.41%	21.67%

任务指导

互斥方案投资决策时，由于方案之间互相排斥，不能并存，因此，决策实质在于选择出最优方案。从企业理财目标来看，最优方案就是能够创造经济效益最多的方案。

一、项目计算期相同的互斥方案决策

对于项目计算期相同的互斥方案，反映经济效益的指标为净现值指标，也就是哪个方案在同样的时间内创造的净现值最大，就选择哪个方案，因此应选择净现值指标作为评价依据。

二、项目计算期不相同的互斥方案决策

对于项目计算期不同的互斥方案来说，利用净现值指标决策有失公允，因为创造出更多净现值的方案可能同时占用的年限更长。为了消除年限不同的影响，可以采用年金净流量指标（ANCF），年金净流量就是将项目计算期内全部现金净流量的总现值折算为等额年金的平均现金净流量

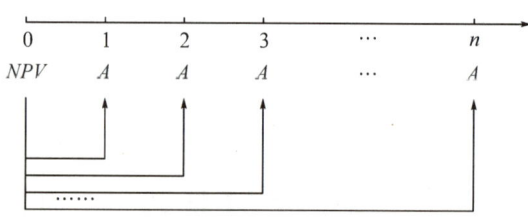

图 4-11　年金净流量计算思路

（图 4-11）。这样不同方案比较的便是每年的净所得，因而有了可比性，在采用该方法进行项目投资决策时，年金净流量最大的方案为优。

年金净流量的计算可以利用资金时间价值中年金的计算思路。具体有两个方法：

（一）利用年金现值系数计算

$$ANCF = \frac{净现值}{年金现值系数} = \frac{NPV}{(P/A, i, n)}$$

(二) 利用 Excel 函数计算

自主学习

在 Excel 中,年资本回收额的计算可以利用 PMT 函数计算。在 Excel 空白单元格中输入"＝PMT(ic,n,－NPV,,)",即可得出 ANCF 结果。

这里 i_c 为项目基准折现率；n 为项目计算期；NPV 为净现值,在输入函数时,需要加负号,才能使得输出值为正。

任务实施

首先,比较丁方案和戊方案,由于两个方案项目计算期相等,都是 10 年,因此我们比较两个方案通过 10 年哪个创造更多的经济效益。通过两个方案的净现值比较,发现 $NPV_丁 > NPV_戊$,因此淘汰戊方案,应该选择丁方案投资。

其次,比较丁方案和己方案,这两个方案项目计算期不同,所以需要比较两个方案的年金净流量。

$$ANCF_丁 = \frac{NPV_丁}{(P/A, 15\%, 10)} = 217.53/5.0188 = 43.34(万元)$$

$$ANCF_己 = \frac{NPV_己}{(P/A, 15\%, 15)} = 244.71/5.8474 = 41.85(万元)$$

或者利用在 Excel,选中所需输出值的空白单元格输入"＝PMT(15%,10,－217.53,,)",得到 $ANCF_丁$ 为 43.34 万元；选中所需输出值的空白单元格输入"＝PMT(15%,15,－244.71,,)",得到 $ANCF_己$ 为 41.85 万元。

在丁方案和己方案中,$ANCF_丁 > ANCF_己$,因此,淘汰己方案,应选择投资丁方案。

因此,动感地带在丁、戊、己三个品类动漫产品销售项目中应选择丁方案进行投资。

同步训练

1. 巨峰公司原有设备一台目前出售可得收入 15 万元,预计使用 10 年,已使用 5 年,预计残值为 1.5 万元,该公司按直线法计提折旧。该公司现拟购买新设备替换旧设备,新设备的购置成本为 80 万元,使用年限为 5 年,按直线法提折旧,预计残值也是 1.5 万元,使用新设备后公司每年的销售收入可从 300 万元上升到 330 万元,每年的付现成本从 220 万元上升到 230 万元。公司适用的企业所得税税率为 25%,资金成本为 10%。

要求：判断是否应更新设备。

2. 巨峰公司有一投资项目正常投资期为 5 年,每年年初投资 100 万元,共需投资 500 万元。从第六年年初竣工投产可使用 15 年,期末无残值,投产后每年经营现金净流量为 150 万元。如果把投资期缩短为两年,每年年初投资 300 万元,两年共投资 600 万元,竣工投产后的项目寿命期和现金净流量均不变。该企业的资本成本为 10%,假设该项目终结时无残值,不用垫支流动资金。

要求：为企业是否应缩短投资期作出决策。

 任务拓展

小组任务：5~6人一组，根据任务二的[任务拓展]中计算的各指标对虚拟投资项目可行性进行判断。小组根据本项目拓展训练内容撰写虚拟投资项目财务可行性分析报告。

项目练习

一、单项选择题

1. 某企业拟投资新建一个项目,在建设起点开始投资,历经两年后投产,试产期为1年,主要固定资产的预计使用寿命为10年。由此,可知该项目的"项目计算期"为（   ）。
   A. 2年   B. 12年   C. 9年   D. 10年

2. 某投资方案的年营业收入为1 000万元,年总营业成本为600万元,其中年折旧额100万元,企业所得税税率为25%,该方案的每年营业现金净流量为（   ）。
   A. 300万元   B. 400万元   C. 325万元   D. 475万元

3. 下列各项中,不属于投资项目的现金流出量的是（   ）。
   A. 建设投资   B. 垫支流动资金
   C. 固定资产折旧   D. 经营成本

4. 某企业计划投资30万元建设一条生产线,预计该生产线投产后可为企业每年创造2万元的净利润,年折旧额为3万元,则静态投资回收期为（   ）。
   A. 5年   B. 6年   C. 10年   D. 15年

5. 在下列评价指标中,未考虑货币时间价值的是（   ）。
   A. 净现值   B. 内含报酬率
   C. 获利指数   D. 静态投资回收期

6. 当某独立投资方案的净现值大于0时,则内含报酬率（   ）。
   A. 一定等于0   B. 一定小于0
   C. 小于设定贴现率   D. 大于设定贴现率

7. 一投资方案,当贴现率为16%时,其净现值为338元,当贴现率为18%时,其净现值为-22元。该方案的内含报酬率为（   ）。
   A. 15.88%   B. 16.12%   C. 17.88%   D. 18.14%

8. 某投资项目的项目计算期为5年,净现值为10 000万元,行业基准折现率为10%,折现率为10%的年金现值系数为3.791,则该项目的年金净流量为（   ）万元。
   A. 2 000   B. 2 638   C. 37 910   D. 50 000

9. 某投资项目在建设期内投入全部原始投资,该项目的净现值率为25%,则该项目的获利指数为（   ）
   A. 0.75   B. 1.25   C. 4.0   D. 2.5

10. 某投资项目各年的预计净现金流量分别为：$NCF_0=-200$万元,$NCF_1=-50$万元,$NCF_{2\sim3}=100$万元,$NCF_{4\sim11}=250$万元,$NCF_{12}=150$万元,则该项目包括建设期的静态投资回收期为（   ）。
    A. 2.0年   B. 2.5年   C. 3.2年   D. 4.0年

二、多项选择题

1. 下列项目中,属于现金流入项目的有(   )。
   A. 营业收入 B. 回收垫支的流动资金
   C. 建设投资 D. 固定资产残值变现收入

2. 下列各项中,属于现金流出项目的有(   )。
   A. 建设投资 B. 付现经营成本 C. 垫支流动资金 D. 所得税支出

3. 静态回收期指标存在的主要缺点有(   )。
   A. 没有考虑货币时间价值因素
   B. 计算简单,易于操作
   C. 能够直观地反映原始总投资的返本期限
   D. 忽略了回收期以后的现金流量

4. 如果某投资项目完全具备财务可行性,且其净现值指标大于零,则可以断定(   )。
   A. 净现值率等于 0
   B. 内部收益率大于基准折现率
   C. 获利指数大于 1
   D. 包括建设期的投资回收期大于项目计算期的一半

5. 企业非付现成本只有折旧费,计算营业现金流量时,每年 NCF 为(   )。
   A. $NCF=$净利$+$折旧费
   B. $NCF=$营业收入$-$付现成本$-$所得税
   C. $NCF=$税后营业收入$-$税后营业成本$+$折旧费
   D. $NCF=$税后营业收入$-$税后付现营业成本$+$折旧费$\times$所得税税率

三、判断题

1. 计算项目现金流量时要考虑机会成本而不能考虑沉没成本。   (   )
2. 某项目可以利用工厂闲置的设备和厂房,如果将闲置厂房设备出租,每年将产生 200 万元的收入,但是为了避免竞争,公司规定不得对外出租厂房、设备。新产品投产需要考虑这 200 万元的成本,因为这是机会成本。   (   )
3. 新项目投资的资金来源拟采用借债方式筹集,每年预计会有 50 万元的利息费,在项目投资现金净流量中应考虑这 50 万元的影响。   (   )
4. 投资项目的现金流量不应包括运营期内固定资产折旧费、无形资产和长期待摊费用的摊销费,也不应考虑它们对项目现金流量产生的影响。   (   )
5. 新产品的销售会使得公司同类产品减少收入 100 万元,这 100 万元应计入新产品投资的现金流量中。   (   )

四、计算分析题

1. 华美公司要进行一项投资,投资期为 3 年,每年年初投资 200 万元,第四年初开始投产,投产时需垫支 50 万元营运资本,项目寿命期为 5 年,5 年中会使企业增加销售收入 360 万元,每年增加付现成本 120 万元。假设该企业所得税税率为 20%,资本成本为

10%,固定资产残值忽略不计。

要求：(1)华美公司想要从开始建设起6年内回收全部的投资,计算该项目静态投资回收期和动态投资回收期;

(2)计算该项目净现值、净现值率、现值指数、内含报酬率;

(3)对该项目财务可行性进行评价。

2. 华美公司两年前购入一台机床,原价42万元,期末残值预计为2万元,估计还可用8年。最近华美公司正在考虑是否用一台新型机床来取代旧设备。新机床售价为52万元,使用年限为8年,期末残值2万元。若购入新机床,可使该厂每年营业现金净流量由目前的36万元增加至47万元,若目前企业原机床账面价值为32万元,如果现在立即出售,可获价款12万元,该企业资本成本为16%。

要求：采用正确的决策方法对该项售旧购新方案进行评价。

【课赛融通项目训练】

一、新建玉米汁生产项目投资决策

菲克公司有一玉米汁的新建项目,项目建设期计划为2年,投产后即可达到完全生产能力,生产经营期5年。

(一) 项目预测

1. 建设投资的总估算

该项目预计总投资为12 000万元人民币(其中垫支的流动资金2 000万元),建设期为2年。第一年年初投资额为7 500万元,第二年年初投资额为2 500万元,建设期末垫支流动资金2 000万元,于生产经营期最后三年分三次收回,明细如表4-11所示。

表4-11 项目建设投资现金流明细表　　　　　　　　　　　　　　单位：万元

序号	投资项目	预计现金流量
1	主要设备	5 000
2	安装工程	3 000
3	产品设计	1 000
4	技术服务	1 000
5	其他费用	2 000
6	合计	12 000

注：技术服务费用包括原料分析、样品制作与性能测试、办公费、差旅费、劳务费、管理费、税收、外专费等,不包括技术转让费,技术转让将以技术股形式投入,根据国家规定范围确定。

2. 营运资金的估算

营运资金包括该项目在运营期内长期占有并周转使用的资金,需要考虑流动资产和流动负债中的相关账户,详细资料如表4-12所示。

表 4-12　投资项目预计营运资金明细表　　　　　　　　　　　　　　单位：万元

流动资金项目	2023 年	2024 年	2025 年	2026 年	2027 年
货币资金	1 000	1 100	1 000	1 000	800
存货	700	900	800	700	500
应收账款	1 500	1 600	1 500	1 300	1 000
预付账款	300	400	300	200	100
流动资产需用数	3 500	4 000	3 600	3 200	2 400
应付账款	1 100	1 400	1 200	1 000	800
预收账款	400	600	400	300	200
流动负债可用数	1 500	2 000	1 600	1 300	1 000

3. 销售收入的估算

生产经营期 5 年内，按产能达到 100% 时估算的年销售收入总额逐年为：

第一年：1 000 000×160＝16 000（万元）

第二年：1 200 000×150＝18 000（万元）

第三年：1 600 000×125＝20 000（万元）

第四年：1 600 000×125＝20 000（万元）

第五年：1 280 000×125＝16 000（万元）

4. 营运成本的估算

每年总营运成本估算按项目正常经营期计算，项目所需原材料、辅助材料、燃料和包装物参考市场价格确定。其他费用是指从制造费用、管理费用和销售费用中扣除了折旧费、摊销费、材料费、燃料和动力费、工资及福利费以后的剩余部分。具体资料如表 4-13 所示。

表 4-13　投资项目预计营运成本估算表　　　　　　　　　　　　　　单位：万元

年份	外购原材料	燃料和动力费	工资及福利费	折旧费	无形资产摊销费	其他费用
2023	3 000	2 000	3 000	2 000	500	1 000
2024	3 000	2 000	3 000	2 000	500	1 000
2025	3 000	2 000	3 000	2 000	500	1 000
2026	3 000	2 000	3 000	2 000	500	1 000
2027	3 000	2 000	3 000	2 000	500	1 000

5. 终结现金流量的估算

项目于生产经营期最后三年年末分三次先后收回初始投资垫支的流动资金 100 万元、500 万元和 1 400 万元，生产线预计净残值为 1 000 万元。

（二）训练要求

企业所得税税率 25%，要求的资金回报率为 15% 请完成以下训练要求：

(1) 计算项目现金净流量,编制项目投资现金流量表;
(2) 判断该项目的财务可行性

二、加油站投资项目现金净流量的确定

松原石油有限公司打算在 G 高速公路 Z 路段投资一座加油站。

(一) 投资计划

1. 加油站基本情况

拟建设加油站基本情况如表 4-14 所示。

表 4-14　拟投资建设加油站基本情况

项目	单位	数值
占地面积	平方米	3 000
站房	平方米	160
罩棚	平方米	700
车道数	条	3
加油机	台	6
加油枪	条	12
油罐数量	个	6
总罐容	立方米	180
预计加油量	吨/年	5 000

2. 加油站土地取得方式

加油站建设用土地采用租用土地使用权的方式,取得 10 年(2022 年 1 月 1 日至 2031 年 12 月 31 日)的土地使用权。出租方给出两种租金支付的方式,资金成本为 7%,不考虑所得税因素。

方式一:一次性支付 500 万元,付款时间在 2021 年 12 月 31 日。

方式二:按年支付租金。首年租金金额 72 万元,以后每年年租金上涨 2 万元,合同期限为 10 年。每年 12 月 31 日支付下一年租金,首次支付在 2021 年 12 月 31 日。

3. 建设投资清单

取得土地使用权以后还需要进行不动产建设和设备资产的购建。加油站除土地以外的建设投资情况如表 4-15 所示。

表 4-15　加油站建设投资清单

设备名称	更新年限(年)	数量	单价(元)	金额(元)
加油机	5	6	25 000	150 000
液位仪	5	1	80 000	80 000

(续表)

设备名称	更新年限(年)	数量	单价(元)	金额(元)
油气回收设备	5	3	40 000	120 000
取暖锅炉	5	1	80 000	80 000
地源热泵	5	1	80 000	80 000
发电机	5	2	25 000	50 000
泵	5	2	40 000	80 000
地面及地上建筑装修(长期待摊费用)	10	1	500 000	500 000
工艺管线(输油,输气)	10	2	100 000	200 000
上、下水系统	10	2	40 000	80 000
配电柜	10	1	50 000	50 000
保险柜	10	2	10 000	20 000
站房	10	1	500 000	500 000
罩棚	10	1	500 000	500 000
独立标识、品牌柱	5	2	100 000	200 000
油罐、气罐	10	4	60 000	240 000
变压器	5	1	20 000	20 000
合计	—	33	—	2 950 000

注：地面及地上建筑装修计入长期待摊费用，其余计入固定资产，固定资产残值率统一为4%，直线法计提折旧。

设备达到更新年限时需要对设备进行更换，更换时新设备投资数量及单价不变，旧设备残值处置收到的现金与账面价值相同。

假定所有手续、资质、设备安装调试等均在2021年底完成，2022年1月1日即可运营。

4. 营运资金使用情况

加油站在2021年12月31日垫支可供运用、周转的流动资金50万元，该营运资金预计收回时间为2031年12月31日。

(二) 项目收入支出情况说明

1. 加油站销售量预测

根据历史资料、同类型加油站经营情况以及现场车流调研测算统计预测，该加油站未来10年汽油和柴油的销售量预测如表4-16所示，吨油毛利按照加油站零售平均单位毛利计算。

表 4-16　加油站各年销售量预测表　　　　　　　　　　　金额单位：元

品种	单位毛利 （元/吨）	2022 年	2023 年	2024 年	2025 年	2026 年	2027 年	2028 年	2029 年	2030 年	2031 年
汽油	600	1 200	1 350	1 500	1 570	1 620	1 670	1 720	1 770	1 820	1 870
柴油	500	2 800	3 150	3 300	3 430	3 510	3 590	3 670	3 750	3 830	3 910
合计	—	4 000	4 500	4 800	5 000	5 130	5 260	5 390	5 520	5 650	5 780

2. 加油站人员编制预测

加油站人员包括站长、加油员、计量员、核算员和后勤员。其职工薪酬支出按照固定工资加奖金提成支付，具体人员编制和职工薪酬如表 4-17 所示。

表 4-17　人员编制及薪酬标准表

项目	编制数量（人）	2022 年人工成本合计（元）	涨幅说明
站长	1	100 000.00	每年共计上涨 4 000 元
加油员	6	400 000.00	每年共计上涨 20 000 元
计量员	1	70 000.00	每年共计上涨 3 000 元
核算员	1	60 000.00	每年共计上涨 2 500 元
后勤员	1	50 000.00	每年共计上涨 2 500 元
合计	10	680 000.00	每年合计上涨 32 000 元

3. 加油站费用预测

加油站费用标准如表 4-18 所示。

表 4-18　加油站费用标准表

项目	费用标准及说明
一、货物运费	40 元/吨
二、职工薪酬	见人员编制及薪酬标准
三、日常操作性支出	
1. 水电费	60 000 元/年
2. 修理费	30 000 元/年
3. 通信费	12 000 元/年
4. 劳动保护费	18 000 元/年
5. 业务宣传费	10 元/吨油
6. 办公费	36 000 元/年
7. 低值易耗品摊销	2 元/吨油

(续表)

项目	费用标准及说明
8. 保险费	30 000 元/年
9. 警卫消防费	40 000 元/年
四、折旧摊销	
1. 折旧	根据投资清单计算
2. 长期待摊费用摊销—装修	根据投资清单计算
3. 使用权资产折旧	直线法摊销,无残值

注:除折旧摊销类费用外,其余费用均在发生当年付现。

(三) 训练要求

根据业务资料,完成加油站项目净现值计算(表 4-19)。企业所得税税率为 25%,复利现值系数四舍五入保留 2 位小数填制答案,并以此结果进行后续计算,其余数据以完整小数位引用计算,结果四舍五入保留 2 位小数填制答案,投资方案是否可行,以是/否填制答案。现金流默认发生在年末,现金流量流入为正,流出为负。

表 4-19 松原有限责任公司加油站项目净现值计算表

项目	0	1	2	3	4	5	6	7	8	9	10
项目现金净流量											
折现系数(折现率 10%)											
折现现金净流量											
净现值											
项目是否可行											

三、新旧设备更新决策

(一) 业务资料

润得酒业是一家中型酒类生产企业,现有一台旧的中型不锈钢蒸锅是三年前购进的,目前准备用一台新的不锈钢蒸锅替换。润得酒业正在研究比较保留旧设备方案和购进新设备方案。该公司所得税税率为 25%,资本成本率为 10%,旧设备无垫支营运资金,购买新设备需要垫支营运资金 1 100 元,其余资料如表 4-20 所示。

表 4-20 新旧设备资料   金额单位:元

项目	旧设备	新设备
原价	82 000	76 500
税法残值	2 000	4 500
税法使用年限(年)	8	6

(续表)

项目	旧设备	新设备
已使用年限	3	0
尚可使用年限	6	6
大修理支出	15 000(第三年末)	8 000(第五年末)
每年折旧费(直线法)	10 000	12 000
每年营运成本(年末)	14 300	7 700
目前变现价值	40 000	76 500
最终报废残值	5 500	6 000

(二) 训练要求

1. 计算保留旧设备方案的现金流出总现值

根据上述资料,在表 4-21 中计算保留旧设备方案的现金流出总现值。

表 4-21　保留旧设备方案的现金流量表　　　　　　　　　　　　金额单位:元

时间	0	1	2	3	4	5	6
营运成本							
折旧							
折旧抵税							
维修费用							
维修费用抵税							
税后维修费用							
残值变价收入							
残值净收益纳税							
放弃旧设备变现收入对现金流量的影响							
放弃旧设备变现时旧设备的账面价值							
放弃旧设备变现对损益的影响							
放弃旧设备变现损益对所得税的影响							
项目净现金流量							
折现期	—	1	2	3	4	5	6
折现率							
折现系数(保留四位小数)							
项目净现金流量现值							
项目净现值							

注:现金流入项目以及节税项目金额填写正数,现金流出金额和交税项目金额填写负数。

2. 计算新设备现金流出的总现值

根据上述资料,在表 4-22 中计算新设备现金流出的总现值。

表 4-22　购买新设备方案的现金流量表

时间	0	1	2	3	4	5	6
设备投资							
垫支营运资金							
营运成本							
折旧							
折旧抵税							
维修费用							
维修费用抵税							
税后维修费用							
残值变价收入							
残值净收益纳税							
营运资金收回							
项目净现金流量							
折现期	—	1	2	3	4	5	6
折现率							
折现系数(保留四位小数)							
项目净现金流量现值							
项目净现值							

注意:现金流入项目以及节税项目金额填写正数,现金流出金额和交税项目金额填写负数。

3. 判断选择合适的设备方案

根据上述计算结果,在表 4-23 中帮助润得酒业选择合适的设备方案。

表 4-23　分析选择表

应选择的融资方案	选择

4. 判断关于投资项目财务评价指标的不同的说法是否正确

分析关于投资项目财务评价指标的不同的说法是否正确,并在表 4-24 中选择"对"或者"错"。

表 4-24 判断选择表

项目	选择
(1) 对于互斥投资项目,在项目寿命期相同的情况下可以采用净现值法进行比较决策	
(2) 独立投资方案之间比较时决策需要解决的问题是如何确定各种可行方案的投资顺序	
(3) 静态回收期法考虑了回收期后的现金流量	
(4) 某独立投资项目以必要收益率为折现率计算的项目净现值大于 0 时具有财务可行性	
(5) 互斥投资方案决策当寿命期相同时采用净现值法,寿命期不同时采用年金净流量法	

说明:

答案中只用四舍五入后的两位小数进行计算,且计算结果(含百分号前的数值)均需四舍五入并只保留两位小数。

证券投资管理

学习目标

- **知识目标**

  理解证券投资的特点与风险；

  理解证券投资风险与证券投资必要收益率的关系；

  理解证券投资的估值原理；

  理解证券投资预期收益率的含义。

- **能力目标**

  能够根据证券投资风险确定证券及证券组合投资必要收益率；

  能够灵活运用资金时间价值的四个"系数表"或者利用 Excel 函数计算证券的内在价值以及证券投资预期收益率；

  能够对证券投资进行投资决策分析；

  能够利用网络等各种媒体手段收集企业投资决策所需资料；

  能够运用数理统计等方法加工整理所需资料。

- **素质目标**

  培养学生投资风险意识；

  培养科学、谨慎的工作作风；

  培养学生对影响投资活动的社会经济环境、政策法规变化等因素敏锐的判断力。

学习导图

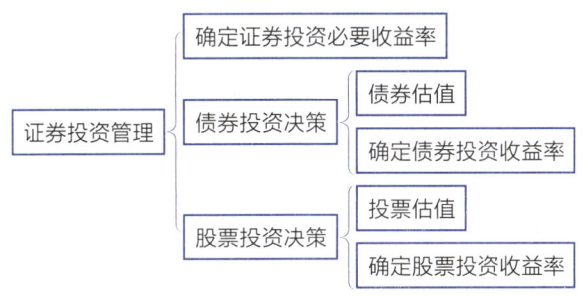

项目引例

HS公司目前有闲置资金1 000万元,如果存放银行,利率非常低。请问公司应该如何打理这笔资金?

企业在生产经营过程中需要维持一定的现金余额,但是现金不能产生收益,因此,在日常现金管理中,企业财务人员会选择将闲置资金进行证券投资。

知识准备

证券投资是指投资者运用所掌握的资金购买有价证券以期获取投资收益或者取得控制权等目的的行为。

证券投资获取的是金融资产而不像项目投资获取的是实体性经营资产。金融资产是一种以凭证、票据或者合同契约形式存在的权力性资产,比如股票、债券或其他衍生金融工具。

一、证券投资的分类

证券投资可分为债券投资、股票投资、衍生金融工具投资、证券组合投资。

(一)债券投资

债券投资是投资者投资于各种债券的行为。比如购买国债、公司债和短期融资券等。

(二)股票投资

股票投资是投资者通过投资购买其他企业发行的股票的行为。与债券投资相比较,股票投资是一种高收益高风险的投资。

(三)衍生金融工具投资

衍生金融工具投资,是指投资于股票、债券之外的金融衍生品上的投资行为,比如股票期权投资、股票期货投资等。

(四)证券组合投资

证券组合投资是指投资者同时投资于多种证券的投资行为。证券组合投资能分散证券投资风险,是企业证券投资的常用方式。

寓德于技

我国资本市场的绿色产业投资

大力发展绿色产业,是实现"双碳"目标的重要支撑。在节能减排的趋势下,资本市场高度关注绿色投资主题的机遇和挑战,博弈焦点在新能源行业。

2022年以来,我国绿色投资表现亮眼,Wind数据显示,截至8月8日,我国绿色债券发行总和达到1.03万亿元,相较去年同期6 695亿元,增长约53%。一批绿色项目在今年陆续落地,政策和资本的支持使绿色投资更为积极。

绿色项目的股权投资是近年来热度较高的一大领域,一方面,绿色项目有优惠政策补贴;另一方面,参与企业可借助绿色项目实现自身转型。例如,2022年初,海印股份收购申辉智慧能源,使公司从电力、热力生产和供应业转型向分布式光伏建设、智慧能源城市建设等业务,进一步拓展新能源业务布局。5月份,节能风电发布公告称,拟通过支付现金和承债的方式收购腾煌公司100%股权,腾煌公司是巨鹿县腾煌5万千瓦风电项目的运营主体。节能风电表示,将通过收购并购等方式扩大风电业务版图。

另一大领域是绿色债券。数据显示,截至2022年6月底,交易所市场累计发行绿色债券接近500只,规模达到5050亿元。巨丰投资首席投资顾问张翠霞对《证券日报》记者表示,在监管部门的支持下,绿色能源、生态保护和环境治理行业的企业上市融资及再融资数额巨大,交易所也建立了"绿色通道",设计绿色债券统一标识,推动绿色公司债券发行,相关绿色股票指数、绿色债券指数种类持续丰富。

资料来源:新华网2022.8.09:我国绿色投资表现亮眼 今年以来绿色债券发行总和达到1.03万亿元 http://www.xinhuanet.com/money/20220809/d4cb9fdbc1174db58d349b1a95249a55/c.html 资料有删减。

5-1 拓展资源——证券投资程序

二、证券投资资产的特点

证券投资资产的特点体现在五个方面,如图5-1所示。

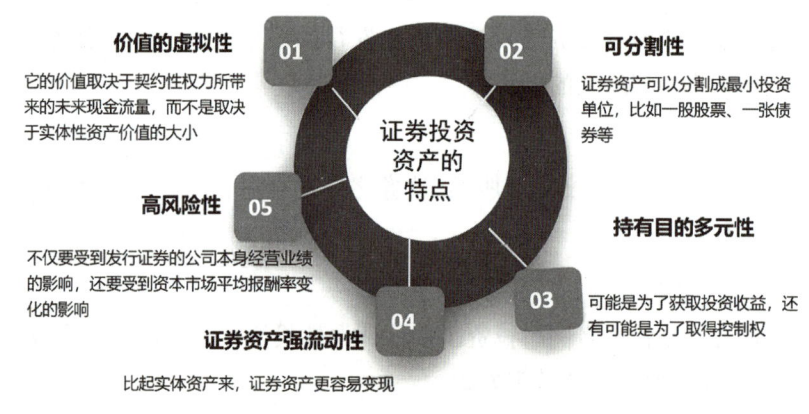

图 5-1 证券投资资产的特点

三、证券投资的风险

由于证券投资具有高风险性,增强风险敏感性和风险防范意识尤为重要。证券投资的风险是投资者无法获得预期收益的可能性,而由于证券资产的市价受影响因素多、波动频繁,证券投资的风险往往就比较大。

按照风险的性质划分,证券投资的风险分为系统性风险和非系统性风险。

(一) 系统性风险

系统性风险,是指由于外部环境变化引起整个资本市场不确定性增强,从而对整个所有证券都产生影响的共同风险,如战争、经济衰退、通货膨胀、高利率等。这类风险涉及所有的投资对象,不能通过多元化投资来分散,因此又称为"不可分散风险"或"市场风险"。例如,一个人投资于股票,不论买哪一种股票,他都要承担市场风险,经济衰退时各种股票的价格都要不同程度地下跌。

(二) 非系统性风险

非系统性风险,是指发生于个别公司的由于特定经营环境、特有事件造成的风险,如新产品开发失败、没有争取到重要合同、诉讼失败等。这类事件是随机发生的,企业通常是通过多元化投资利用有效的资产组合来分散这类风险的,这样,发生于一家公司的不利事件可以被其他公司的有利事件所抵销,所以这类风险又称为"可分散风险"或"公司特有风险"。非系统性风险是特定企业或行业特有的,与政治、经济和其他影响所有资产的市场因素无关。

四、证券投资决策指标

证券投资属于企业投资活动,本项目的学习任务依然是投资前的财务可行性论证也就是对证券是否具备投资价值进行决策。

证券投资是否具备财务可行性可以从两个方面进行判断:

判断标准一:证券的价值是否大于价格。

证券的价格是投资者付出的成本,证券的价值是证券能够给投资者带来的收益,是投资后证券未来带来的经济利益的折现值,收益大于成本证券才有投资价值。

证券投资的价格是明确的,属于比较基准,决策时需要计算出证券的价值,因此,证券的价值属于可行性评价指标。

判断标准二:证券投资预期收益率是否大于证券投资必要收益率。

证券投资预期收益率是该证券预期能够给企业带来的收益率,证券投资必要收益率是投资该证券,投资者要求的最低收益率。证券带来的收益率大于投资者要求的收益率,证券才有投资价值。

证券投资必要收益率可以根据所投资证券的风险计算取得,属于比较基准,决策时需要计算出证券的预期收益率,因此,证券的预期收益率属于可行性评价指标。

根据证券的价值指标进行决策与根据证券的预期收益率指标进行决策得出的结论是一致的,所以企业可以选择其中一个指标进行决策即可。

根据以上分析结合证券投资的特点,本项目分作三个任务:任务一确定证券投资必要收益率;任务二债券投资决策;任务三股票投资决策。

任务一　确定证券投资必要收益率

任务要求

HS公司有闲置资金1 000万元准备进行证券投资,目前有三个投资方案:

方案一:投资购买甲债券8万张,每张债券售价125元,总投资额1 000万元。该债券面值100元,票面利率10%,每年付息一次,到期还本。债券剩余期限7年,公司购买后打算持有至到期,债券β系数为0.6。

方案二:投资购买乙股票100万股,甲股票目前市场价格为10元,总投资额1 000万元,β系数为1.5。

方案三:投资丙证券组合。丙证券组合是将A、B、C三只β系数分别为0.9、1、1.3的股票各买50万股进行组合投资,目前A、B、C三只股票的市场价格分别为8元、5元、7元,总投资额1 000万元。

市场全部证券的平均收益率为8%,现行国库券利率为3%。

要求:计算三个方案的投资必要收益率。

任务指导

证券投资必要收益率是投资者投资某项证券所要求的最低报酬率。投资者要求的最低报酬率与其投资该项资产所承担的风险相关,承担的风险高,要求的报酬高,反之亦然。所以,确定证券投资必要报酬率就需要先衡量证券投资的风险。

一、证券投资风险的衡量

由于风险分为系统性风险与非系统性风险,对于非系统性风险投资者一般采用组合投资的方式进行分散,因而在证券投资中需要确定的是证券的系统风险大小。证券的系统性风险可以采用β系数来衡量。

(一) 单项证券资产的系统风险

某项证券资产的β系数表示该证券资产的系统风险相当于市场组合系统风险的倍数,因此它反映的是一个相对风险。比如,某项证券的β系数为2,表示该证券的系统风险是市场风险的2倍。某项证券资产的β系数的计算公式如下:

$$某项资产的\beta系数 = \frac{某项资产的系统风险}{市场组合的风险}$$

$\beta > 1$,说明其系统风险大于整个市场的风险;

$\beta = 1$,说明其系统风险等于整个市场的风险;

$\beta<1$，说明其系统风险小于整个市场的风险。

在实务中，并不需要企业财务人员或投资者自己去计算证券的 β 系数，一些证券咨询机构会定期计算和公布各上市公司的 β 系数，人们可以通过中国证券市场数据库以及一些财经网站查询。

(二) 证券投资组合的系统风险

对于证券投资组合的 β 系数可以根据组合内单项证券的 β 系数加权平均计算而得，权数为每个单项资产在组合中所占价值的比例。其计算公式如下：

$$\beta_p = \sum_{i=1}^{n} W_i \times \beta_i$$

式中：β_p 为资产组合的 β 系数；W_i 为第 i 项资产在组合中所占的价值比重；β_i 为第 i 项资产的 β 系数。

二、确定证券投资必要报酬率

利用资本资产定价模型，我们可以根据证券的 β 系数来测算证券的必要收益率。资本资产定价模型（capital asset pricing model，CAPM）是由美国学者夏普（Sharpe）、林特尔（Lintner）、特里诺（Treynor）和莫辛（Mossin）等人在资产组合理论的基础上发展起来的，是现代金融市场价格理论的支柱，广泛应用于投资决策和公司理财领域，这一模型完整表达式为：

$$K_i = R_f + \beta_i(K_m - R_f)$$

式中：K_i 为第 i 种证券或第 i 种证券组合的必要收益率；R_f 为无风险收益率；β_i 为第 i 种股票或第 i 种证券组合的 β 系数；K_m 为市场平均收益率。

从公式中，我们可以看到证券组合的必要收益率由两部分构成：第一部分是无风险收益率 R_f；第二部分是根据第 i 种证券或第 i 种证券组合的风险确定的风险收益率。

在实务中无风险收益率可以用短期国债利率代替；市场平均收益率，通常用股票价格指数的收益率来代替；目标证券的 β 系数可通过中国证券市场数据库或相关财经网站查询。

任务实施

方案一属于单项资产投资，系统风险 $\beta_甲=0.6$。

利用资本资产定价模型，$K_甲=3\%+0.6(8\%-3\%)=6\%$。

方案二属于单项资产投资，系统风险 $\beta_乙=1.5$。

利用资本资产定价模型，$K_乙=3\%+1.5(8\%-3\%)=10.5\%$。

方案三属于证券投资组合，组合系统风险可以通过对三个单项资产的 β 系数加权平均计算：

$$\beta_丙 = \frac{50\times 8}{1\,000}\times 0.9 + \frac{50\times 5}{1\,000}\times 1 + \frac{50\times 7}{1\,000}\times 1.3 = 1.065$$

利用资本资产定价模型，$K_丙=3\%+1.065(8\%-3\%)=8.33\%$。

三个投资方案要求的必要收益率分别为6%、10.5%和8.33%。

同步训练

1. A股票的β系数为2.0，市场全部证券的平均收益率为15%，现行国库券利率为7%，那么投资A股票的必要收益率为多少？

2. 某投资组合中包含三种证券：债券占40%，A股票和B股票各占30%，其β系数分别为1.0、1.5、2.0，要求计算投资组合的β系数？

任务二 债券投资决策

子任务一 债券估值

任务要求

HS公司有闲置资金1 000万元准备进行证券投资,目前有三个投资方案:

方案一:投资购买甲债券8万张,每张债券售价125元,总投资额1 000万元。该债券面值100元,票面利率10%,每年付息一次,到期还本。债券剩余期限7年,公司购买后打算持有至到期,债券β系数为0.6。

……

要求:对甲债券进行估值,并根据估值结果判断方案一是否具备财务可行性。

任务指导

债券的价值就是债券未来现金流入按投资者要求的必要投资收益率进行贴现的现值,即债券各期利息收入的现值加上债券到期偿还本金的现值之和。债券的价值是投资者购买该债券所愿支付的最高出价。

一、债券价值的计算

根据债券投资现金流量的类型,债券估值分作四种情形。

(一) 典型债券的估值

典型债券,是指固定利率、每年计算并支付利息、到期归还本金的债券。投资购买该种债券后,预期可获得的现金流入如图5-2所示。

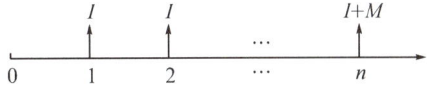

图5-2 典型债券未来现金流入图

其中:I 为每年收取的固定利息;M 为债券面值;n 为债券投资期。

1. 利用"系数表"计算

典型债券价值的计算公式为:

$$V = I(P/A, K, n) + M(P/F, K, n)$$

其中:V 为债券的价值;I 为债券各期的利息;M 为债券的面值;K 为债券投资必要

收益率。

2. 利用 Excel 函数计算

债券价值的计算还可以使用 PV 函数，输入参数值：$rate=K$；$nper=n$；$pmt=-I$；$Fv=-M$。

（二）到期一次还本付息债券估值

到期一次还本付息债券是在持有期不支付利息，到期一次还本付息，其中所付利息按单利计算。投资者购买该种债券后，预期可获得的现金流入如图 5-3 所示。

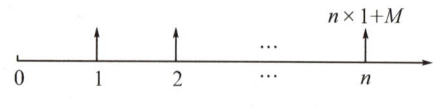

图 5-3　到期一次还本付息债券未来现金流入图

1. 利用"系数表"计算

到期一次还本付息债券价值的计算公式为：

$$V=(n\times I+M)\times(P/F,K,n)$$

其中：V 为债券的价值；I 为债券各期的利息；M 为债券的面值；K 为债券投资必要收益率。

2. 利用 Excel 函数计算

债券价值的计算还可以使用 PV 函数，输入参数值：$rate=K$；$nper=n$；$Fv=-(n\times I+M)$。

（三）零息债券估值

零息债券是以折价发行，到期按面值偿还的债券。投资者购买该种债券后，预期可获得的现金流入如图 5-4 所示。

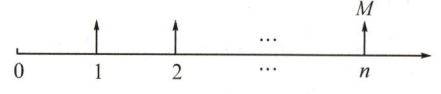

图 5-4　零息债券未来现金流入图

1. 利用"系数表"计算

零息债券价值的计算公式为：

$$V=M\times(P/F,K,n)$$

其中：V 为债券的价值；M 为债券的面值；K 为债券投资必要收益率。

2. 利用 Excel 函数计算

债券价值的计算还可以使用 PV 函数，输入参数值：$rate=K$；$nper=n$；$Fv=-M$。

（四）永久债券估值

永久债券是指没有到期日、永不停止支付利息的债券。永久债券的估值可以利用资金时间价值中永续年金求现值的方法进行计算，具体的计算公式如下：

$$V=\frac{I}{K}$$

其中：V 为债券的价值；I 为债券各期的利息；K 为债券投资必要收益率。

二、债券估值评价标准

计算出债券的价值后,企业将价值与债券的购买价格进行比对,当债券价值高于购买价格时,债券具有投资价值;当债券价值低于购买价格时,债券不具备投资价值。

任务实施

甲债券的购买价格为125元,持有期限为7年,面值100元,票面利率10%,可计算出每期利息为10元(100×10%),根据任务一的实施结果可知该债券的必要收益率为6%。

甲债券为典型债券类型,其估值计算如下:

(1) 利用"系数表"计算。

$V=10\times(P/A,6\%,7)+100(P/F,6\%,7)=122.33$

(2) 利用Excel中单元格中输入"=PV(6%,7,−10,−100,)",得到结果122.33。

甲债券的价值(122.33)低于甲债券的价格(125),因此该债券没有投资价值。

同步训练

2021年7月1日,A公司购买长兴公司当日发行的面值为1 000元,票面利率8%,期限5年的债券,每年7月1日付息,5年后还本,A公司对该债券投资的必要收益率为5%。

要求:计算A公司投资该债券的最高出价。

子任务二 确定债券投资收益率

任务要求

HS公司有闲置资金1 000万元准备进行证券投资,目前有三个投资方案:

方案一:投资购买甲债券8万张,每张债券售价125元,总投资额1 000万元。该债券面值100元,票面利率10%,每年付息一次,到期还本。债券剩余期限7年,公司购买后打算持有至到期,债券 β 系数为0.6。

……

要求:确定甲债券投资收益率,并根据结果判断方案一是否具备财务可行性。

任务指导

债券的内部收益率是指按当前市场价格购买债券并持有至到期日或转让日所产生的预期报酬率,也就是债券投资项目的内含报酬率,是指使得整个债券持有期间所有现金流入流出折现值之和(NPV)为零的折现率,也就意味着用该内部收益率贴现所决定的债券内在价值刚好等于债权的目前购买价格。在典型债券价值的计算公式中,如果用债券的购买价格 P 代替债券价值 V,所求出的折现率就是债券的内部收益率。由于债券的内部收益率也是债券投资的内含报酬率，还可以利用 Excel 中的 IRR 函数来直接计算，可以大大减轻计算工作量。

任务实施

甲债券价格为 125 元，持有期限为 7 年，面值 100 元，票面利率 10%，可计算出每期利息为 10 元(100×10%)，根据任务一的实施结果可知该债券的必要收益率为 6%。

1. 甲债券投资收益率计算

(1) 甲债券为典型债券类型，利用债券估值法计算如下：

$$125=10\times(P/A,R,7)+100(P/F,R,7)$$

通过逐步测试法得到当 $R=5\%$ 时，等式右边计算得 128.93，当 $R=6\%$ 时，等式右边计算得 122.33。利用插值法计算得 $R=5.59\%$。

(2) 利用 Excel 中的 IRR 函数计算：

在 Excel 中编制该债券投资的现金流量表，选中所需输出值的空白单元格，输入“=IRR(G170：N170)”，得到 5.59%，如图 5-5 所示。

G171　=IRR(G170:N170)

	F	G	H	I	J	K	L	M	N
167									
168									
169	证券投资期	0	1	2	3	4	5	6	7
170	现金净流量	-125	10	10	10	10	10	10	110
171		5.59%							

图 5-5　利用 Excel 中的 IRR 函数计算甲债券投资收益率

2. 甲债券投资决策

甲债券的预期收益率(5.59%)低于甲债券的必要收益率(6%)，因此该债券没有投资价值。

同步训练

2021 年 7 月 1 日，A 公司购买长兴公司当日发行的面值为 1 000 元，票面利率 8%，期限 5 年的债券，每年 7 月 1 日付息，5 年后还本，A 公司对该债券投资的必要报酬率为 5%。

要求：

(1) 如果债券发行价格为 1 100 元，请问该债券的投资收益率为多少？是否应投资该债券？

(2) 如果该债券发行价格为 1 200 元，该债券的投资收益率为多少？是否应投资该债券？

任务三　股票投资决策

子任务一　股票估值

任务要求

HS公司有闲置资金准备进行证券投资,目前有四种独立投资方案:

方案一:投资A股票,并且持有5年后出售。A股票当前市价为20元,预计未来5年每股每年的现金股利均为2元,出售时的市价为25元,股票β系数为1.5。

方案二:投资B股票,B股票当前市价为10元,预计未来每年的现金股利为1元,股票β系数为1.2。

方案三:投资C股票,股票当前市价为20元,该股票为固定成长股票,成长率为6%,预计1年后的股利为1.5元每股,股票β系数为1.8。

方案四:投资D股票,D股票当前市价为10元,股票未来3年股利增长率为10%,预计从第四年起转为正常增长,增长率为6%,D股票最近一次的股利为1元/股,股票β系数为2。

目前无风险收益率为4%,市场上所有股票的平均收益率为10%。

要求:确定A、B、C、D股票价值,并根据结果分别判断四种方案是否具备财务可行性。

任务指导

企业进行股票投资,必须计算股票的内在价值,然后与股票市价比较,再决定买进、卖出或继续持有,因此股票投资分析的中心任务就是对股票的内在价值作出准确的分析和判断。

股票的内在价值,是指股票期望获得的所有未来收益的折现值。股票价值的计算可以通过两种途径进行:利用"系数表"计算、利用Excel函数计算。

一、股票估价基本模型

股票带给持有者的现金流入包括两部分:股利收入和出售的售价。股票的内在价值由一系列的股利和将来出售股票时售价的现值所构成。

(一)永久持有股票估价模型

如果投资者永久持有股票,其只能获得股利收入。未来现金流入,如图5-6所示。

股票价值的计算公式为:

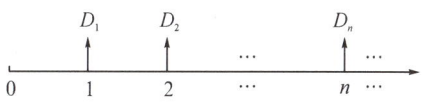

图5-6　永久持有股票未来现金流入图

$$V = \sum_{t=1}^{\infty} \frac{D_t}{(1+k)^t}$$

式中：V 为股票价值；K 为投资者要求的最低收益率。

(二) 阶段性持有股票估价模型

如果投资者不打算永久地持有该股票，而在一段时间后出售，其未来现金流入包括股利收入和出售时的股价。未来现金流入，如图 5-7 所示。

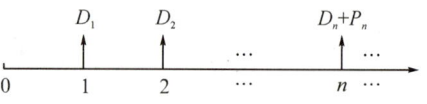

图 5-7　阶段性持有股票未来现金流入图

股票价值的计算公式为：

$$V = \sum_{t=1}^{n} \frac{D_t}{(1+k)^t} + \frac{P_n}{(1+k)^n}$$

式中：P 为股票出售时的预计价格；n 为股利的支付期数。

二、股票估值

(一) 零成长股票的价值

零成长股票就是预期每年股利金额固定的股票，其股票价值的计算公式为：

$$V = \frac{D}{k}$$

(二) 固定增长股票的价值

由于企业是在不断发展的，因此股票的股利也应当是变化的。在稳定增长的股利政策下，企业的股利可能会按一定的比率稳定上升。假设某公司某种股票期初的股利为 D_0，股利增长率为 g，则第 t 年的股利应为：

$$D_t = D_0(1+g)^t$$

固定增长股票的价值的计算公式如下：

$$V = \sum_{t=1}^{\infty} \frac{D_0(1+g)^t}{(1+k)^t}$$

当 g 为常数，并且 $k > g$ 时，上式可简化为：

$$V = \frac{D_0(1+g)}{k-g} = \frac{D_1}{k-g}$$

(三) 非固定增长股票的价值

事实上，许多公司的股利并不会一直按一定的比率稳定上升，在某一阶段有一个快速的增长，而另一段时间又成长较慢，甚至固定不变。在这种情况下，股票的投资价值一般要分段计算才能确定。也就是说，非固定增长股票的价值是阶段性持有股票与固定增长股票估值的综合应用。

非固定增长股票的价值的计算步骤为：

第一步,计算出非固定增长期间的股利现值。

第二步,根据固定增长股票估价模型计算非固定增长期结束时的股票价值,并求其现值。

第三步,将上述两个步骤求得的现值加在一起,所得的就是非固定增长股票的价值。

三、股票投资决策原则

利用股票价值指标进行决策时,若股票价值高于股票市价,投资者应购买该股票或继续持有该股票;若股票价值低于股票市价,则投资者不应购买或应出售该股票。

寓德于技

宜华健康操纵股价案

近日,证监会公布了一则针对宜华健康医疗股份有限公司(下称宜华健康,现股票简称为"＊ST宜康",000150)控股股东宜华企业(集团)有限公司(简称宜华集团)、深圳市前海安天诚投资咨询有限公司(简称安天诚)、刘绍喜等6名责任主体的行政处罚决定书。决定书显示,在2017年7月20日至2019年3月15日期间(下称操纵期间),宜华集团、安天诚等使用其控制的132个账户,利用资金优势、持股优势,采用多种方式交易宜华健康,影响该股票交易价格及成交量,主观操纵市场的意图明显。2017年7月20日至2018年10月15日,宜华集团与浙商产融等投资机构,签署《合作协议》,利用投资机构开立信托和法人账户,持续买入宜华健康股票,吸筹建仓。

2018年10月16日至2019年2月11日,账户组连续交易、大量对倒,试图维持股价。

2019年2月12日至2019年3月15日,账户组买入宜华健康189.93万股,买入成交金额2 241.39万元,卖出7 726.44万股,卖出成交金额84 365.80万元。

操纵期间,宜华集团等采用盘中连续交易、在自己实际控制的账户之间进行证券交易以及在短时间内大量、连续申买宜华健康股票等操纵方式,利用资金优势、持股优势影响该股票交易价格及成交量。

但经过连续交易、对倒交易、拉抬,宜华集团、安天诚实施操纵行为未获得盈利,而是亏损8.17亿元。

最终,证监会要求宜华集团、安天诚依法处理非法持有的证券,并分别处以225万元、75万元罚款,对4位责任人给予警告并处罚款。证监会还认为,宜华集团董事长刘绍喜、安天诚总经理史利兴为直接负责的主管人员,宜华集团总裁刘绍香、宜华集团董秘刘伟宏为其他直接责任人员,因此对刘绍喜、史利兴给予警告并分别处以60万元罚款,对刘绍香、刘伟宏给予警告并分别处以30万元罚款。

资料来源:财联社2022.9.22宜华健康大股东联手私募操纵股价,亏损超8亿还被罚款数百万 http://sc.stock.cnfol.com/ggzixun/20220922/29859154.shtml 资料有删减。

🔍 任务实施

要确定 A、B、C、D 股票价值，需要将每个股票未来的收益折现，这就需要计算每个股票的折现率，也就是必要收益率。

1. 计算各股票的必要收益率

$K_A = 4\% + 1.5 \times (10\% - 4\%) = 13\%$

$K_B = 4\% + 1.2 \times (10\% - 4\%) = 11.2\%$

$K_C = 4\% + 1.8 \times (10\% - 4\%) = 14.8\%$

$K_D = 4\% + 2 \times (10\% - 4\%) = 16\%$

2. 股票估值与决策

(1) 方案一中的 A 股票持有 5 年后就会出售，因此属于阶段性持有股票。由于每年股利相同，A 股票的未来收入现金流与典型债券类似，可以采用典型债券的估值方法，使用现值系数计算或者使用 PV 函数计算。A 股票的价值为：

$V_A = 2 \times (P/A, 13\%, 5) + 25 \times (P/F, 13\%, 5) = 20.60 (元)$

由于 A 股票的价值(20.6 元)大于 A 股票的市价(20 元)，A 股票具有投资价值。

(2) 方案二中的 B 股票会长期持有且每年股利相等，所以 B 股票属于零成长股票。B 股票的价值为：

$V_B = 1/11.2\% = 8.93 (元)$

由于 B 股票的价值(8.93 元)小于 B 股票的市价(10 元)，B 股票不具有投资价值。

(3) 方案三中的 C 股票为固定成长股票，其价值为：

$V_C = \dfrac{1.5}{14.8\% - 6\%} = 17.05 (元)$

由于 C 股票的价值(17.05 元)小于 C 股票的市价(20 元)，C 股票不具有投资价值。

(4) 方案四中的 D 股票股利前三年以 10% 的速度高速增长，以后转入以 6% 的速度固定增长，所以 D 股票为非固定增长股票。

第一步，计算出非固定增长期间的股利现值。

前三年股利：$D_1 = 1 \times (1 + 10\%) = 1.1 (元)$

$D_2 = 1.1 \times (1 + 10\%) = 1.21 (元)$

$D_3 = 1.21 \times (1 + 10\%) = 1.331 (元)$

以必要收益率 16% 为折现率，将前 3 年股利各自利用复利现值系数折现并求和：

$P_{1-3} = 1.1 \times (P/F, 16\%, 1) + 1.21 \times (P/F, 16\%, 2) + 1.331 \times (P/F, 16\%, 3)$
$= 2.7 (元)$

第二步，根据固定增长股票估价模型计算第三年年底股票价值，并求其现值。

第四期股利：$D_4 = 1.331 \times (1 + 6\%) = 1.331 = 1.4109 (元)$

第三年年底股票价值：$V = 1.4109/(16\% - 6\%) = 14.109 (元)$

第三年年底股票价值的折现值：$P_v = 14.109 \times (P/F, 16\%, 3) = 9.04 (元)$

第三步，将上述两个步骤求得的现值合并，即 D 投票的价值为：

$V_D = 2.7 + 9.04 = 11.74(元)$

由于 D 股票的价值(11.74 元)大于 D 股票的市价(10 元),D 股票具有投资价值。

同步训练

1. 股票当前市价为 13 元,预计未来 3 年每股每年的现金股利分别为 1 元、1.1 元和 1.2 元,预计持有 3 年后出售时的市价为 15 元,要求的最低收益率为 12%,这只股票的价值为多少?是否应当投资购买该股票?

2. 股票当前市价为 13 元,预计未来每年的现金股利为 1.2 元,要求的最低收益率为 12%,这只股票的价值为多少?是否应当投资购买该股票?

3. 股票当前市价为 13 元,预计投资后第一年股利为 1 元,以后每年增长 5%,要求的最低收益率为 12%,这只股票的价值为多少?是否应当投资购买该股票?

4. 股票当前市价为 13 元,预计投资后第一年股利为 1 元,后 2 年以 10% 的速度增长,然后进入平稳增长期,每年增长 5%,要求的最低收益率为 12%,这只股票的价值为多少?是否应当投资购买该股票?

子任务二 确定股票投资收益率

任务要求

HS 公司有闲置资金准备进行证券投资,目前有三个独立投资方案:

方案一:投资 A 股票,并且持有 5 年后出售。A 股票当前市价为 20 元,预计未来 5 年每股每年的现金股利均为 2 元,出售时的市价为 25 元,股票 β 系数为 1.5。

方案二:投资 B 股票,B 股票当前市价为 10 元,预计未来每年的现金股利为 1 元,股票 β 系数为 1.2。

方案三:投资 C 股票,股票当前市价为 20 元,该股票为固定成长股票,成长率为 6%,预计一年后的股利为 1.5 元每股,股票 β 系数为 1.8。

要求:确定 A、B、C 股票的投资收益率,并根据结果分别判断三个方案是否具备财务可行性。

任务指导

股票的内部收益率是使得股票未来现金流量贴现值等于目前的购买价格时的贴现率,也就是股票投资项目的内含报酬率。在股票价值的计算公式中,如果用股票的购买价格 P 代替股票价值 V,所求出的折现率就是股票的内部收益率。股票的内部收益率高于投资者所要求的最低报酬率,是投资者才愿意购买该股票。

 **任务实施**

1. 计算必要收益率

A、B、C 股票的必要收益率计算直接使用子任务一的计算结果,即分别为 13%、11.2%、14.8%。

2. 计算股票投资收益率并进行投资决策

(1) 方案一中的 A 股票。

① 利用估值公式计算

A 股票收益率采用阶段性持有股票股价模型计算:$P = 2 \times (P/A, R, 5) + 25 \times (P/F, R, 5) = 20$

通过逐步测试法得到当 $R=13\%$ 时,等式右边计算得 20.604 4;当 $R=14\%$ 时,等式右边计算得 19.851 2。

利用插值法计算得 $R=13.8\%$

② 利用 Excel 函数计算

编制该股票投资的现金流量表,选中所需输出值的空白单元格,输入"=IRR(I213:N213)",按 Enter 键,得到结果为 13.8%,如图 5-8 所示。

	G	H	I	J	K	L	M	N
211								
212		年份	0	1	2	3	4	5
213		现金净流量	−20	2	2	2	2	27
214			13.80%					

图 5-8 IRR 函数计算 A 股票投资收益率

由于 A 股票的投资收益率(13.8%)大于 A 股票投资的必要收益率(13%),A 股票具有投资价值。

(2) 方案二中的 B 股票。

B 股票投资收益率采用零成长股票模型计算:

$P_B = 1/R = 10(元)$

得:$R=10\%$

由于 B 股票的投资收益率(10%)小于 B 股票的必要收益率(11.2%),B 股票不具有投资价值。

(3) 方案三中的 C 股票。

C 股票投资收益率采用固定增长股票模型计算:

$P_C = \dfrac{1.5}{R - 6\%} = 20(元)$

得：$R=13.5\%$

由于 C 股票的投资收益率（13.5%）小于 C 股票的必要收益率（14.8%），因此 C 股票不具有投资价值。

同步训练

1. 股票当前市价为 13 元，预计未来 3 年每股每年的现金股利分别为 1 元、1.1 元和 1.2 元，预计持有 3 年后出售时的市价为 15 元，要求的最低收益率为 12%，这只股票的投资收益率为多少？是否应该投资购买该股票？

2. 股票当前市价为 13 元，预计未来每年的现金股利为 1.2 元，要求的最低收益率为 12%，这只股票的投资收益率为多少？企业是否应该投资购买该股票？

3. A 股票目前市价为 30 元，β 系数 2.5，无风险收益率为 6%，市场上所有股票的平均收益率为 10%。该股票为固定成长股票，成长率为 6%，预计一年后的股利为 1.5 元每股，这只股票的投资收益率为多少？企业是否应投资该股票？

项 目 练 习

一、单项选择题

1. 无法在短期内以合理价格卖掉资产的风险为( )。
   A. 再投资风险　　B. 违约风险　　　C. 利率变动风险　　D. 变现力风险
2. 投资组合的特点是( )。
   A. 能分散所有风险　　　　　　　B. 能分散系统性风险
   C. 能分散非系统性风险　　　　　D. 不能分散风险
3. 一张面额为100元的长期股票,每年可获利10元,如果折现率为8%,则其估价为( )元。
   A. 100　　　　B. 125　　　　C. 110　　　　D. 80
4. β系数可以衡量( )。
   A. 个别公司股票的市场风险　　　B. 个别公司股票的特有风险
   C. 所有公司股票的市场风险　　　D. 所有公司股票的特有风险
5. 华美公司拟购买B公司发行的每年付息、到期还本的债券,该债券面值为1 000元,期限5年,票面利息率为8%,华美公司确定的该债券投资收益率为10%,则由此判断该债券的发行价格( ),公司才能购买。
   A. 大于1 000元　B. 小于1 000元　C. 等于1 000元　D. 不能确定

二、多项选择题

1. β系数是衡量风险大小的重要指标,下列表述正确的有( )。
   A. β越大,说明风险越大
   B. 某股票$\beta=0$,说明此证券无风险
   C. 某股票$\beta=1$,说明其风险等于市场的平均风险
   D. 某股票$\beta>1$,说明其风险大于市场的平均风险
2. 对所有公司都产生影响的风险,称为( )。
   A. 可分散风险　　B. 市场风险　　　C. 不可分散风险　　D. 系统风险

三、判断题

1. 投资者可以根据投资理论价值与当前证券市场价格的比较决定是否进行证券投资。( )
2. 一般来说,长期投资的风险要大于短期投资。( )
3. 一般来说,非证券投资的流动性要高于证券投资。( )
4. 如果债券不是分期付息,而是到期时一次还本付息,平价发行债券,其投资收益率与票面利率相同。( )

四、计算分析题

1. 华美公司准备对一种股利固定增长的普通股股票进行长期投资,基年股利为8元,估计

年股利增长率为 4%,该公司期望的收益率为 12%。

要求:计算该股票的价值。

2. 2023 年 1 月 5 日,华美公司以每张 1 020 元的价格购买 A 企业发行的利随本清的企业债券。该债券的面值为 1 000 元,期限为 3 年,票面年利率为 10%,不计复利。购买时市场年利率为 8%,不考虑所得税。

要求:

(1) 利用债券估价模型评价华美公司购买此债券是否合算?

(2) 如果华美公司于 2024 年 1 月 5 日将该债券以 1 130 元的市价出售,计算该债券的投资收益率。

3. 华美公司持有 A,B,C 三种股票,在由上述股票组成的证券投资组合中,各股票所占的比重分别为 50%,30% 和 20%,其 β 系数分别为 2.0,1.0 和 0.5。市场收益率为 15%,无风险收益率为 10%。

A 股票当前每股市价为 12 元,刚收到上年度派发的每股 1.2 元的现金股利,预计股利以后每年将增长 8%。

要求:

(1) 计算证券组合的 β 系数、证券组合的风险收益率、证券组合的必要投资收益率。

(2) 利用股票估价模型分析当前出售 A 股票是否对华美公司有利。

项目六 营运资金管理

学习目标

- **知识目标**

  了解营运资金的相关概念和特点；
  理解营运资金管理的原则；
  理解现金、应收账款和存货的相关成本分析；
  掌握现金、应收账款和存货的日常管理方法；
  掌握短期借款实际利率的计算方法；
  了解商业信用的主要形式；
  掌握放弃现金折扣成本的计算方法。

- **能力目标**

  能够根据企业持有现金的动机和成本安排现金的最佳持有量；
  能够根据企业与客户的不同情况确定适合企业的信用政策；
  能够根据企业不同需要控制存货的经济批量；
  能够对企业是否放弃现金折扣付款进行决策。

- **素质目标**

  培养学生的计算能力、决策能力和实际解决问题的能力；
  培养学生成本与效益管理思维，遵守职业规范，具有较强的责任感；
  培育学生风险防控的理念和严谨节约的职业态度，树立爱岗敬业、团队协作精神，培养学生细心严谨的工作作风。

学习导图

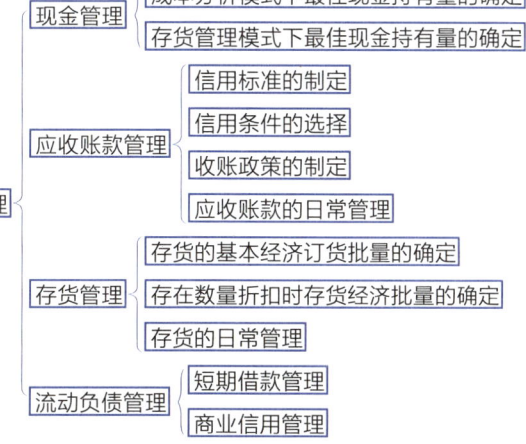

项目六　营运资金管理

项目引例

悠扬公司是一家生产销售空气炸锅的企业。2022年12月,该公司召开营运资金管理专题会议,分析2022年度资金使用情况及效果,并根据2023年度的生产销售任务对2023年度的营运资金状况进行规划。该公司在进行营运资金管理时,应该从哪些方面入手呢?

营运资金管理在财务管理活动中具有非常重要的作用,营运资金管理的好坏关系到企业的财务活动是否能够持续,也关系到企业财务管理目标能否实现。

知识准备

一、营运资金的概念和特点

(一) 营运资金的概念

6-1 营运资金的概念

营运资金,是指企业生产经营活动中占用在流动资产上的资金。营运资金有广义和狭义之分。广义的营运资金是指一个企业流动资产的总额;狭义的营运资金是指流动资产减去流动负债后的余额。流动资产是指可以在1年或超过1年的一个营业周期内使用或变现的资产,包括现金、短期投资、应收预付款及存货等;流动负债是指需要在1年或超过1年的一个营业周期内偿还的债务,包括银行短期借款、商业信用等。流动负债是形成流动资产的主要来源。通常所说的营运资金指的就是狭义的营运资金概念。营运资金管理包括流动资产管理和流动负债管理。

(二) 营运资金的特点

营运资金的特点可以从流动资产与流动负债两个方面分别理解。

1. 流动资产的特点

(1) 投资回收期短。投资于流动资产的资金一般在一年或一个营业周期内收回,对企业影响的时间比较短。因此流动资产投资所需要的资金一般可通过商业信用、短期银行借款等加以解决。

(2) 流动性强。流动资产相对固定资产等长期资产来说比较容易变现,这对于财务上满足临时性资金需求具有重要意义。

(3) 具有并存性。流动资产在循环周转过程中,各种不同形态的流动资产在空间上同时并存,在时间上依次继起。因此,合理地配置流动资产各项目的比例,是保证流动资产得以顺利周转的必要条件。

(4) 具有波动性。流动资产易受到企业内外环境的影响,其资金占用量的波动往往很大,财务人员应有效地预测和控制这种波动,以防止其影响企业正常的生产经营活动。

2. 流动负债的特点

(1) 申请速度快。申请短期借款往往比申请长期借款更容易、更便捷,通常在较短时间内便可获得。长期借款的借贷时间长,贷款方风险大,贷款人需要对企业的财务状况评估后方能作出决定。因此,当企业急需资金时,往往首先寻求短期借款。

(2) 弹性大。与长期债务相比,短期借款给债务人更大的灵活性。长期债务债权人为了保护自己的利益,往往要在债务契约中对债务人的行为加以种种限制,使债务人丧失某些经营决策权。而短期借款契约中的限制条款比较少,使企业有更大的行动自由。

(3) 成本低。在正常情况下,短期负债筹资所发生的利息支出低于长期负债筹资的利息支出,甚至某些自然融资(如应交税费、应付账款等)则没有利息负担。

(4) 风险大。尽管短期债务的成本低于长期债务,但对于债务人来说,其风险却大于长期债务。这主要表现在:一是长期债务的利息相对比较稳定,即在相当长一段时间内保持不变。而短期债务的借款利率随市场利率的变化而变化,时高时低,企业难以适应;二是如果企业过多筹措短期债务,债务到期时,企业不得不在短期内筹措大量资金还债,极易导致企业财务状况恶化,甚至会因无法及时还债而破产。

二、营运资金管理的原则

营运资金管理就是对企业流动资产和流动负债进行管理,其重点是保证企业能够按时偿付各种到期债务,为企业的日常生产经营活动提供足够的资金,防止出现资金调度与资金运用出现问题的情况。企业进行营运资金管理时,应遵循以下原则:

1. 认真分析生产经营状况,合理确定营运资金的需要数量

企业经营所需的营运资金数量多少与企业的生产经营状况密切相关。企业生产经营活动活跃时,流动资产和流动负债都会有所增加,而企业的生产经营活动萎缩时,流动资产和流动负债也会相应减少。由于不同外部环境和经营状况下营运资金的需求与占用有很大的差异,因此,企业的财务管理人员要根据企业生产经营活动的实际情况,合理确定所需的流动资产与流动负债的数量。

2. 在保证生产经营需要的前提下,节约使用资金成本

在营运资金管理中,要在保证生产经营需要的前提下,尽力降低资金使用成本。一方面,要挖掘资金潜力,加速资金周转,精打细算地使用资金;另一方面,积极拓展融资渠道,合理配置资源,筹措低成本资金,服务于生产经营。

3. 加速营运资金周转,提高资金的利用效果

营运资金周转,是指企业的营运资金从现金投入生产经营开始,到最终转化为现金的过程。在其他因素不变的情况下,加速营运资金的周转,也就相应地提高了资金的利用效果。因此,企业要千方百计地加速存货、应收账款等流动资产的周转,以有限的资金,取得最优的经济效益。

4. 合理确定营运资金的来源构成,保证企业有足够的短期偿债能力

流动资产与流动负债之间的比例关系能较好地反映企业的短期偿债能力。流动负债是在短期内需要偿还的债务,而流动资产则是在短期内可以转化为现金的资产。因此,如果一个企业的流动资产比较多,流动负债比较少,说明企业的短期偿债能力较强;反之,则说明短期偿债能力较弱。但如果企业的流动资产太多,流动负债太少,也并不是正常现象,这可能是流动资产闲置、流动负债利用不足所致。因此,在资金营运活动过程中,要合理安排流动资产和流动负债的比例关系,以便既节约使用资金,又保证企业有足够的偿债能力。

任务一　现 金 管 理

任务引例

> 悠扬公司在2022年12月召开营运资金管理专题会议中讨论现金问题时发现，2022年度公司货币资金平均占用额为1 200 000元，虽然满足了正常现金需求，但存在现金持有成本过高，使用效率低的问题。该公司在2023年度对现金进行管理时，一方面关注怎么合理确定现金持有量，另一方面关注现金的日常管理。

现金是指在生产经营过程中暂时停留在货币形态的资金，包括库存现金、银行存款和其他货币资金。企业拥有足够的现金对于降低企业的风险，增强企业资产流动性和债务的可清偿性有着重要的意义。现代企业认为"现金流比企业利润更加重要"。只有做好对企业现金流的管理，实现利润与现金流量的最佳组合，才能保证企业未来长远发展。

知识准备

一、持有现金的动机

企业持有一定量的现金主要有交易动机、预防动机和投机动机三种动机。

6-2 持有现金的动机

（一）交易动机

交易动机是指企业为了满足日常生产经营所需而保持一定的现金支付能力。例如，用现金购买原材料、支付工资、缴纳税款、偿付到期债务、派发现金股利等。企业在日常经营活动中，现金的流入与流出不可能同步同量。现金收入多于现金支出，形成现金置存；现金收入少于现金支出，就需要企业借入现金来满足需要。因此，企业为了组织日常生产经营活动，持有一定数量的现金余额是十分必要的。一般来讲，企业为满足交易动机所持有的现金余额主要取决于企业的销售水平。企业销售扩大，销售额增加，所需现金余额也随之增加。

（二）预防动机

预防动机，是指企业为了应对意外情况而需要保持的现金支付能力。由于市场行情的瞬息万变和其他各种不可预见的因素，如自然灾害、职员罢工、主要顾客未能及时付款等，经常会打破企业现金的收支平衡。一旦企业对未来现金流量的估计与实际情况发生偏离，必然对企业的正常经营秩序产生极为不利的影响。因此，企业在保持正常业务活动现金需要量的基础上，追加一定数量的现金余额以应对未来现金流入和流出的随机波动，这是企业在确定必要现金持有量时应当考虑的重要因素之一。企业为应对意外情况所持有的现金余额通常取决于以下三个方面：一是企业能够承担风险的程度；二是企业临时举债的能力；三是企业对现金流量预测的可靠程度以及准确程度。

(三）投机动机

投机动机，是指企业为了抓住各种瞬息即逝的市场机会，获取较大利益而准备的现金余额。例如，当有价证券市价大幅度跌落或预期价格上升时，企业就可以将现金投资于有价证券，以在价格反弹时卖出有价证券，以便获取高额资本利得（价差收入）。投机的目的只是企业确定现金余额时所需考虑的次要因素之一，其持有量的大小往往与企业在金融市场的投资机会及企业对待风险的态度有关。

二、持有现金的成本

持有现金的成本，是指企业持有现金付出的各种代价，通常包括机会成本、管理成本、转换成本、短缺成本等。

（一）机会成本

机会成本，是指企业因持有现金而丧失的再投资收益。假设某企业的投资收益率为10%，年平均持有现金100万元，则该企业每年现金的机会成本为10万元（100×10%）。机会成本与现金持有量呈正相关关系，即现金持有越多，机会成本越高。

（二）管理成本

管理成本，是指企业为管理现金而发生的管理费用，如管理人员工资和安全措施费等。管理成本具有固定成本的性质，它与现金持有量之间无明显的比例关系。

（三）转换成本

转换成本，是指现金与有价证券转换过程中所发生的成本，如经纪人佣金、税金和其他管理成本等。转换成本一般只与转换的次数、每次的转换量有关。假定现金每次的转换成本是固定的，在企业一定时期现金使用量确定的前提下，每次以有价证券转换回现金的金额越大，企业平时持有的现金量便越高，转换的次数便越少，现金的转换成本就越低；反之，每次转换回现金的金额越低，企业平时持有的现金量便越低，转换的次数会越多，现金的转换成本就越高。

（四）短缺成本

短缺成本是指企业因现金短缺而遭受的损失，如不能按时支付购料款而造成的信用损失，以及不能按期缴纳税款而被罚缴的滞纳金等。短缺成本随现金持有量的增加而下降，即与现金持有量呈负相关关系。

**想一想**

企业持有的现金是越多越好吗？企业持有的现金总额等于各种动机所需现金余额之和吗？

6-3 思考提示

三、现金管理的目标

现金管理的焦点问题是在其盈利性和流动性之间的矛盾。从企业盈利角度考虑,应当尽可能地减少持有的现金,力求避免资金闲置和资金利用率低而给企业造成的潜在损失,即要求尽力降低现金持有的机会成本。但从企业风险来看,企业应尽可能保持较充足的资金储备,增强资金流动性,力求避免各种资金短缺成本的发生,保证企业生产经营活动正常运转,这是企业生存和发展的前提。所以企业的现金管理就是要处理好资金机会成本和短缺成本之间的关系,对由于资金不足和资金多余给企业造成的利弊影响,作出权衡,使其矛盾在良好的现金管理措施下得到化解。现金管理的目标,是在保证企业生产经营所需资金的同时,节约使用资金,并从暂时闲置的资金中获得最多的收益。

四、现金的日常管理

现金的流动性很强,因此必须加强现金的日常管理,保证现金收支不出差错,维护现金的安全、完整,最大程度地发挥其效用。现金的日常管理通常包括以下几方面的内容。

(一) 现金收入的管理

企业的现金收入管理重在缩短收款时间。一般来说,企业销货后账款的回收包括三个阶段:客户开出支票寄到收款企业、收款企业收到支票交付银行、银行凭支票通过银行结算系统向客户的开户银行结算划转款项。这个过程中,前两个阶段所需时间的长短不但与客户、企业、银行之间的距离有关,而且与收款的效率有关。企业应尽量缩短这一时间,采用有效的方法如邮政信箱法、银行业务集中收账法、电汇等,使应收款项尽早进入本企业银行账户。

(二) 现金支出的管理

与现金收入的管理相反,现金支出管理的主要手段是通过尽可能延缓现金的支出时间来达到提高货币资金的利用效率。但是这种做法在对企业有利的同时也往往会损害与其他企业的关系。所以这种延缓必须是合理合法的,否则企业延期支付账款所得到的收益将远远低于由此而遭受的损失。延期支付账款的方法一般有以下几种:

(1) 合理利用现金的"浮游量"。所谓现金的"浮游量",是指企业账户上现金持有量与银行账户上所示的存款余额之间的差额。

(2) 推迟支付应付款项的时间。推迟支付应付款项的时间是指在不影响信誉的情况下,采取一定的措施,尽可能推迟应付款的支付时间。推迟支付应付款的常见方法是在信用期或折扣期的最后一天付款,这样既可以推迟现金支付时间,又可以使企业不必持有现金以等待支付债务。

(3) 力争现金流出与现金流入同步。企业应尽量使现金流出与现金流入同步,这样,就可以使企业所持有的交易性现金余额降到最低水平,同时可以减少有价证券转换为现金的次数,提高现金的利用效率,节约转换成本。

(4) 采用汇票代替支票付款。在使用支票付款时,只要持票人将支票存入银行,付款人就要无条件地付款,但汇票不是"见票即付"的付款方式,这样就有可能合法地延期付款。

(三) 闲置现金的管理

企业在筹资和经营过程中,会产生大量的现金,这些现金在用于资本投资或其他业务活动之前,通常会闲置一段时间。企业库存现金没有利息收入,银行活期存款利息收入也相当低。因此,为了提高现金的利用效率,我们可以把这些现金投资于变现能力强的短期有价证券,以获取利息收入或资本利得。如果管理得当,可给企业增加相当可观的收益。

寓德于技

"西贝"现金流告急!

据相关报道,疫情期间西贝餐饮集团(简称西贝)出现了现金流短缺的问题。西贝,全国连锁门店400多家,年营收60多亿元,正常经营情况下根本不差钱。但疫情大面积暴发不足两月,西贝创始人贾国龙就已左支右绌,在接受媒体访问时直言,西贝400多家线下门店基本停业,只保留100多家外卖业务,预计春节前后一个月损失7亿~8亿元,同时2万多名员工一个月支出就在1.5亿元左右,若疫情无法有效控制,企业账上现金流撑不过3个月。这一连串数字引发了业内的震荡,并且获得了极高的关注。西贝现金流短缺的原因在于:春节前资金用于支付货款、发放奖金;突发疫情导致餐饮业几乎颗粒无收;员工工资、房租、餐饮原材料等成本开支并没有减少。

正是这次"哭穷",让当时深陷危机的西贝获得了资本市场的关注。2月7日,西贝收到了浦发银行提供的1.2亿元流动资金贷款。短期流动资金贷款和贸易融资额度,缓解了企业短期流动性紧张,保障员工工资发放与基础原材料采购。同时西贝也作了业务转型,通过建中央厨房、做功夫菜等新业务,搭建新的业务体系,拓展新的市场,给自己扩大发展空间。

资料来源:中国证券网受疫情冲击西贝餐饮现金流告急 浦发银行为其提供1.2亿贷款已到账 https://news.cnstock.com/news,jg-202002-4486883.htm 资料有删减。

现金的特点是流动性好,但盈利性差。除了贡献很少的银行利息,现金不会产生任何利益。如果遇到金融危机等情况,有的国家的货币还会贬值,或者构成实际意义上的购买力下降,所以企业现金的多寡是一把双刃剑。未雨绸缪、防患于未然,是现金管理和企业管理很重要的内容。未来无法预知,但是可以在平稳时期多规划未来,企业要先考虑生存,再谈发展。

五、最佳现金持有量的确定

基于交易动机、预防动机、投机动机,企业需要持有一定数量的现金。持有现金过多,必然会降低企业的盈利能力,而持有的现金过少,又可能给企业带来财务风险。因此,企业为了进行正常的生产经营活动,必须控制好现金持有规模,即确定最佳现金持有量。企业最佳现金持有量的确定,应根据企业的经营管理范围和现金管理特点,选择适当的模式。确定最佳的现金持有量方法很多,但最主要的方法有成本分析模式和存货模式。

子任务一 成本分析模式下最佳现金持有量的确定

 任务要求

悠扬公司财务部根据 2022 年度的现金使用情况,对其 2023 年度现金持有量进行预测,列出了四种现金持有方案(表 6-1)。悠扬公司应该选择哪种方案来确定最佳现金持有量呢？

表 6-1 悠扬公司现金持有方案　　　　　　　　　　　　　　金额单位:元

项目	甲	乙	丙	丁
现金持有量	600 000	900 000	1 100 000	1 500 000
机会成本率	6%	6%	6%	6%
管理费用	20 000	20 000	20 000	20 000
短缺成本	360 000	210 000	100 000	0

 任务指导

成本分析模式是通过分析持有现金的相关成本,寻找总成本最低的现金持有量。在这种模式下,最佳现金持有量就是持有现金而产生的机会成本、管理成本与短缺成本之和最小时的现金持有量,如图 6-1 所示。

在图 6-1 中我们可以看到,机会成本线向右上方倾斜,短缺成本线向右下方倾斜,管理成本线为平行于横轴的平行线,由于各项成本同现金持有量的关系不同,使得总成本线呈一条抛物线型,该抛物线的最

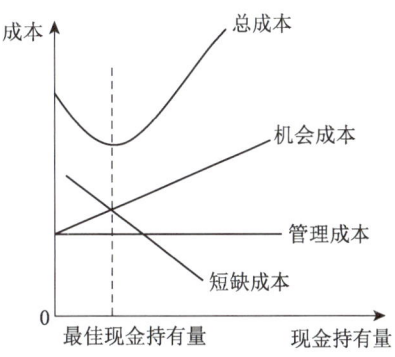

图 6-1 成本分析模式下的最佳现金持有量

低点即为持有现金的最低总成本。这一点在横轴上对应的量,即是最佳现金持有量。

在成本分析模式下,最佳现金持有量的具体计算,可以先分别计算出不同现金持有量的机会成本、管理成本和短缺成本之和,再从中选出总成本之和最低的现金持有量,即最佳持有量。成本分析模式下最佳现金持有量可编制现金持有成本分析表来确定。

 任务实施

根据悠扬公司所列资料编制现金持有量成本分析表,如表 6-2 所示。

表 6-2　悠扬公司现金持有成本分析表　　　　　　　　　　　单位：元

项目	甲	乙	丙	丁
现金持有量①	600 000	900 000	1 100 000	1 500 000
机会成本率②	6%	6%	6%	6%
机会成本③=①×②	36 000	54 000	66 000	90 000
管理费用④	20 000	20 000	20 000	20 000
短缺成本⑤	360 000	210 000	100 000	0
总成本⑥=③+④+⑤	416 000	284 000	186 000	110 000

丁方案现金持有相关总成本最低，对应的最佳现金持有量即为 1 500 000 元。

 同步训练

洁雅公司是一家经营化妆品业务的购销公司，其提出的现金持有方案如表 6-3 所示。

表 6-3　洁雅公司现金持有方案　　　　　　　　　　　　单位：万元

项目	A 方案	B 方案	C 方案	D 方案
现金持有量	25	35	45	55
机会成本率	10%	10%	10%	10%
管理费用	1.5	1.5	1.5	1.5
短缺成本	5	3	1.5	1

要求：确定洁雅公司最佳现金持有方案。

6-4 思考提示

 想一想

请同学们思考，运用成本分析模式确定现金的最佳持有量，有什么优点和缺点？

子任务二　存货管理模式下最佳现金持有量的确定

 任务要求

假设悠扬公司现金使用量是均衡的，预计 2023 年公司每月现金净流出量为 60 000 元，预计同期市场债券利率为 10%，有价证券市场交易费用每次为 40 元。悠扬公司该如何利用存货管理模式确定最佳现金持有量？在最佳现金持有量下，悠扬公司全年现金管理总成本是多少？全年有价证券转换次数是多少？

任务指导

确定现金最佳持有量的存货模式来源于存货的经济批量模型,是将现金看作企业的一种特殊的存货,按照存货管理中的经济批量法的原理确定企业最佳现金持有量的方法。运用存货模型必须以下列假设为前提:①企业一定时期内现金支出均衡且可预测,当现金余额接近 0 时,短期有价证券可随时转换为现金;②短期有价证券的利率或报酬可预测;③短期有价证券变现的交易成本可预测。

利用存货模型,相关成本只有机会成本和转换成本。

假设,T 为特定时间内现金需求总量,F 为每次转换有价证券的固定成本,K 为有价证券利息率(机会成本率),T_C 为总成本,C 为最高现金余额(每次证券转换额),C^* 为最佳现金持有量。则:

存货模式下的现金持有总成本＝机会成本＋转换成本,即:

$$T_C = \frac{C}{2} \times K + \frac{T}{C} \times F$$

所谓最佳现金持有量就是使 T_C 最低时的 C。可将上式对 C 求导,导数为零时可求得 T_C 最低时的 C,用 C^* 表示,即:

$$C^* = \sqrt{\frac{2TF}{K}}$$

最佳现金持有量时,证券最佳转换次数:

$$N = \frac{T}{C^*}$$

在最佳现金持有量时,现金持有的总成本:

$$T_C = \sqrt{2TFK}$$

在最佳现金持有量时,现金的持有机会成本:

$$机会成本 = 转换成本 = \sqrt{\frac{TFK}{2}}$$

存货模式下,相关总成本与持有机会成本、转换成本之间的关系如图 6-2 所示。

任务实施

(1) 悠扬公司最佳现金持有量为:

$$C^* = \sqrt{\frac{2 \times 60\,000 \times 12 \times 40}{10\%}} = 24\,000(元)$$

(2) 全年现金管理总成本为:

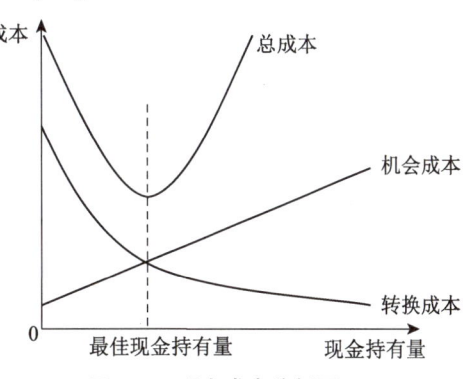

图 6-2 现金成本分析图

$$T_C = \sqrt{2 \times 60\,000 \times 12 \times 40 \times 10\%} = 2\,400(元)$$

(3) 全年有价证券转换次数为:

$$N = \frac{720\,000}{24\,000} = 30(次)$$

 同步训练

洁雅公司现金收支比较稳定,预计全年(按 360 天算)现金需要量为 36 万元,现金与有价证券的转换成本为每次 500 元,有价证券年利率为 10%。洁雅公司现金持有量为多少最佳?在最佳现金持有量下的全年现金管理总成本是多少?全年有价证券转换次数是多少?

 任务拓展

小组任务::5~6 人一组,通过各种方式搜集一个公司的现金管理制度和方式,深入调查分析说明其优点和缺点,并为该企业设计一套新的现金管理方案。

任务二　应收账款管理

任务引例

悠扬公司在2022年12月召开营运资金管理专题会议中讨论应收账款的管理,大家一方面关注如何利用应收账款管理的方法进行应收账款管理,另一方面还要想办法解决应收账款信用政策的制定问题。

应收账款是企业在正常经营活动中,由于赊销商品或提供劳务,而应向购货单位或接受劳务的单位收取的款项,是企业流动资产的组成部分。从流动资产管理的角度来看,是企业提供给其客户的商业信用,它形成的根本原因是商业竞争的结果。

知识准备

一、应收账款的作用

（一）促进销售

在激烈的市场竞争中,企业为了增强自己的竞争实力,扩大销售,增加盈利,除了依靠产品质量、价格、售后服务、广告外,还可以利用赊销来拓宽市场,增强竞争实力。赊销是一种重要的促销手段,因为在赊销方式下,卖方企业在销售商品时向买方提供了可以在一定期限内无偿使用的商业信用资金,这对于买方具有极大的吸引力。虽然大多数企业更希望现销,但竞争的压力迫使许多企业实行赊销,以便扩大营销市场,增加企业销售收入。

（二）减少存货

由于市场竞争引起的赊销方式可以加速产品销售的实现,同时也加快了产成品向销售收入的转化,从而降低了存货中的产成品数量。减少存货对于降低产成品存货的管理费用、仓储费用和保险费用等有着积极的作用。因此,当产成品存货较多时,企业可以采用较为优惠的信用条件进行赊销,尽快地实现产成品存货向销售收入的转化,将产成品存货转化为应收账款,以便降低各种费用支出,提高企业效益。

二、应收账款的成本

应收账款的发生意味着企业有一部分资金被顾客占用,由此会发生一定的成本,主要包括管理成本、坏账成本和机会成本。

（一）管理成本

应收账款的管理成本,是指企业对应收账款进行管理而耗费的开支,是应收账款成本的重要组成部分,主要包括：对顾客信用情况调查的费用、收集信息的费用、催收账款的费用、账簿的记录费用等。

(二)坏账成本

在赊销交易中,债务人由于种种原因无力偿还债务,债权人就有可能因无法收回应收账款而发生损失,这种损失就是坏账成本。可以说,企业发生坏账成本是不可避免的,这一成本一般同应收账款的数量成正比,即应收账款越多,坏账成本也越大。

坏账成本一般用下列公式测算:

$$应收账款的坏账成本 = 赊销额 \times 预计坏账损失率$$

(三)机会成本

应收账款的机会成本,是指企业将资金投资于应收账款而不能进行其他投资所丧失的投资收益,如投资于有价证券取得利息收入。这一成本的大小通常与企业维持赊销业务所需要的资金数量、占用时间、资金成本率有关。其计算公式如下:

$$应收账款的机会成本 = 维持赊销业务所需要的资金 \times 资金成本率$$

$$维持赊销业务所需要的资金 = 应收账款的平均余额 \times 变动成本率$$

$$应收账款的平均余额 = 日赊销额 \times 平均收账天数$$

$$日赊销额 = \frac{年赊销额}{360}$$

平均收账天数为各种收账天数的加权平均数。

三、应收账款管理的目标

赊销可以增加企业竞争力,从而扩大销售、增加收益、降低存货管理成本,但同时也带来应收账款投资成本的增加。应收账款投资收益与风险并存的客观现实,要求企业必须在两方面加以权衡。因此,应收账款管理的目标是:制定科学合理的应收账款信用政策,并将这种信用政策所增加的收益与预计要承担的费用、风险之间作出权衡,以最大限度地发挥应收账款投资的效益。

寓德于技

广州白云山制药股份有限公司的应收账款风险管理

广州白云山制药股份有限公司在医药行业95%的交易都是以信用销售方式完成的情况下,通过强化内部信用风险管理,采取事前、事中和事后的全过程信用管理,有效地控制了拖欠账款的发生,同时保证销售额的稳步增长。该公司自实行信用管理以来,销售额每年增长30%~40%,而逾期应收账款却每年下降4%,真正使销售与回款由"两难"变成了"双赢"。应收账款既是企业财务"风险源",也是企业发展"推动器",只有企业加强内部管理,建立起了科学规范的信用管理制度,完善坏账准备金指导,制定合理的收账政策,才能从根本上解决整个经济体系中的债务拖欠问题,实现经济社会稳定和谐。

只有全面掌握应收账款信用政策的相关内容,才能为企业制定出科学合理的信用管理制度,加强信用成本的控制,制定合理的收账政策,为企业有效控制风险提高企业净收

益,打下牢固的专业知识储备,具备为企业提供专业意见的决策能力。

四、应收账款的信用政策

应收账款的信用政策是企业财务政策的一个重要组成部分,企业要管好、用好应收账款,必须制定合理的应收账款信用政策。

应收账款信用政策是企业基于对客户资信情况的认定,而对客户给予先发货后收款的结算优惠,这种优惠实质是企业对客户的一种短期融资。信用政策的制定包括信用标准的制定、信用条件的选择和收账政策的制定。

予任务一 信用标准的制定

任务要求

悠扬公司目前有一个新客户远图公司准备赊购企业产品,所以悠扬公司正在着手制定远图公司的信用标准。经考察,悠扬公司拟利用远图公司的利息保障倍数(x_1)、速动比率(x_2)、资产负债率(x_3)、净资产收益率(x_4)作为信用分析指标。远图公司这些指标对应的数值依次为 8.3、2.8、0.3、20%,各项指标折算的信用分数分别为 90 分、90 分、85 分、90 分,各项指标对应的权重系数依次为 0.4、0.25、0.2、0.15。悠扬公司的信用等级标准是:60 分以下为信用状况较差,60~80 分为信用状况一般,80 分以上为信用状况良好。

请用信用评分法评估远图公司的信用状况。另外,请思考还有其他方法评估远图公司的信用状况吗?

任务指导

信用标准是客户获得企业商业信用所应具备的最低条件,也是企业同意向顾客提供商业信用而提出的基本要求。如果企业的信用标准较高(即只对信誉较好、坏账损失率较低的客户进行赊销),将使许多客户因信用品质达不到所设的标准而被企业拒之门外,其结果尽管会减少坏账损失和应收账款的机会成本,但不利于企业市场竞争能力的提高和销售收入的扩大;相反,如果企业采取较低的信用标准,虽然有利于企业扩大销售,提高市场竞争力和市场占有率,但同时也会导致坏账损失风险加大和收账费用增加。因此,企业应当权衡得失,对不同客户制定相应的信用标准。

企业信用标准的评估方法有定性评估法和定量评估法。

一、信用标准的定性评估

常用的定性评估方法是"5C 评估法",即评估客户资信程度的五个方面:品质、能力、资本、抵押品和条件。

品质(character)，是指客户的商业信誉，即客户有没有按期偿还款项的诚意。它是评价客户资信程度的首要因素。企业必须设法了解客户的付款历史，调查其是否有按期如数付款的一贯做法，与其他往来企业的关系是否良好。

能力(capacity)，是指客户的偿债能力。企业应着重了解客户流动资产的数量、质量以及与流动负债的比例关系等，客户的流动比率越高，其转化为现金支付款项的能力就越强。

资本(capital)，是指客户的财务实力和财务状况，特别是有形资产净值和留存收益。资本是客户偿付债务的最终保证。

抵押品(collateral)，是指客户提供的可作为资信安全保证的资产。只要客户提供足够的抵押品，就可以向他们提供商业信用。针对不知底细的客户或信用状况有争议的客户，要求其指定抵押品是尤为重要的。

条件(condition)，是指可能影响客户付款能力的社会经济环境，主要看客户是否有应付不利经济环境的应变能力。比如若出现经济不景气等因素，会对客户的付款能力产生什么影响，客户会如何做等等，这需要了解客户在过去经济环境困难时期的付款历史。

二、信用标准的定量评估

定量评估法主要是利用财务报表提供的数据，通过计算估量客户的信用等级。常见的方法是信用评分法，其基本思想是：财务指标反映了企业的信用状况，通过对企业主要财务指标的分析和模拟，可以预测企业破产的可能性，从而预测企业的信用风险。采用信用评分法时，应先对一系列财务比率和信用情况指标进行评分，然后进行加权平均，计算得出客户综合的信用分数，并以此进行信用评估。其基本计算公式为：

$$Y = \sum_{i=0}^{n} a_i x_i$$

式中：Y 为某企业信用综合评分；a_i 表示第 i 种财务比率和信用品质的权数；x_i 表示第 i 种财务比率或信用品质的评分值。

 任务实施

远图公司的信用得分：
$Y = 0.4 \times 90 + 0.25 \times 90 + 0.2 \times 85 + 0.15 \times 90 = 89(分)$
计算结果表明，远图公司的信用状况良好。

除了信用评分法，悠扬公司还可以关注远图公司的品质(商业信誉)、能力(偿债能力)、资本(财务实力和财务状况)、抵押品(可作为资信安全保证的资产)和条件(影响客户付款能力的社会经济环境)，用定性的方法评估远图公司的信用状况。

子任务二 信用条件的选择

任务要求

悠扬公司在2022年12月召开的营运资金管理专题会议中讨论了公司信用条件的制定标准和原则。悠扬公司内部持有两种观点:第一种观点,继续沿用目前较短的信用期限,避免增加相关成本;第二种观点,如果公司继续使用较短的信用期限,在疫情后的特殊时期,会影响企业的销售情况,所以应该制定较长的信用期限,以此提高销售额,促进企业更好发展,顺利实现疫情后的复工复产。

2022年度悠扬公司的平均收账期为30天,按照目前的信用政策,预计2023年度全年实现营业收入3 600 000元。为进一步扩大销售、占领市场,财务经理认为可以采取更积极的信用政策。如果2023年度将平均信用期限延长至40天,预计营业收入将增加到4 320 000元,同时收账费用会由10 000元增加到11 000元,坏账损失也会由目前的1.5%增加到2%。该公司变动成本率为65%,资金成本率为10%。假设悠扬公司收账政策不变,固定成本总额不变。悠扬公司是否应该选择延长信用期?如果悠扬公司采用40天信用期方案的同时,为了吸引顾客尽早付款,提出了"1/20,n/40"的现金折扣方案,估计会有40%的顾客将享受现金折扣优惠。悠扬公司是否应该提供现金折扣?

任务指导

当企业根据信用标准决定给予客户信用优惠时,就需要考虑具体的信用条件。信用条件是指企业要求客户支付赊销款项的条件,包括信用期限、现金折扣和折扣期限。信用条件的基本表示形式如"2/10,1/20,n/30",其含义是:若客户能够在发票开出后的10日内付款,可以享受2%的现金折扣;若客户能够在11~20日内付款,可以享受1%的现金折扣;如果放弃折扣优惠,则全部款项必须在30日内付清。其中,信用期限为30天,折扣期限分别为10天、20天,折扣率分别为2%、1%。提供比较优惠的信用条件能增加销售量,但也会增加机会成本、坏账成本和现金折扣成本。制定信用条件政策的基本规则是总收益大于总成本。

一、信用期限

信用期限是指企业允许客户从购货之日到支付货款的最长时间的期限。企业的销售量与信用期限之间存在着一定的依存关系。一般来讲,延长信用期限,可以在一定程度上扩大销售量,从而增加销售额。但不适当地延长信用期限,会给企业带来不良后果:一是使平均收账期延长,占用在应收账款上的资金相应增加,引起机会成本增加;二是引起坏账损失和收账费用的增加。因此,企业应否给客户延长信用期限,应根据延长信用期限增加的销售利润是否超过增加的成本费用。

二、折扣条件

折扣条件包括现金折扣和折扣期限两个方面。由于延长信用期限会增加应收账款占用的时间和金额,因此许多企业为了加速资金的周转,及时收回货款,减少坏账损失,往往在延长信用期限的同时,采用一定的优惠措施,即在规定的时间内提前偿付货款的客户可按销售收入的一定比率享受折扣。现金折扣实质上是对现金收入的扣减,企业决定是否提供以及提供多大程度的现金折扣,主要考虑的是提供折扣后所得收益是否大于提供现金折扣成本。在信用条件优化选择中,现金折扣条款能降低机会成本、管理成本和坏账成本,但同时也需付出一定的代价,即现金折扣成本。信用条件优化的要点是增加的销售利润能否超过增加的机会成本、管理成本、坏账成本和折扣成本之和。

综上所述,企业信用决策的要点是改变信用条件增加的营业利润是否超过改变信用条件增加的信用成本,需分三步进行:

第一步,计算改变信用条件增加的营业利润;

第二步,计算改变信用条件增加的信用成本;

第三步,计算改变信用条件增加的税前损益并决策,如果改变信用条件增加的税前损益大于0,可以改变信用条件,否则不宜改变。

 任务实施

1. 是否延长信用期的决策

(1) 计算延长信用期增加的营业利润。

增加的营业利润＝增加的收入－增加的变动成本－增加的固定成本
$$=(4\,320\,000-3\,600\,000)\times(1-65\%)-0$$
$$=252\,000(元)$$

(2) 计算延长信用期增加的信用成本。

增加的机会成本＝40天信用期应收账款的机会成本－30天信用期应收账款的机会成本
$$=4\,320\,000\div360\times40\times65\%\times10\%-3\,600\,000\div360\times30\times65\%\times10\%$$
$$=31\,200-19\,500=11\,700(元)$$

增加的收账费用＝11 000－10 000＝1 000(元)

增加的坏账损失＝4 320 000×2％－3 600 000×1.5％＝86 400－54 000＝32 400(元)

增加的信用成本＝11 700＋1 000＋32 400＝45 100(元)

(3) 计算延长信用期增加的税前损益并决策。

延长信用期增加的税前损益＝252 000－45 100＝206 900(元)

延长信用期增加的税前收益大于0,故悠扬公司应延长信用期,即采用40天信用期。

2. 是否提供现金折扣的决策

(1) 计算增加的利润：

增加的利润＝增加的收入－增加的变动成本－增加的固定成本
$$=(4\,320\,000-3\,600\,000)\times(1-65\%)-0$$
$$=252\,000(元)$$

(2) 计算增加的信用成本。

30 天信用期应收账款的机会成本＝3 600 000÷360×30×65％×10％＝19 500(元)

提供现金折扣的平均收现期＝20×40％＋40×60％＝32(天)

提供现金折扣应收账款的机会成本＝4 320 000÷360×32×65％×10％＝24 960(元)

增加的机会成本＝24 960－19 500＝5 460(元)

增加的收账费用＝11 000－10 000＝1 000(元)

增加的坏账损失＝4 320 000×2％－3 600 000×1.5％＝86 400－54 000＝32 400(元)

增加的现金折扣成本＝新的销售水平×享受现金折扣的顾客比例×新的现金折扣率－
　　　　　　　　　旧的销售水平×享受现金折扣的顾客比例×旧的现金折扣率
　　　　　　　　＝4 320 000×40％×1％－3 600 000×0×0＝17 280(元)

增加的信用成本＝5 460＋1 000＋32 400＋17 280＝56 140(元)

(3) 计算增加的税前损益并决策。

增加的税前损益＝252 000－56 140＝195 860(元)

由于增加的税前收益大于 0,故悠扬公司应延长信用期并提供现金折扣。

同步训练

洁雅公司采用赊销方式销售产品,现有两种信用期方案,甲方案信用期为 30 天,乙方案信用期为 60 天,该企业变动成本率为 60％,最低期望利润率为 10％。通过分析,如果信用期是 30 天,则全年销售额为 30 万元,应收账款的管理成本为 5 000 元,坏账损失为 5 500 元;如果信用期为 60 天,则销售额可达到 35 万元,应收账款的管理成本为 7 000 元,坏账损失为 6 800 元。则洁雅公司该选择哪种信用期方案。

如果洁雅公司采用 60 天信用期方案的同时,为了吸引顾客尽早付款,提出了"1/20,n/60"的现金折扣方案,估计会有一半的顾客将享受现金折扣优惠,此时坏账损失降为 5 800 元,应收账款的管理成本降为 6 000 元。请作出该方案是否可行的决策。

想一想

我们知道应收账款的机会成本会减少应收账款的投资收益,请问应收账款的机会成本是否会在企业利润表中体现?

6-5 思考提示

子任务三　收账政策的制定

任务要求

悠扬公司 2022 年度平均收账期 30 天,营业收入(赊销额)3 240 000 元,收账费用

10 000元,坏账损失为赊销额的1.5%。该公司财务经理认为,如果通过增加收账人员等措施,增加收账费用5 000元,可以使平均收账期降为25天,坏账损失降为赊销额的1.4%,该公司变动成本率为65%,资金成本率为10%。请问该收账政策是否合理?(每年按360天)

任务指导

收账政策是指当客户违反信用条件,拖欠甚至拒付账款时企业所采取的收账策略与措施。企业在决定向客户提供信用条件时,实际上就已经承担了客户违反信用条件,拖欠货款的风险。对于拖欠的货款,企业无论采用哪种收账方式进行催收,都要付出一定的代价,即收账费用,如收账发生的邮电通信费、收账人员的差旅费、法律诉讼费等。若收款政策过宽,会导致拖欠款项的客户增多并且拖延款项的时间延长,从而增加应收账款的投资和坏账损失,但会减少收账费用;若收账政策过严,又将导致拖欠款项的客户减少及拖延款项的时间缩短,从而减少应收账款的投资和坏账损失,但却会增加收账费用。

因此,企业在制定收账政策时,要权衡利弊得失,掌握好宽严界限。制定合理的收账政策就是要在增加的收账费用与减少坏账损失与应收账款机会成本之间进行权衡,若前者小于后者,则说明制定的收账政策是可取的。

任务实施

增加的收账费用=5 000(元)
减少的坏账损失=3 240 000×(1.5%-1.4%)=3 240(元)
减少的机会成本=3 240 000÷360×30×65%×10%-3 240 000÷360×25×65%×10%
=17 550-14 625=2 925(元)
减少的坏账损失与机会成本之和=3 240+2 925=6 165(元)

因为增加的收账费用(5 000元)小于减少坏账损失与应收账款机会成本之和(6 165元),所以悠扬公司制定的收账政策是合理的。

子任务四　应收账款的日常管理

任务要求

悠扬公司在2022年12月召开的营运资金管理专题会议中提出了一个问题,应该如何对应收账款进行日常管理?

任务指导

企业在制定信用政策后,对于已经发生的应收账款,企业还应进一步加强日常管理工作,及时发现问题,采取有力措施减少坏账损失。应收账款日常管理措施主要包括调查客户信用状况、分析应收账款账龄、组织应收账款回收、建立坏账准备和分析应收账款收现保证率。

一、信用调查

信用调查是指企业通过收集有关信息资料,对客户的偿债能力和主观愿望作出判断和估计,以便企业制定出正确、合理的信用政策。信用调查的方法主要有直接调查和间接调查两类。

(一)直接调查

直接调查,是指企业调查人员通过对客户当面采访、询问、观看、记录等方式获取信用资料的一种方法。这种方法的优点是保证收集资料的准确性和及时性,但若不能得知被调查客户的合作诚意,会使调查资料不完整或部分失真。

(二)间接调查

间接调查,是指企业通过信用评估机构、商业银行的信用部门和财务咨询公司等取得信用资料,了解客户信用情况的一种调查方法。这些信用资料主要来源于:

(1)财务报表。这是信用资料的主要来源,它包括资产负债表、利润表、现金流量表及有关说明。通过对客户的流动性、支付能力和经营业绩等方面的分析,企业基本上可以掌握客户的财务状况和盈利水平。

(2)信用评估机构。许多国家都有专门的信用评估机构,这些机构的评估方法先进,调查细致,程序合理,可信度较高。

(3)银行。银行是信用资料的一个重要来源,每家银行都设有信用部,并为其客户提供服务。企业可以通过银行了解到客户的一些信用情况。

(4)其他途径。如财税部门、消费者协会、市场监督管理部门、证券交易部门等,都可以作为了解客户信用状况的渠道。

二、应收账款账龄分析

企业已发生的应收账款的时间有长有短,对于已经超过信用期限的应收账款,企业要特别关注。一般来说,应收账款逾期拖欠时间越长,催收越困难,形成坏账的可能性越大。因此,企业应定期分析应收账款的账龄,密切注意应收账款的回收情况,加强应收账款的监督和控制。对企业应收账款账龄的分析,主要是通过定期编制应收账款账龄分析表来进行的。

三、应收账款回收

企业对不同拖欠时间的账款和不同信用品质的客户,应采用不同的收账方法,制订经济可行的收账方案。比如,对刚过信用期的客户,企业可不予过多打扰;对拖欠期稍长的客户,企业可措辞婉转地写信催款;对过期较长的客户,企业可进行频繁的信件催款并电话催询;对过期很长的客户,企业在催款时可以措辞严厉,必要时可提请有关部门仲裁或提请诉讼。一般来说,企业收回账款应从收账费用最小的方法开始,逐渐增加收账费用,即从信函通知、电讯催收、派人员面谈直至诉诸法律。

四、建立应收账款坏账准备制度

无论企业采取怎样严格的信用政策,只要存在商业信用行为,坏账损失的发生就无法避免。一般来说,确定坏账损失的标准主要有两条:一是债务人破产或者死亡,企业以其破产财产或者遗产清偿后,仍然不能收回应收账款;二是债务人逾期未履行偿债义务,且具有明显特征表明应收账款无法收回。

企业的应收账款只要符合上述任何一个条件,就应作为坏账损失处理。为了适应市场经济的需要,增强风险意识,企业应遵循谨慎性原则,对坏账损失的可能性预先进行估计,并建立坏账准备金制度。提取坏账准备金,不仅可以增强企业抵御坏账风险的能力,而且有利于企业资金的周转,提高经济效益。

五、分析应收账款收现保证率

应收账款收现保证率是反映有效收现的账款占全部应收账款的比重。应收账款发生以后,由于种种原因,总有一部分不能按期如数收回,但是企业必须在当期用现金支付与赊销收入有关的增值税、所得税以及弥补应收账款资金占用等。所以,企业当期现金支付需要量与当期应收账款收现额之间经常存在着非对称性矛盾。为了解决这一矛盾,企业对应收账款当期最低收现额作出规定,并要求企业在对应收账款进行管理中把它作为控制应收账款收现水平的依据,如果实际收现情况达不到这一标准,就会影响企业预期经营目标的实现和信誉地位的提高,并有可能遭受税法的严厉制裁。因此,企业财务管理人员应以应收账款收现保证率为收现水平控制依据,认真制定或完善收账政策及催讨方法,从而采取有效的措施加速应收账款的回收。其计算公式为:

$$应收账款收现保证率 = \frac{当期必要现金支付总额 - 当期其他稳定可靠的现金流入总额}{当期应收账款总计金额}$$

$$\begin{matrix}应收账款\\收现保证额\end{matrix} = \left(\begin{matrix}本期发生\\应收账款\end{matrix} + \begin{matrix}以前尚未收\\回应收账款\end{matrix}\right) \times \begin{matrix}应收账款\\收现保证率\end{matrix}$$

任务实施

悠扬公司在对其应收账款进行管理时,可以采取以下措施:①企业对客户的信用品质和偿债能力进行调查和分析。②企业应根据各项应收账款的拖欠时间及占应收账款的总额比重分析收回的可能性及风险损失。③企业对不同拖欠时间的账款和不同信用品质的客户,应采用不同的收账方法,制订经济可行的收账方案。④对可能发生的坏账损失,需提前作准备。⑤对应收账款的收现水平制定一个控制标准,即应收账款收现保证率。

自主学习

> **应收账款保理**
>
> 应收账款保理,是指企业将应收账款按一定折扣卖给第三方(保理机构),从而获得相应的融资款,以利于现金的尽快取得。应收账款保理业务的分类如下:

（1）有追索权保理和无追索权保理。有追索权保理是指销售合同并不真正转让给银行，银行只是拿到该合同的部分收款权，一旦采购商最终没有履行合同的付款义务，银行有权向销售商要求付款。无追索权保理是指银行将销售合同完全买断，并承担全部的收款风险。

（2）明保理和暗保理。明保理是指银行和销售商需要将销售合同被转让的情况通知采购商，并签订银行、销售商、采购商之间的三方合同。暗保理是指销售商为了避免让客户知道自己因流动资金不足而转让应收账款，并不将债权转让情况通知客户，货款到期时仍由销售商出面催款，再向银行偿还借款。

（3）折扣保理和到期保理。折扣保理又称融资保理，即在销售合同到期前，银行将剩余未收款部分先预付给销售商，一般不超过合同总额的80%。到期保理是指银行并不提供预付账款融资，而是在赊销到期时才支付，届时不管货款是否收到，银行都必须向销售商支付货款。

任务拓展

希望公司信用政策的决策

希望公司的经营范围主要是生产和销售家用电器。在成立初期，希望公司凭借着产品质量过硬、售后服务周到等优势，在市场中不断扩大销售份额、扩充自身经营领域。其年赊销额为720万元，该企业产品变动成本率为60%，资金利润率为10%，企业现有A、B两种信用政策可供选择，有关资料如表6-4所示。

表6-4 希望公司信用政策备选方案　　　　　　　　金额单位：万元

项目	A政策	B政策
平均收账期（天）	60	45
坏账损失率	1.5%	1%
应收账款平均余额		
收账成本		
应收账款机会成本		
坏账损失		
年收账费用	2	9
收账成本合计		

该公司财务经理小张认为,A 政策的应收账款机会成本为 12 万元(720×60÷360×10%),B 政策的应收账款机会成本为 9 万元(720×45÷360×10%),坏账损失分别为 10.8 万元和 7.2 万元,年收账费用分别为 2 万元和 9 万元,综合考虑,A 政策的收账成本合计为 24.8 万元,B 政策的收账成本合计为 25.2 万元。因此,希望公司应选择 A 政策。

问题:

(1) 你认为小张的分析正确吗?

(2) 计算表 6-4 中的空白部分(一年按 360 天计算)。

(3) 对上述信用政策进行决策。

(4) 若希望公司倾向于选择 B 政策,判断在其他条件不变的情况下,B 政策收账费用的上限为多少。

任务三 存货管理

任务引例

悠扬公司在2022年12月召开的营运资金管理专题会议中讨论了公司存货管理的决策问题,该公司生产主要使用甲和乙两种原材料。财务经理认为,这些原材料均是市场上常用的材料,采购渠道稳定,价格变化不大,希望采购部门筹划采购量和库存量,以降低存货的持有成本。采购部门持有两种观点:第一种观点,每次采购较多的材料,从而减少采购次数来降低成本;第二种观点,每次采购较少的材料,从而减少库存量来降低成本。悠扬公司对于存货到底应该如何管理呢?

存货是指企业在日常活动中持有以备出售的产成品或商品、处在生产过程中的在产品、在生产过程或提供劳务过程中耗用的材料和物料等。简而言之,存货是指企业在生产经营过程中为生产或销售而准备的物资,包括:各类材料、商品、在产品、半成品、产成品等。

知识准备

一、存货的功能与成本

(一) 存货的功能

存货的功能,是指存货在企业生产经营过程中所具有的作用,主要表现在以下几个方面。

1. 防止停工待料,保证生产正常进行

储存必要的原材料存货和在产品、半成品存货是企业生产正常进行的前提和保障。有适量的原材料和半成品等的储备,能使各生产环节调度更加合理,各生产工序就更为协调,联系更为紧密,避免因等待原材料和半成品等而停产。可见,适量的存货能有效地防止停工待料,保证生产的正常进行。

2. 降低进货成本

很多企业为了扩大销售规模,对购货方提供较优厚的商业折扣待遇,即购货达到一定数量时,便在价格上给予相应的折扣优惠。企业采取批量集中进货,可以获得较多的商业折扣。此外,企业通过增加每次购货数量,减少购货次数,也可以降低采购费用的支出。

3. 适应市场需求的变化

市场需求处于不断变化之中,一旦市场需求下降,就会导致企业的库存积压;而市场需求上升,则可能会导致企业存货不足。因此,适当储备存货能增强企业在生产和销售方面的机动性以及适应市场需求变化的能力。

4. 便于组织均衡生产，降低产品生产成本

对于季节性产品生产的企业，其生产所需要的材料的供给一般也具有季节性。为了实现均衡生产，降低生产成本，就必须保持适量存货。如果这些企业按照季节性组织生产活动，就会出现忙时超负荷运转，闲时生产能力不能充分利用的情况，这些都会导致生产成本提高。因此，为了降低生产成本，实现均衡生产，拥有适量原材料存货是很有必要的。

（二）存货的成本

存货成本，是指企业为储备一定量的存货所耗费或占用资金而付出的代价。企业的存货成本主要包括进货成本、储存成本和缺货成本。

1. 进货成本

进货成本是指存货的取得成本，由存货进价和进货费用构成。

存货进价也称为购置成本，是指存货本身的价值，等于采购单价与采购数量的乘积。在一定时期（通常为一年）进货总量既定、物价不变的条件下，如果没有采购数量折扣（或称商业折扣、价格折扣），全年购置成本固定不变，与每次进货量无关，属于决策无关成本。如果存在采购数量折扣，每次进货量越大，全年购置成本越低；每次进货量越小，全年购置成本越高，属于决策相关成本。

进货费用也称订货成本，是指企业为组织进货而开支的费用。进货费用按其与订货次数的关系分为变动性进货费用和固定性进货费用。变动性进货费用每次进货费用不变，全年变动性进货费用与订货次数成正比，在全年进货总量一定的情况下，与订货批量成反比，属于决策相关成本；固定性进货费用在一定时期（通常为一年）内不变，与订货次数无关，从而与订货批量无关，属于决策无关成本。

设 TC_a 为进货成本，D 为存货年需求量，U 为采购单价，F_1 为订货固定成本，K 为每次订货变动成本，Q 为每次进货量。则存货的进货成本可表示为：

$$TC_a = DU + F_1 + \frac{D}{Q}K$$

2. 储存成本

储存成本，是指企业在存货储备过程中发生的各项费用，主要包括：存货资金占有费（以贷款购买存货的利息成本或以现金购买存货而同时损失的证券投资收益等）、仓储费用、保险费用、存货残损霉变损失等。储存成本按其与储存数额的关系分为变动性储存成本和固定性储存成本。变动性储存成本与存货储存数额成正比。存货订货批量越大，存货储存数额就越高。变动性储存成本与订货批量相关，如存货资金的应计利息、存货的破损和贬值损失、存货的保险费用等，属于决策相关成本；固定性储存成本与存货储存数额没有直接联系，如仓库折旧、仓库人员的工资等，一定时期总额不变，属于决策无关成本。

设 TC_c 为储存成本，F_2 为固定储存成本，K_c 为单位变动储存成本，则存货的储存成本可表示为：

$$TC_c = F_2 + \frac{Q}{2}K_c$$

3. 缺货成本

缺货成本，是指因存货不足，导致生产经营中断，而给企业造成的停产损失、延误发货的信誉损失及丧失销售机会的损失等。如果能够以替代材料解决库存材料供应中断之急，缺货成本还可表现为紧急采购替代材料的额外开支。缺货成本能否作为决策的相关成本，应视企业是否允许出现存货短缺的不同情形而定。如果允许缺货，则缺货成本与存货数量反向相关，属于决策相关成本；如果不允许缺货，则缺货成本为零，决策时也就无须考虑，属于决策无关成本。缺货成本通常用 TC_s 表示。

如果以 TC 来表示储备存货的总成本，它的计算公式为：

$$TC = TC_a + TC_c + TC_s = DU + F_1 + \frac{D}{Q}K + F_2 + \frac{Q}{2}K_c + TC_s$$

二、存货管理的目标

存货在生产经营过程中具有重要的作用，任何企业都必须持有一定量的存货。持有存货越多，企业生产经营越有保证；但同时存货占用资金越多，存货成本越大。因此，企业对存货进行管理，就是要尽力在各种存货成本与存货效益之间做出权衡，达到两者的最佳结合，争取以最低的成本保证正常的生产经营需要，这就是存货管理的目标。

三、存货经济批量的确定

经济订货批量，是指使一定时期存货的总成本达到最低点的进货数量。从前面的分析可知，与存货经济批量相关的存货总成本包括变动性订货成本、变动性储存成本和允许缺货情况下的缺货成本。不同的成本项目与订货批量呈现着不同的变动关系。减少订货批量，增加进货次数，在使储存成本降低的同时，也会导致进货费用与缺货成本的提高。相反，增加订货批量，减少进货次数，尽管有利于降低进货费用与缺货成本，但同时会增加储存成本。因此对存货的经济批量进行控制的关键在于如何协调各项成本之间的关系，使其总成本保持最低水平。

子任务一　存货的基本经济订货批量的确定

任务要求

悠扬公司全年生产产品消耗甲材料 360 000 千克，该原材料单位成本为每千克 150 元，单位储存成本为 2 元，平均每次订货成本为 1 600 元。请帮助悠扬公司确定：①经济订货批量及最佳订货次数；②存货相关总成本；③最佳订货周期；④经济订货量平均占用资金。

任务指导

存货的经济订货批量基本模型存在若干基本假设，主要是：

（1）所需存货进货市场供应充足，不存在缺货情况。

（2）存货的价格稳定，不存在批量折扣，进货日期完全由企业自行决定，且每当存货量降为零时，下一批存货均能马上到位。

（3）企业一定时期的进货总量可以预测。

（4）存货的耗用和销售比较均衡。

（5）仓储条件及所需现金不受限制。

（6）所需存货市场供应充足，不会因买不到所需存货而影响其他方面。

由于不允许出现缺货，即每当存货数量降至零时，下一批订货会随即购入，所以不存在缺货成本，基本经济批量相关的存货成本只有变动订货成本和变动储存成本。则有：

$$存货相关总成本(TC) = 变动订货成本 + 变动储存成本 = \frac{D}{Q}K + \frac{Q}{2}K_c$$

经济订货批量就是找出使变动储存成本与变动订货成本之和最低的每次订货数量（用 Q^* 来表示）。其计算公式可由微分法求得。

经济订货批量为：

$$Q^* = \sqrt{\frac{2KD}{K_c}}$$

最佳订货次数为：

$$N = \frac{D}{Q^*}$$

最佳订货周期为：

$$T = \frac{360}{N}$$

存货的相关总成本为：

$$TC = \sqrt{2KDK_c}$$

经济订货量平均占用资金为：

$$I = \frac{Q^*}{2}U$$

任务实施

（1）经济订货批量：

$$Q^* = \sqrt{\frac{2KD}{K_c}} = \sqrt{\frac{2 \times 1\,600 \times 360\,000}{2}} = 24\,000(千克)$$

（2）最佳订货次数：

$$N = \frac{D}{Q^*} = \frac{360\,000}{24\,000} = 15(次)$$

(3) 存货的相关总成本：
$$TC=\sqrt{2KDK_c}=\sqrt{2\times1\,600\times360\,000\times2}=48\,000(元)$$
(4) 最佳订货周期：
$$T=\frac{360}{N}=\frac{360}{15}=24(天)$$
(5) 经济订货量平均占用资金：
$$I=\frac{Q^*}{2}U=\frac{24\,000}{2}\times150=1\,800\,000(元)$$

同步训练

洁雅公司采购的甘油年需求量为60吨，每吨40 000元，每次订货成本为6 000元，每吨年储存成本为3 200元，要求：

(1) 计算经济订货批量及最佳订货次数。
(2) 计算存货相关总成本。
(3) 计算最佳订货周期。
(4) 计算经济订货量占用资金。

子任务二　存在数量折扣时存货经济批量的确定

任务要求

悠扬公司全年生产产品消耗乙材料108 000千克，该原料的单位采购成本为20元，单位存货年储存成本为5元，平均每次订货费用为1 200元。若销售材料方允诺每次订货达到10 000～20 000千克可给予2%的折扣，每次订货达到20 000千克以上可给予3%的折扣。请帮助悠扬公司确定经济订货批量。

任务指导

在实际生活中，为了鼓励客户购买更多的商品，销售企业通常会对购买数量较大的客户给予一定的价格优惠，对进货企业来说，购买的数量会影响到商品的购买价格，此时，企业的存货进货成本与购买数量相关。因此，在经济批量确定时除了要考虑订货成本和储存成本之外，还应考虑存货的购置成本。即在经济订货批量基本模型其他各种假设条件均具备的前提下，存在数量折扣总成本计算公式为：

存货相关总成本＝存货购置成本＋变动订货成本＋变动储存成本

本模型可按下述程序求最优解：

（1）按经济批量基本模型求出经济订货批量。
（2）计算按经济订货批量进货时的存货相关总成本。
（3）计算按给予数量折扣的不同批量进货时的存货相关总成本。
（4）比较不同批量进货时的存货相关总成本，其中，存货相关总成本最低的就是最佳订货批量。

任务实施

（1）经济订货批量基本模型下经济订货批量：
$$Q^* = \sqrt{\frac{2KD}{K_c}} = \sqrt{\frac{2 \times 1\,200 \times 108\,000}{5}} = 7\,200(千克)$$

（2）每次进货 7 200 千克时的存货相关总成本，即：
$$TC = 108\,000 \times 20 + \sqrt{2 \times 1\,200 \times 108\,000 \times 5} = 2\,196\,000(元)$$

（3）计算每次进货 10 000 千克时的存货相关总成本，即：
相关总成本 $= 108\,000 \times 20 \times (1-2\%) + (108\,000 \div 10\,000) \times 1\,200 + (10\,000 \div 2) \times 5 = 2\,154\,760(元)$

计算每次进货 20 000 千克时的存货相关总成本，即：
相关总成本 $= 108\,000 \times 20 \times (1-3\%) + (108\,000 \div 20\,000) \times 1\,200 + (20\,000 \div 2) \times 5 = 2\,151\,680(元)$

（4）悠扬公司每次进货 20 000 千克时的存货相关总成本最低，故其经济订货批量为 20 000 千克。

同步训练

洁雅公司采购的甘油年需求量为 60 吨，每吨 40 000 元，如果每次采购量超过 20 吨，可给予 2% 的数量折扣。每次订货成本为 6 000 元，每吨年储存成本为 3 200 元。该公司对甘油应如何进行经济批量控制？

子任务三　存货的日常管理

任务要求

悠扬公司在进行存货管理的讨论时，总经理提出，存货是企业在日常活动中非常重要的资产，企业需要持有一定量的存货，但是持有存货企业又会付出一定的代价，即持有成本。悠扬公司应该如何进行存货的日常管理呢？

 **任务指导**

存货日常管理的目标是在保证该企业生产经营正常进行的前提下尽量减少库存,防止积压。实践中行之有效的管理方法有存货 ABC 分类管理、分级归口管理、适时制存货管理等。

一、存货 ABC 分类管理法

存货 ABC 分类管理法(以下简称 ABC 分类法),是意大利经济学家巴雷特(Pareto)于 19 世纪首创的,经过不断发展和完善,现已广泛用于存货管理、成本管理和生产管理中。对于企业尤其是大型企业而言,有成千上万种存货项目,其数量、价值各不相同,甚至相差很远。如果不分主次,面面俱到,就抓不住重点,无法有效地控制主要存货资金。ABC 分类法就是遵循"保证重点,照顾一般"的原则,采用科学的分析方法,把重点存货与一般存货加以划分,分别进行管理的一种有效的管理方法。

(一) ABC 分类法的分类标准

ABC 分类法是按照一定的标准,将企业的存货划分为 A、B、C 三类,分别实行按品种重点管理、按类别一般控制和按总额灵活掌握的存货管理方法。其分类标准主要有两个:一是金额标准;二是品种数量标准。其中,金额标准是最基本的,品种数量标准仅作为参考。其具体做法是:

A 类:金额巨大,但品种数量较少的存货(品种数量占总品种数量的 10% 左右,金额占总金额的 70% 左右)。

B 类:介于 A、C 两类之间的存货(品种数量占总品种数量的 20% 左右,金额占总金额的 20% 左右)。

C 类:金额微小,但品种数量众多的存货(品种数量占总品种数量的 70% 左右,金额占总金额的 10% 左右)。

(二) ABC 分类法的运用

把存货划分为 A、B、C 三大类,其目的是实现最经济、最有效的管理。

对于 A 类存货应经常检查库存、严格管理、科学地制订其资金定额并按经济批量模型合理进货;对于 C 类存货不必严加控制,一次进货可适当多些,当发现存量已不多时再次进货即可;对于 B 类存货采取比较严格的管理,由于其品种数量远远多于 A 类,企业通常没有能力对每一具体品种进行控制,可通过划分类别的方式进行管理。

当企业存货品种繁多、单价高低悬殊、存量多寡不一时,使用 ABC 分类管理法可以分清主次、抓住重点、区别对待,使存货控制更方便有效。

二、分级归口管理

分级归口管理,是指按照使用资金和管理资金相结合、物资管理和资金管理相结合的原则,将存货资金定额按各职能部门所涉及的业务归口管理,各职能部门再将资金定额计划层层分解落实到车间、班组乃至个人,实行分级管理。

三、适时制存货管理

适时制(Just-in-time System,JIT)也称即时制,又称需求拉动式。它最早由丰田公司提出并将其应用于实践,是指制造企业事先和供应商及客户协调好:只有当制造企业在生产过程中需要原料或零件时,供应商才会将原料或零件送来;每当产品生产出来就被客户拉走。显然,适时制存货管理需要的是稳定而标准的生产程序以及诚信的供应商,否则,任何一环出现差错都将导致整个生产线的停止。采用适时制存货管理的目标是使库存存货达到最小化,甚至是零,以减少质量检验、储备、物料处理等非增值活动的成本。因此,适时制存货管理也称零存货管理。适时制不仅仅是一个存货管理方法,它是要在整个生产经营过程中消除非增值作业并提高产品质量的管理哲学。本田汽车、宝丽来、西门子等实施适时制的公司都认为,存货是一种浪费,因此,必须通过仔细的规划,使存货达到最小化,甚至是零,提高企业运营管理效率。

寓德于技

京东商城存货管理

京东商城作为现代网络购物的龙头企业之一,拥有巨大的销售量。而库存管理是其最重要的管理内容之一。目前,京东的大数据库存管理体系已基本形成,主要由五部分组成:销量预测、补货系统、健康库存、供应商管理、智慧选品及定价。

(1) 销量预测。京东改善库存问题,主要是通过系统的经营策略以及内部的调整。京东通过十几年的销售数据,再结合季节的变化、人均销售、促销等因素,用一定的算法来预测未来的趋势,确定库存及未来销售的量。根据不同产品的大数据分析,京东建立了新品模型、保守模型、不动销模型、决策树模型、月均价格模型、市场需求回归模型等销量预测模型,而且在大数据分析过程中,京东还注意了数据清洗,减少干扰。

(2) 补货系统。京东的库存补货系统是以补货模型为基础,包括阶段性的补货与时间的匹配,保证库存不是一个最大的值而是一个最合理的值,用补货点与安全库存点的逻辑关系来驱动整个补货系统效率的提升。补货模型的目标库存由补货点和备货周期组成。根据上述的销量预测计算出在途物资花费天数的销量及一次备货周期可满足的销售天数,得出目标库存为安全库存、在途物资花费天数的销量和备货周期三者之和。同时在补货的过程中纳入成本模型,使整个模型更有效。

(3) 健康库存。几十年前,高库存是所有企业的突出问题,库存规模庞大使得这类企业在之后的几十年间频频倒闭,由此整个行业都普遍开始通过库存管理来降低剩余库存。京东利用其天然的数据收集优势来获得诸如商品信息、库存、销量、采购、促销、内配、供应商退货、销量预测等大数据,进行全销售模拟、促销模拟、采购模拟、调拨模拟、供应商退货模拟等,得出库存健康报告,根据不同的报告,分析现货率、周转率、滞销、下柜等状况,提供促销建议、退货建议、报废建议、调拨建议等措施,以期达到健康库存。

(4)供应商管理。作为拥有 60 000 多家供应商的大型电商,京东积极与供应商沟通,将京东的补货建议、库存建议发给供应商。并根据其庞大的大数据,进行市场整体分析、竞品市场分析、竞品威胁分析、竞品优劣势分析、促销引流效果分析、促销销量分析、商品流量来源分析、量价模型专题分析,告诉供应商在哪个节点应该降价,配合降价应该做的补货,商品未来周期的分析并参与京东的促销和补货。

(5)智慧选品及定价。根据大数据下的全网商品数据、京东商品数据、行业报告、行业分析、用户模型和价值来预测的,并在未来某个时间点上,按照一些商品在整个过程中的定位,来做选品的工作。通过大数据分析后的选品模型极为精细,包括品类价值模型、品类特征分析模型和商品生命周期模型;而在定价方面,大数据用于价格抓取、价格跟踪、量价模型、价格预测、促销信息、降价监控等方面,定价的过程中考虑最大利润化、库存周转及处理滞销。

资料来源:搜狐 CDRD TALK|京东库存管理的那些事　https://www.sohu.com/a/191360448_771850　资料有删减。

随着互联网的发展,我们已经进入了大数据时代,大数据的关键是如何更好地使用庞大的数据。大数据已延伸到各行各业中应用,也应用于京东库存管理的每个环节,而这些大数据的分析使得如此庞大的存货最大程度上地减少存货量,提高企业销售,并增加企业的销售利润。大数据在企业存货管理方面更加凸显其优越性。通过大数据分析,财务管理者可以在分析数据的过程中全面了解企业现状以及问题,更加及时地评价企业的财务状况和经营成果,从而解释经营活动中存在的矛盾和问题。大数据会进一步提高企业财务的自动化水平,更可以分析企业趋势走向,从而更好地为企业领导者作出正确决策提供依据。

任务实施

对于悠扬公司来说,可以采用存货 ABC 分类管理法进行管理,分清主次、抓住重点、区别对待。对生产用的主要材料甲材料和乙材料,作为 A 类存货管理,应经常检查库存、严格管理、科学地制订其资金定额并按经济批量模型合理进货;对其他存货按金额标准和品种数量标准分为 B 类和 C 类,对 B 类和 C 类存货的重视程度可以依次降低,采取一般管理。

任务四　流动负债管理

任务引例

2022年12月,悠扬公司召开流动负债管理的决策会议,财务经理认为,流动负债有多种来源,不同方式的特点和成本不同,通过流动负债的管理,公司有利于作出决策。

流动负债主要有三种来源:短期借款、短期融资券和商业信用,各种来源具有不同的获取速度、灵活性、成本和风险。流动负债最常见的方式就是短期借款和商业信用。

子任务一　短期借款管理

任务要求

悠扬公司预计2023年有90万元的营运资金缺口,打算采用短期借款方式取得,现有四个方案可供选择:

方案一:悠扬公司从甲银行取得贷款112.5万元,期限1年,年利率为9%,银行按借款合同保留了20%的补偿性余额。

方案二:悠扬公司从乙银行取得贷款90万元,期限1年,年利率为11%,该公司到期还款付息。

方案三:悠扬公司从丙银行取得贷款100万元,期限1年,年利率为10%,该公司用贴息法进行还款方法。

方案四:悠扬公司从丁银行取得贷款90万元,期限1年,年利率为7%,该公司分12个月等额偿还本息。

悠扬公司应该采取哪个方案?

任务指导

短期借款是指企业为维持正常的生产经营的需要,从银行或者其他金融机构借入的偿还期限在一年以内(含一年)的各种借款。

一、短期借款的信用条件

按照国际通行做法,银行发放短期借款往往都带有以下信用条件。

(一)信贷限定额度

信贷限额是银行对借款人规定的无担保贷款的最高额。信贷限额的有效期限通常为一年。一般来讲,企业在批准的信贷限额内,可随时使用银行借款。但是,银行并不承担必须提供全部信贷限额的义务。如果企业信誉恶化,即使在信贷限额内,企业也可能得不到借款。此时,银行不会承担法律责任。

(二) 周转信贷协定

周转信贷协定是银行具有法律义务地承诺提供不超过某一最高限额的贷款协定。在协定的有效期内,只要企业的借款总额未超过最高限额,银行就必须满足企业任何时候提出的借款要求。企业享用周转信贷协定,通常要对贷款限额的未使用部分付给银行一笔承诺费,这是银行向企业提供此项贷款的一种附加条件。如:某公司与银行签订一份周转信贷协议,周转信贷限额为 100 万元,借款利率为 6%,承诺费率为 0.5%,该公司年度内使用借款 60 万元,该公司应向银行支付的承诺费为 0.2 万元(40×0.5%)。

(三) 补偿性余额

补偿性余额是银行要求借款人在银行中保持按贷款限额或名义借款额一定百分比(一般为 10%～20%)计算的最低存款余额。从银行的角度讲,补偿性余额可降低贷款风险,补偿可能遭受的贷款损失;对于企业来说,补偿性余额则提高了借款的实际利率。实际利率的计算公式为:

$$实际利率 = \frac{名义借款金额 \times 名义利率}{名义借款金额 \times (1 - 补偿性余额比例)}$$

(四) 借款抵押

银行向财务风险较大、信誉不好的企业发放贷款,往往需要有抵押品担保,以减少自己蒙受损失的风险。借款的抵押品通常是借款企业的应收账款、存货、厂房等。银行接受抵押品后,将根据抵押品的面值决定贷款金额,一般为抵押品面值的 30%～90%。这一比例的高低,取决于抵押品的变现能力和银行的风险偏好。抵押借款的成本通常高于非抵押借款,这是因为银行主要向信誉好的客户提供非抵押贷款,而将抵押贷款看成是一种风险投资,故而收取较高的利率;同时银行管理抵押贷款要比管理非抵押贷款困难,为此往往额外收取手续费。另外,企业向银行提供抵押品,会限制其财产的使用和将来的借款能力。

(五) 偿还条件

贷款的偿还有到期一次偿还和在贷款期内定期(每月、季)等额偿还两种方式。一般来讲,企业不希望采用后种偿还方式,因为这会提高借款的实际利率;而银行不希望采用前种偿还方式,是因为这会加重企业的财务负担,增加企业的拒付风险,同时会降低实际贷款利率。

(六) 其他承诺

银行有时还要求企业为取得贷款而作出其他承诺,如及时提供财务报表、保持适当的财务比率(如特定的流动比率)等。如企业违背所作出的承诺,银行可要求企业立即偿还全部贷款。

二、短期借款的成本

短期借款的成本主要包括利息、手续费等。短期借款成本的高低主要取决于借款利率的高低和利息的支付方式。

(一)借款利率

借款利率分为优惠利率、浮动优惠利率和非优惠利率三种。

(1) 优惠利率。优惠利率是银行向财力雄厚、经营状况良好的企业贷款时采用的利率,为贷款利率的最低限。

(2) 浮动优惠利率。浮动优惠利率是一种随其他短期利率的变动而浮动的优惠利率,即随市场条件的变化而随时调整变化的优惠利率。

(3) 非优惠利率。非优惠利率是银行贷款给一般企业时收取的高于优惠利率的利率。这种利率通常在优惠利率的基础上加一定的百分比。非优惠利率与优惠利率之间差距的大小,由借款企业的信誉、与银行的往来关系及当时的信贷状况所决定。

(二)短期借款利息的支付方式

短期借款利息的支付方式有收款法、贴现法和加息法三种。付息方式不同,短期借款成本计算也有所不同。

1. 收款法

收款法是在借款到期时向银行支付利息的方法。银行向企业贷款一般都是采用这种方法收取利息。采用收款法时,短期贷款的实际利率就是名义利率。

2. 贴现法

贴现法又称折价法,是指银行向企业发放贷款时,先从本金中扣除利息部分,到期时借款企业偿还全部贷款本金的一种利息支付方法。在这种利息支付方式下,企业可以利用的贷款只是本金减去利息部分后的差额,因此,贷款的实际利率要高于名义利率。贴现贷款的实际利率的计算公式为:

$$贴现贷款的实际利率 = \frac{借款金额 \times 名义利率}{借款金额 - 借款金额 \times 名义利率} \times 100\%$$

3. 加息法

加息法是银行发放分期等额偿还贷款时采用的利息收取方法。在分期等额偿还贷款情况下,银行将根据名义利率计算的利息加到贷款本金上,计算出贷款的本息和,要求企业在贷款期内分期偿还本息之和。由于贷款本金分期均衡偿还,借款企业实际上只平均使用了贷款本金的一半,却支付了全额利息。这样企业所负担的实际利率便要高于名义利率大约1倍。加息贷款的实际利率的计算公式为:

$$加息贷款的实际利率 = 名义利率 \times 2$$

任务实施

方案一:

悠扬公司存在补偿性余额的实际利率:

实际利率 $= \dfrac{112.5 \times 9\%}{112.5 \times (1-20\%)} = 11.25\%$

方案二：

悠扬公司在收款法下的实际利率：

实际利率 $= \dfrac{90 \times 11\%}{90} = 11\%$

方案三：

悠扬公司在贴现法下的实际利率：

实际利率 $= \dfrac{100 \times 10\%}{100 \times (1-10\%)} = 11.11\%$

方案四：

悠扬公司在加息法下的实际利率：

实际利率 $= 7\% \times 2 = 14\%$

通过比较不同借款方案的实际利率大小，悠扬公司应选择方案二。

同步训练

(1) 洁雅公司与银行签订的周转信贷协定为 1 000 万元，承诺费率为 0.5%，借款企业年度内使用 400 万元，该公司该年度就要向银行支付承诺费是多少？

(2) 洁雅公司向银行借款 800 万元，年利率为 6%，银行按借款合同保留了 10% 的补偿性余额，则该笔借款的实际利率为多少？

(3) 洁雅公司从银行取得贷款 200 万元，期限 1 年，年利率为 6%，则该公司在收款法和贴息法还款的实际利率是多少？若该公司分 12 个月等额偿还本息，则该项借款的实际年利率是多少？

子任务二　商业信用管理

任务要求

悠扬公司为生产产品从销货方购入了价值 100 000 元的原材料，原材料销货方为尽快收回款项，给予了悠扬公司"1/20,N/60"的折扣条件。该公司 20 天内没有足够的现金付款，若享受现金折扣只能通过短期借款取得款项。如果目前银行的短期借款利率为 8%，悠扬公司应该选择享受现金折扣还是放弃现金折扣？

任务指导

商业信用，是指在商品交易中由于延付或预收款项而形成的企业间的债权债务关系。商业信用在企业短期负债筹资中占有相当大的比重。

一、商业信用的形式

(一) 预收货款

预收货款是按购销合同之约定,在发出货物之前向购货单位预先收取部分或全部货款的信用行为。购买单位对于紧俏商品往往乐于采用这种方式购货;销货方对于生产周期长、造价较高的商品,往往采用预收货款方式销货,以缓和本企业资金占用过多的矛盾。

(二) 应付票据

应付票据,是指企业在商品购销活动和对工程价款进行结算中,因采用商业汇票结算方式而产生的商业信用。商业汇票是指由付款人或存款人(或承兑申请人)签发,由承兑人承兑,并于到期日向收款人或被背书人支付款项的一种票据,包括商业承兑汇票和银行承兑汇票。应付票据可以带息,也可以不带息,其利率一般低于银行贷款利率。

(三) 应付账款

应付账款是供应商给企业提供的一种商业信用。由于购买者往往在到货一段时间后才付款,商业信用就成为企业短期资金来源。如企业规定对所有账单均见票后若干日付款,商业信用就成为随生产周转而变化的一项内在的资金来源。当企业扩大生产规模时,其进货和应付账款相应增长,商业信用就提供了增产需要的部分资金。

1. 应付账款的信用条件

商业信用条件通常包括以下两种:第一,有信用期,但无现金折扣。如"$n/30$"表示30天内按发票金额全数支付。第二,有信用期和现金折扣,如"$2/10, n/30$"表示10天内付款享受现金折扣2%,若买方放弃折扣,30天内必须付清款项。供应商在信用条件中规定有现金折扣,目的主要在于加速资金回收。企业在决定是否享受现金折扣时,应仔细考虑。通常,放弃现金折扣的成本是很高的。

2. 应付账款的信用成本

如果在有现金折扣的条件下,企业放弃折扣是有成本的,这种成本是一种机会成本。企业放弃现金折扣的成本计算公式为:

$$放弃现金折扣的成本 = \frac{现金折扣率}{1-现金折扣率} \times \frac{360}{信用期-现金折扣期}$$

公式表明,放弃现金折扣的信用成本率与折扣百分比大小、折扣期长短和付款期长短有关系,与货款额和折扣额没有关系。企业在放弃折扣的情况下,推迟付款的时间越长,其信用成本便会越小,但展期信用的结果是企业信誉恶化导致信用度的严重下降,日后可能招致更加苛刻的信用条件。

3. 决策原则

企业是否选择现金折扣,可以分两种情况:

(1) 如果企业在规定的时间内有足够的现金付款,并面临较好的投资机会时,是否在规定的时间内付款以享受现金折扣,取决于企业是否有高于放弃现金折扣成本的投资收益率。如果将现金投资有价证券的收益率高于放弃现金折扣成本,这时企业就应该放弃现金折扣；相反如果投资有价证券的收益率低于放弃现金折扣成本，则应该享受现金折扣。

（2）如果企业在规定的时间内没有充足的现金来付款，但可以考虑向银行借款等方式先筹集资金，再享受现金折扣，此时若银行借款利率低于放弃现金折扣的成本，企业就应该借入资金去享受现金折扣。

二、商业信用融资评价

（一）商业信用融资的优点

（1）限制条件少。商业信用融资相对于其他筹资方式而言，各种限制条件是最少的。

（2）融资便利。商业信用融资与商品买卖同步进行，是一种自然性融资，不必作正规而周密的安排，融资非常便捷。

（3）筹资成本低。只要买方不放弃现金折扣或卖方未提供现金折扣，则商业信用筹资没有实际成本。

（二）商业信用融资的缺点

商业信用融资的缺点主要在于：一是融资期限较短，若享受现金折扣则期限更短；二是放弃现金折扣的资金成本很高。

任务实施

悠扬公司放弃现金折扣的成本为：

$$放弃现金折扣的成本 = \frac{1\%}{1-1\%} \times \frac{360}{60-20} = 9.09\%$$

因为短期借款利率为8%，低于放弃现金折扣的成本，故悠扬公司应该享受现金折扣。

同步训练

2022年12月1日，甲企业向乙企业赊购价值20万元的商品，购销合同的付款条件为：2/10，N/30。如果将现金投资有价证券的收益率是10%，该公司应该选择享受现金折扣还是放弃现金折扣？

项目练习

一、单项选择题

1. 营运资金又称营运资本,通常指(　　)的净额。
   A. 资产减去负债后　　　　　　B. 流动资产
   C. 流动资产减去流动负债后　　D. 现金

2. 企业为应对紧急情况的需要而持有货币资金主要是出于(　　)动机的需要。
   A. 交易　　　B. 预防　　　C. 投机　　　D. 安全

3. 下列选项中,同货币资金持有量呈正比例关系的是(　　)。
   A. 转换成本　　B. 机会成本　　C. 短缺成本　　D. 管理费用

4. 下列关于信用期限的表述中,正确的是(　　)。
   A. 信用期限越长,企业坏账风险越小
   B. 信用期限越长,表明客户享受的信用条件更优越
   C. 延长信用期,不利于销售收入的扩大
   D. 信用期限越长,应收账款的机会成本越低

5. 下列项目中,属于现金持有机会成本的是(　　)。
   A. 现金管理人员工资　　　　B. 现金安全措施费用
   C. 现金被盗损失　　　　　　D. 现金的再投资收益

6. 企业将资金占用在应收账款上而放弃的投资于其他方面的收益,称为应收账款的(　　)。
   A. 管理成本　　B. 坏账成本　　C. 短缺成本　　D. 机会成本

7. 衡量信用标准的是(　　)。
   A. 预计的坏账损失率　　　　B. 未来收益率
   C. 未来损失率　　　　　　　D. 应收账款收现率

8. 企业持有一定量的短期有价证券,主要是为了维护企业资产的流动性和(　　)。
   A. 企业资产的收益性　　　　B. 企业良好的信誉
   C. 非正常情况下的现金需要　D. 正常情况下的现金需要

9. 在供货企业不提供数量折扣的情况下,影响经济订货量的因素是(　　)。
   A. 采购成本　　　　　　　　B. 储存成本中的固定成本
   C. 订货成本中的固定成本　　D. 订货成本中的变动成本

10. 下列关于现金折扣的表述中,正确的是(　　)。
    A. 又称商业折扣　　　　　　B. 折扣率越低,企业付出的代价越高
    C. 目的是加快账款的回收　　D. 为了增加利润,应当取消现金折扣

二、多项选择题

1. 企业持有现金的动机主要有(　　)。

A. 预防动机　　B. 交易动机　　C. 投资动机　　D. 投机动机

2. 为了提高现金使用效率,企业应当(　　)。
   A. 加速收款
   B. 使用现金浮游量
   C. 在不影响信誉的前提下推迟应付款的支付
   D. 力争现金流入与现金流出同步

3. 信用条件是指企业要求客户支付赊销款项的条件,一般包括(　　)。
   A. 信用标准　　B. 信用期限　　C. 折扣期限　　D. 现金折扣

4. 某企业的信用条件为"5/10,2/20,$n/30$",则以下选项正确的有(　　)。
   A. 5/10 表示 10 天内付款,可以享受 5% 的价格优惠
   B. 2/20 表示在第 11~20 天付款,可以享受 2% 的价格优惠
   C. $n/30$ 表示的是最后的付款期限是 30 天,此时付款无优惠
   D. 如果该企业有一项 100 万元的货款需要收回,客户在第 15 天付款,则该客户只需要支付 98 万元货款

5. 存货的功能主要包括(　　)。
   A. 防止停工待料　　　　　　B. 适应市场变化
   C. 降低进货成本　　　　　　D. 维持均衡生产

6. 在存货管理的 ABC 法中,对存货进行分类的标准包括(　　)。
   A. 数量标准　　B. 质量标准　　C. 重量标准　　D. 金额标准

三、判断题

1. 存货的经济批量指达到最低的订货成本的批量。　　　　　　　　　　　(　　)
2. 一般说来,资产的流动性越高,其获利能力就越强。　　　　　　　　　(　　)
3. 在有关现金折扣业务中,"1/10"表示:若客户在一天内付款,可以享受 10% 的折扣优惠。　　　　　　　　　　　　　　　　　　　　　　　　　　　　　(　　)
4. 现金折扣即商品削价,是企业广泛采用的一种促销方法。　　　　　　(　　)
5. 收账费用与坏账损失呈反比,收账费用发生得越多,坏账损失就越小,因此,企业应不断加大收账费用,以便将坏账损失降到最低。　　　　　　　　　　　　　(　　)
6. 通过应收账款账龄分析,编制账龄分析表,可以了解各顾客的欠款金额、欠款期限和偿还欠款的可能时间。　　　　　　　　　　　　　　　　　　　　　　(　　)
7. 现金的短缺成本随现金持有量的增加而下降,随现金持有量的减少而上升,即与现金持有量呈反方向变动关系。　　　　　　　　　　　　　　　　　　　(　　)
8. 企业采用严格的信用标准,虽然会增加应收账款的机会成本,但能扩大商品销售额,从而给企业带来更多的收益。　　　　　　　　　　　　　　　　　　　(　　)

【课赛融通项目训练】

业务资料:

豫南塑胶公司是一家中型吹塑加工企业,主要定制加工塑料制品、农、渔制品,目前采

用现金销售政策。为了扩大销售量,豫南塑胶公司拟将目前的现销政策改为赊销并提供一定的现金折扣,并研究比较这两种方案。

豫南塑胶公司目前采用现金销售政策,信息如表6-5所示。

表6-5 豫南塑胶公司信息

项目	金额
年销售量(件)	16 600
产品单价(元)	14
单位变动成本(元)	6

为了扩大销售量,豫南塑胶公司拟将目前的现销政策改为赊销并提供一定的现金折扣,信用政策为"2/10,N/30",改变信用政策后,年销售量预计提高8%,预计50%的客户会享受现金折扣优惠,40%的客户在30天内付款,10%的客户平均在信用期满后20天付款。

逾期应收账款的收回需要支出占逾期账款3%的收账费用,等风险投资的必要报酬率为15%,一年按360天计算,客户按销售量计算。

要求:

1. 计算原有现金销售政策下各项目值。

根据上述资料,计算原有现金销售政策下各项目值,填入表6-6。

表6-6 原有现金销售政策

项目	金额
营业收入	
变动成本率	
边际贡献率	
边际贡献	
现金折扣成本	
平均收账天数(天)	
应收账款占用资金的应计利息	
收账费用	

注:计算边际贡献时采用边际贡献率,计算销售成本时采用变动成本率计算。

2. 计算改变信用政策后赊销政策下各项目值

根据上述资料,计算赊销政策的项目信息,填入表6-7。

表6-7　改变信用政策后赊销政策

项目	金额
营业收入	
变动成本率	
边际贡献率	
边际贡献	
现金折扣成本	
平均收账天数（天）	
应收账款占用资金的应计利息	
收账费用	

注：计算边际贡献时采用边际贡献率，计算销售成本时采用变动成本率计算。

3. 计算改变信用政策引起的税前损益变化

根据表6-6、表6-7中的计算结果，计算改变信用政策引起的税前损益变化（表6-8），并判断选择该信用政策改变是否可行（表6-9）。

表6-8　改变信用政策引起的税前损益变化

项目	金额
改变信用政策后营业收入增加额	
改变信用政策后边际贡献增加额	
现金折扣成本增加额	
应收账款占用资金的应计利息增加额	
收账费用增加额	
改变信用政策后的税前损益增加额	

表6-9　分析选择表

改变信用政策是否可行	选择

4. 判断关于营运资本管理的不同的说法是否正确

分析关于营运资本管理的不同的说法是否正确，并在表6-10中选择"对"或者"错"。

表6-10　判断选择表

项目	选择
（1）公司在对是否改变信用政策进行决策时不需要考虑公司所得税率	
（2）若放弃现金折扣的成本按单利计算，放弃现金折扣成本的大小与信用期的长短呈同方向变化	

(续表)

项目	选择
（3）若折扣期内将应付账款用于短期投资，所得的投资收益率高于放弃折扣的成本，则应该放弃折扣	
（4）存货单位变动储存成本的提高会引起经济订货量占用资金的提高	

说明：

答题板中只用四舍五入后的两位小数进行计算，且计算结果（含百分号前的数值）均需四舍五入并只保留两位小数。

收益分配管理

学习目标

- **知识目标**
  了解收益分配的基本原则和程序;
  理解股利支付的形式和程序;
  掌握股利分配政策类型及制定股利分配政策应考虑的因素。

- **能力目标**
  能够根据企业的实际情况制定相应的股利分配方案;
  能够根据企业具体情况分析和选用合适的股利分配政策;
  能够根据选用的股利分配政策,计算发放的股利数额。

- **素质目标**
  培养学生对国家和企业政策理解和把握的能力;
  培养学生理论联系实践的思维拓展能力;
  培养学生爱岗敬业、诚实守信、严谨求实、廉洁自律的工作态度。

学习导图

```
                    ┌─ 选择股利政策
    收益分配管理 ───┼─ 确定股利支付形式
                    └─ 确定股利支付程序
```

项目引例

悠扬公司 2022 年实现的净利润为 2 375 万元,公司召开董事会讨论实现的净利润如何进行分派的问题。按照法律和公司章程规定,需先提取法定盈余公积(10%)和任意盈余公积(10%),然后制定 2022 年的股利分配方案,进而确定股利政策、股利支付形式、股利支付程序等内容。

对净利润进行分配就是我们通常所说的收益分配,股利分配就是给股东的利润分配,是收益分配的主要内容,公司要制定合理的股利分配方案,就需要了解公司有哪些股利政策、股利支付形式可供选择,具体的股利支付程序等内容。

知识准备

一、收益分配的原则

收益分配有广义和狭义之分,广义的收益分配是指对企业收入和利润进行分配的过程,狭义的收益分配则是指对企业净利润的分配。

企业在进行收益分配时,应遵循以下基本原则:

(一) 依法分配原则

为了正确处理各方面利益的关系,企业的收益分配必须依法进行。为规范企业的收益分配行为,国家制定和颁布了若干法规,规定了企业收益分配的基本要求、一般程序和重大比例,企业应认真执行。

(二) 兼顾各方面利益原则

企业的收益分配必须兼顾各方面的利益。企业是经济社会的基本单元,企业的收益分配涉及国家、企业股东、债权人、职工等多方面的利益关系。正确处理它们之间的关系,协调其矛盾,对企业的生存和发展至关重要。企业在进行收益分配时,应当统筹兼顾,维护各利益相关者的合法权益。

(三) 分配与积累并重原则

企业的收益分配必须坚持分配与积累并重的原则。企业通过经营活动赚取利益,既要保证企业简单再生产的持续进行,又要不断积累企业扩大再生产需要的财力基础。恰当处理分配与积累之间的关系,留存一部分净收益以供未来分配之需,既能够增强企业抵抗风险的能力,也可以提高企业经营的稳定性与安全性。

(四) 投资与收益对等原则

企业进行收益分配,应当体现收益多少与投资比例相对等的原则,这是正确处理投资者利益关系的关键。企业在向投资者分配收益时,应本着平等一致的原则,按照投资者投资额的比例进行分配,不允许任何一方随意多分多占,从而在根本上实现收益分配中的公开、公平和公正,保护投资者的利益。

二、收益分配的一般程序

收益分配程序是指公司制企业根据适用法律、法规或规定，对企业一定期间实现的净利润进行分配必须经过的先后步骤。

根据我国《公司法》等有关法律制度的规定，企业净利润的分配应按照下列顺序进行，并构成了分配管理的主要内容。

（一）弥补以前年度的亏损

按我国财务和税务制度的规定，企业年度亏损可以由下一年度的税前利润弥补，下一年度不足以弥补的，可以在五年之内用税前利润连续弥补，连续五年未弥补的亏损则用税后利润弥补。本年净利润与年初未分配利润合并计算企业可供分配的利润，只有可供分配的利润大于零时，企业才能进行后续分配。

（二）提取法定盈余公积

可供分配的利润大于零是计提盈余公积的必要条件。法定盈余公积以净利润扣除以前年度亏损为基数，按10%提取。即企业年初未分配利润为借方余额时，法定盈余公积计提基数为本年净利润减去年初未分配利润（借方）余额；若企业年初未分配利润为贷方余额时，法定盈余公积计提基数为本年净利润，未分配利润贷方余额在计算可供投资者分配的净利润时计入。当企业法定盈余公积达到注册资本的50%时，可不再提取。法定盈余公积主要用于弥补企业亏损和按规定转增资本，但转增资本后的法定盈余公积金一般不低于注册资本的25%。

（三）提取任意盈余公积

根据《公司法》的规定，公司从税后利润中提取法定盈余公积后，经股东会或股东大会决议，还可以从税后利润中提取任意盈余公积。提取任意盈余公积的目的是控制向投资者分配利润的水平以及调整各年利润的波动，以及对投资者分红加以限制和调节。

（四）向投资者分配利润

企业向投资者分配利润，是利润分配的主要阶段。净利润扣除上述项目后，再加上以前年度的未分配利润，即为企业本年可供投资者分配的利润，按照分配与积累并重原则，确定应向投资者分配的利润数额。分配给投资者的利润，是投资者从企业获得的投资回报。向投资者分配利润应遵循纳税在先、企业积累在先、无盈余不分利的原则，其分配顺序在利润分配的最后阶段，这体现了投资者对企业的权利、义务以及投资者所承担的风险。

根据《公司法》的规定，股东（大）会或者董事会违反相关规定，在公司弥补亏损和提取法定盈余公积之前向股东分配利润的，股东必须将违反规定分配的利润退还给公司。

三、股利分配方案的确定

财务管理人员应在明确收益分配基本政策的前提下，在兼顾企业发展和投资者及各方利益的基础上，结合企业的实际情况，制订股利分配方案。股利分配方案的确定涉及选择股利政策、确定股利支付形式、确定股利支付程序等环节。

任务一 选择股利政策

任务要求

悠扬公司2021年度实现的净利润为1 400万元,分配现金股利750万元,提取盈余公积650万元(所提盈余公积均已指定用途)。2022年实现的净利润为2 375万元,分别按10%提取法定盈余公积和任意盈余公积,剩余的净利润为1 900万元。2023年计划增加投资,所需资金为1 000万元。悠扬公司的目标资本结构为自有资金占60%,借入资金占40%。

悠扬公司目前有五种股利分配政策作为备选方案:

(1) 在保持目标资本结构的前提下,执行剩余股利政策。

(2) 在不考虑目标资本结构的前提下,执行固定股利政策。

(3) 在不考虑目标资本结构的前提下,执行固定股利增长率政策,增长率为5%。

(4) 在不考虑目标资本结构的前提下,执行固定股利支付率政策,确定的股利支付率是30%。

(5) 在不考虑目标资本结构的前提下,执行低正常股利加额外股利政策,规定低正常股利为200万元,以增长的净利润的10%作为额外股利。

请问在上述五种不同的股利分配政策下,悠扬公司2022年应分配的现金股利金额分别是多少。悠扬公司目前处于稳定发展阶段,且财务状况也比较稳定,公司股东希望贯彻"多盈多分、少盈少分、无盈不分"的原则,请帮助悠扬公司判断哪种股利政策比较有利。

知识准备

股利政策,是指公司股东大会或董事会对一切与股利有关的事项,所采取的较具原则性的做法,是关于公司是否发放股利、发放多少股利以及何时发放股利等方面的方针和策略,所涉及的主要是公司对其收益进行分配还是留存以用于再投资的策略问题。

一、影响股利分配的因素

公司管理当局在制定股利分配方案时,应当考虑相关因素的影响,然后确定合理的股利分配政策。

(一)法律因素

为了保护债权人、股东和国家的利益,法律法规对公司的股利分配进行了如下限制。

1. 资本保全约束

公司不能用资本(包括实收资本或股本和资本公积)发放股利或分红,股利或分红只能来源于企业当期利润或留存收益。其目的是防止企业任意减少资本结构中净资产的比例，以维护债权人的利益。

2. 资本积累约束

企业在分配收益时，必须按一定比例和基数提取各种公积。另外，规定公司年度累计净利润必须为正数时才可发放股利，一般要贯彻"无利不分"的原则。

3. 偿债能力约束

偿债能力，是指企业按时足额偿付各种到期债务的能力。如果当期没有足够的现金而派发了股利，则不能保证公司在短期债务到期时有足够的偿债能力，这就要求企业考虑现金股利分配对偿债能力的影响，应先满足偿债的要求再派发股利。

4. 超额累积利润约束

由于股东接受股利缴纳的所得税高于其进行股票交易的资本利得税，于是许多国家规定公司不得超额累积利润，一旦公司的保留盈余超过法律认可的水平，将被加征额外税额。我国法律对公司累积利润尚未作出限制性规定。

（二）股东因素

股东从自身需要出发，对公司的收益分配提出限制、稳定或提高股利分配率等不同意见，往往是出于以下考虑。

1. 出于控制权的考虑

现有股东往往将股利政策作为维持其控制地位的工具。公司支付较高的股利会导致留存收益减少，当公司为有利可图的投资机会筹集所需资金时，发行新股的可能性增大，新股东的加入必然稀释现有股东的控制权。所以，股东会倾向于较低的股利支付水平，以便从内部的留存收益中取得所需资金，防止控制权稀释。

2. 出于稳定的收入考虑

如果股东依赖现金股利维持生活，他们往往要求公司能够支付稳定的股利，而反对留存过多的利润。还有一些股东认为通过增加留存收益引起股价上涨而获得的资本利得是有风险的，而目前的股利是确定的，即便是现在较少的股利，也强于未来的资本利得，因此他们往往也要求较多的股利支付。

3. 出于避税考虑

政府对企业利润征收所得税以后，还要对自然人股东征收个人所得税，股利收入的税率要高于资本利得的税率。一些高股利收入的股东出于避税的考虑，往往倾向于较低的股利支付水平。

（三）公司因素

公司出于长期发展与短期经营考虑，需要综合考虑以下因素。

1. 盈余的稳定性

公司是否能获得长期稳定的盈余，是其股利决策的重要基础。盈余相对稳定的公司能够较好地把握自己，有可能支付比盈余不稳定的公司较高的股利，而盈余不稳定的公司一般采取低股利政策。对于盈余不稳定的公司来讲，低股利政策可以减少因盈余下降而造成的股利无法支付、股价急剧下降的风险,还可将更多的盈余再投资,以提高公司权益资本比重,减少财务风险。

2. 资产的流动性

较多地支付现金股利,会减少公司的现金持有量,使资产的流动性降低。因此,保持一定的资产流动性,是公司经营所必需的。

3. 举债能力

举债能力强的公司因为能够及时地筹措到所需的现金,可能采取较宽松的股利政策;而举债能力弱的公司往往采取较紧的股利政策。

4. 投资机会

有着良好投资机会的公司,需要有强大的资金支持,因而往往少发放股利,将大部分盈余用于投资;缺乏良好投资机会的公司,保留大量现金会造成资金的闲置,于是倾向于支付较高的股利。正因为如此,处于成长中的公司多采取低股利政策,陷于经营收缩的公司多采取高股利政策。

5. 资本成本

留存收益是公司内部筹资的一种重要方式。与发行新股相比,保留盈余不需花费筹资费用,是一种比较经济的筹资渠道。所以,从资本成本考虑,如果公司有扩大资金的需要,也应当采取低股利政策。

(四)其他因素

1. 债务合同约束

一般来说,股利支付水平越高,留存收益越少,公司的破产风险加大,就越有可能损害债权人的利益。因此,为了保证自己的利益不受侵害,债权人通常都会在债务契约、租赁合同中加入关于借款公司股利政策的限制条款,这使公司只得采取低股利政策。

2. 通货膨胀

通货膨胀会带来货币购买力水平下降,导致固定资产重置资金不足,此时,企业往往不得不考虑留用一定的利润,以便弥补由于购买实力下降而造成的固定资产重置资金缺口。因此,在通货膨胀时期,企业一般会采取偏紧的股利分配政策。

二、股利理论

企业的股利分配方案既取决于企业的股利政策,又取决于决策者对股利分配的理解与认识,即股利分配理论。股利分配理论,是指人们对股利分配的客观规律的科学认识与总结,其核心问题是股利政策与公司价值的关系问题。在市场经济条件下,股利分配要符合财务管理目标。人们对股利分配与财务目标之间关系的认识存在不同的流派与观念,还没有一种被大多数人所接受的权威观点和结论。但主要有以下两种较流行的观点。

(一)股利无关理论

股利无关理论认为,在一定的假设条件限制下,股利政策不会对公司的价值或股票的价格产生任何影响,投资者不关心公司股利的分配。公司市场价值的高低,是由公司所选择的投资决策的获利能力和风险组合所决定的,而与公司的利润分配政策无关。

尽管公司对股东的分红可以采取派现或股票回购等不同的方式，但是，在完全有效的资本市场上，股利政策的改变仅仅意味着股东的收益在现金股利与资本利得之间分配上的变化。如果投资者按理性行事的话，这种改变不会影响公司的市场价值以及股东的财富。该理论是建立在完全资本市场理论之上的，假定条件包括：第一，市场具有强式效率，没有交易成本，没有任何一个股东的实力足以影响股票价格；第二，对公司或个人不存在任何所得税；第三，不存在任何筹资费用；第四，公司的投资决策与股利决策彼此独立，即投资决策不受股利分配的影响；第五，股东对股利收入和资本增值之间并无偏好。

（二）股利相关理论

与股利无关理论相反，股利相关理论认为，企业的股利政策会影响股票价格和公司价值。主要观点有以下几种。

1. "手中鸟"理论

"手中鸟"理论认为，用留存收益再投资给投资者带来的收益具有较大的不确定性，并且投资的风险随着时间的推移会进一步加大，因此，厌恶风险的投资者会偏好确定的股利收益，而不愿将收益留存在公司内部去承担未来的投资风险。该理论认为公司的股利政策与公司的股票价格是密切相关的，即当公司支付较高的股利时，公司的股票价格会随之上升，公司价值将得到提高。

2. 信号传递理论

信号传递理论认为，在信息不对称的情况下，公司可以通过股利政策向市场传递有关公司未来获利能力的信息，从而会影响公司的股价。一般来讲，预期未来获利能力强的公司，往往愿意通过相对较高的股利支付水平把自己同预期获利能力差的公司区别开来，以吸引更多的投资者。对于市场上的投资者来讲，股利政策的差异或许是反映公司预期获利能力的有价值的信号。如果公司连续保持较为稳定的股利支付水平，那么，投资者就可能对公司未来的盈利能力与现金流量抱有乐观的预期。另外，如果公司的股利支付水平在过去一个较长的时期内相对稳定，而现在却有所变动，投资者将会把这种现象看作公司管理当局将要改变公司未来收益率的信号，股票市价将会对股利的变动作出反应。

3. 所得税差异理论

所得税差异理论认为，由于普遍存在的税率以及纳税时间的差异，资本利得收益比股利收益更有助于实现收益最大化目标，公司应当采用低股利政策。一般来说，对资本利得收益征收的税率低于对股利收益征收的税率；再者，即使两者没有税率上的差异，由于投资者对资本利得收益的纳税时间选择更具有弹性，投资者仍可以享受延迟纳税带来的收益差异。

4. 代理理论

代理理论认为，股利政策有助于缓解管理者与股东之间的代理冲突，即股利政策是协调股东与管理者之间代理关系的一种约束机制。该理论认为，股利的支付能够有效地降低代理成本。首先，股利的支付减少了管理者对自由现金流量的支配权，这在一定程度上可以抑制公司管理者的过度投资或在职消费行为，从而保护外部投资者的利益；其次，较多的现金股利发放,减少了内部融资,导致公司进入资本市场寻求外部融资,从而公司将接受资本市场上更多的、更严格的监督,这样便通过资本市场的监督减少了代理成本。因此,高水平的股利政策降低了企业的代理成本,但同时增加了外部融资成本,理想的股利政策应当使两种成本之和最小。

三、股利政策

(一) 剩余股利政策

剩余股利政策,是指公司在有良好的投资机会时,根据目标资本结构,测算出投资所需的权益资本额,先从盈余中留用,然后将剩余的盈余作为股利来分配,即净利润首先满足公司的权益资金需求,如果还有剩余,就派发股利;如果没有,则不派发股利。剩余股利政策的理论依据是股利无关理论。根据股利无关理论,在完全理想的资本市场中,公司的股利政策与普通股每股市价无关,因而股利政策只需随着公司投资、融资方案的制定而自然确定。采用剩余股利政策时,公司要遵循如下四个步骤:

(1) 设定目标资本结构,在此资本结构下,公司的加权平均资本成本将达最低水平。

(2) 确定公司的最佳资本预算,并根据公司的目标资本结构预计资金需求中所需增加的权益资本数额。

(3) 最大限度地使用留存收益来满足资金需求中所需增加的权益资本数额。

(4) 留存收益在满足公司权益资本增加需求后,若还有剩余再用来发放股利。

剩余股利政策的优点:留存收益优先满足再投资需要的权益资金,有助于降低再投资的资金成本,保持最佳的资本结构,实现企业价值的长期最大化。

剩余股利政策的缺陷:若完全遵照执行剩余股利政策,股利发放额就会每年随着投资机会和盈利水平的波动而波动。在盈利水平不变的前提下,股利发放额与投资机会的多寡呈反方向变动;而在投资机会维持不变的情况下,股利发放额将与公司盈利呈同方向变动。剩余股利政策不利于投资者安排收入与支出,也不利于公司树立良好的形象,一般适用于公司初创阶段。

(二) 固定或稳定增长的股利政策

固定或稳定增长的股利政策,是指公司将每年派发的股利额固定在某一特定水平或是在此基础上维持某一固定比率逐年稳定增长。公司只有在确信未来盈余不会发生逆转时才会宣布实施固定或稳定增长的股利政策。在这一政策下,应确定股利分配额,而且该分配额一般不随资金需求的波动而波动。

固定或稳定增长股利政策的优点:

(1) 稳定的股利向市场传递着公司正常发展的信息,有利于树立公司的良好形象,增强投资者对公司的信心,稳定股票的价格。

(2) 稳定的股利额有助于投资者安排股利收入和支出,有利于吸引那些打算进行长期投资并对股利有很高依赖性的股东。

(3) 固定或稳定增长的股利政策可能会不符合剩余股利理论,但考虑到股票市场会受多种因素影响(包括股东的心理状态和其他要求),为了将股利或股利增长率维持在稳定的水平上,即使推迟某些投资方案或暂时偏离目标资本结构,也可能比降低股利或股利增长率更为有利。

固定或稳定增长股利政策的缺点:股利的支付与企业的盈利相脱节,即不论公司盈利多少,均要支付固定的或按固定比率增长的股利,这可能会导致企业资金紧缺,财务状况恶化。此外,在企业无利可分的情况下,若依然实施固定或稳定增长的股利政策,是违反《公司法》的行为。

因此,采用固定或稳定增长的股利政策,要求公司对未来的盈利和支付能力作出准确的判断。一般来说,公司确定的固定股利额不宜太高,以免陷入无力支付的被动局面。固定或稳定增长的股利政策通常适用于经营比较稳定或正处于成长期的企业,但很难被长期采用。

(三) 固定股利支付率政策

固定股利支付率政策,是指公司将每年净利润的某一固定百分比作为股利分派给股东。这一百分比通常称为股利支付率,股利支付率一经确定,一般不得随意变更。在这一股利政策下,只要公司的税后利润一经计算确定,所派发的股利也就相应确定了。固定股利支付率越高,公司留存的净利润越少。

固定股利支付率政策的优点:

(1) 采用固定股利支付率政策,股利与公司盈余紧密地配合,体现了"多盈多分、少盈少分、无盈不分"的股利分配原则。

(2) 由于公司的获利能力在年度间是经常变动的,每年的股利也应当随着公司收益的变动而变动。采用固定股利支付率政策,公司每年按固定的比例从税后利润中支付现金股利,从企业支付能力的角度看,这是一种稳定的股利政策。

固定股利支付率政策的缺点:

(1) 大多数公司每年的收益很难保持稳定不变,导致年度间的股利额波动较大,由于股利的信号传递作用,波动的股利很容易给投资者带来经营状况不稳定、投资风险较大的不良印象,成为影响股价的不利因素。

(2) 容易使公司面临较大的财务压力。这是因为公司实现的盈利多,并不能代表公司有足够的现金流用来支付较多的股利额。

(3) 合适的固定股利支付率的确定难度比较大。

由于公司每年面临的投资机会、筹资渠道都不同,而这些都可以影响公司的股利分配,所以,一成不变地奉行固定股利支付率政策的公司在实际中并不多见,固定股利支付率政策较适用于那些处于稳定发展且财务状况也较稳定的公司。

(四) 低正常股利加额外股利政策

低正常股利加额外股利政策,是指公司事先设定一个较低的正常股利额,每年除了按正常股利额向股东发放股利外,还在公司盈余较多、资金较为充裕的年份向股东发放额外股利。但是,额外股利并不固定化,不意味着公司永久地提高了股利支付额。

低正常股利加额外股利政策的优点:

(1) 赋予公司较大的灵活性,使公司在股利发放上留有余地,并具有较大的财务弹性。公司可根据每年的具体情况,选择不同的股利发放水平,以稳定和提高股价,进而实现公司价值的最大化。

(2) 使那些依靠股利度日的股东每年至少可以得到虽然较低但比较稳定的股利收入,从而吸引住这部分股东。

低正常股利加额外股利政策的缺点:

(1) 由于各年度之间公司盈利的波动使得额外股利不断变化,造成分配的股利不同,容易给投资者造成收益不稳定的感觉。

(2) 当公司在较长时间持续发放额外股利后,可能会被股东误认为"正常股利",一旦取消,传递出的信号可能会使股东认为这是公司财务状况恶化的表现,进而导致股价下跌。

相对来说,对那些盈利随着经济周期而波动较大的公司或者盈利与现金流量很不稳定时,低正常股利加额外股利政策也许是一种不错的选择。

以上所述的是企业在实际经济生活中常用的股利政策,各政策各有所长,公司在分配股利时应借鉴其基本决策思想,结合企业实际情况,选择适宜的股利分配政策。

寓德于技

金股:佛山照明——现金奶牛

近年来,上市公司股利政策已成为我国资本市场的焦点问题之一,受到证券投资者的极大关注。上市公司高溢价发行,而在上市后少分红甚至长期(诸如十几年)不分红的现象已成为资本市场的痼疾,影响并打击了A股投资者对市场的预期与机构投资者长期持有股票的信心。当前,分红与否被认为是上市公司是否尊重投资者的重要市场诚信标志。而在股利政策的分红方式中,相对于股票股利(送股),能够真金白银对投资者进行现金分红是检验上市公司勤勉尽职、真心回报股东的"试金石"。在普遍不分红、少分红的市场背景下,佛山照明公司长期坚持以真金白银的现金分红方式大比例分红,成为我国资本市场的一大亮点。佛山照明公司上市以来年年连续分红,创造了我国股票市场长期、持续分红的一个新历史记录,是沪深两市唯一一家现金分红超过股票融资的公司,被誉为"现金奶牛"。佛山照明长期高额派现所形成的"佛山照明现象"引起金融界人士的极大关注。多数投资者认为,该公司年均红利支付率高达60%~80%,使一些稳健的投资者获利颇多,投资者通过现金分红可以稳定地获取长期远高于银行定期储蓄的收益率,这是中国资本市场价值投资的典型体现。不少投资者评选该公司为中国最诚信上市公司,为A股的典范。

资料来源:新浪财经 佛山照明:现金奶牛逆势发光 http://finance.sina.com.cn/stock/e/20080123/22584444225.shtml 资料有删减。

企业在制定股利政策时,要确保股东权益,增强股东的归属感,每年为股东提供稳健的现金红利,保证股东的实际利益和公司的可持续发展。同时,我们要辩证、全面地看待企业分配股利的问题。现金分红低的公司就一定不是好公司吗？并非如此。现金分红高的公司就一定是好公司吗？也不尽然。社会经济中需要不同行业、不同规模、不同阶段的各类企业，既需要成熟稳定企业，也需要科技创新企业，企业不分优劣，利润分配只要做到依法合规，同样不分优劣。

任务指导

不同股利政策下股利发放现金股利的金额不同，其计算方法如下：

一、剩余股利政策

剩余股利政策下发放现金股利额可采用下列思路：

(1) 按照目标资本结构的要求，计算公司预计资金需求中所需的权益资本数额。

(2) 当期可用于分配的利润除了满足上述资金需求所需的权益资本数额外，如果还有剩余，剩余金额就是可用于发放股利额。

二、固定或稳定增长的股利政策

固定或稳定增长的股利政策下发放现金股利可按下列公式计算：

固定股利政策下本年度应分配的现金股利＝上年度分配的现金股利

稳定增长的股利政策下本年度应分配的现金股利＝上年度分配的现金股利×(1＋增长率)

三、固定股利支付率政策

固定股利支付率政策下发放现金股利可按下列公式计算：

固定股利支付率政策下本年度应分配的现金股利＝本年净利润×股利支付率

四、低正常股利加额外股利政策

低正常股利加额外股利政策下股利金额可以用以下公式计算：

$$Y = a + bX$$

式中，Y 表示每股股利，X 表示每股收益，a 表示每股低正常股利，b 表示额外股利支付比率。

任务实施

(1) 按照目标资本结构的要求，公司投资方案所需的权益资本数额为 600 万元 (1 000×60%)，公司 2022 年全部可用于分派的盈利为 1 900 万元，除了满足上述投资方案所需的权益资本数额外，还有剩余可用于发放股利。公司执行剩余股利政策，2022 年可以发放的股利额＝1 900－600＝1 300(万元)。

(2) 公司执行固定股利政策，2022 年度应分配的现金股利＝2021 年度分配的现金股利＝750(万元)。

(3) 公司执行固定股利增长率政策，2022 年度该公司应分配的现金股利＝750×(1＋

5%)＝787.5(万元)。

(4) 公司执行固定股利支付率政策,2022年度应分配的现金股利＝1 900×30%＝570(万元)。

(5) 公司实行低正常股利加额外股利政策,2022年度应分配的现金股利＝200＋(1 900－1 400)×10%＝250(万元)。

悠扬公司目前处于稳定发展阶段,且财务状况也比较稳定,公司股东希望贯彻"多盈多分、少盈少分、无盈不分"的原则,故公司选择固定股利支付率政策较合适。

同步训练

达达公司2021年提取盈余公积后的净利润为800万元,2021年支付股利320万元。达达公司2023年投资计划所需资金700万元,目标资本结构为自有资金占比60%,借入资金占比40%。

要求:

(1) 若达达公司实行剩余股利政策,2022年净利润与2021年净利润相同,则该公司2022年可向投资者发放多少股利?

(2) 若达达公司实行稳定增长的股利政策,2022年股利比2021年股利增长5%,则该公司2022年向投资者支付的股利为多少?

(3) 若达达公司实行固定股利支付率政策,每年按40%的比例分配股利,2022年净利润比2021年净利润净增长5%,则该公司2022年应向投资者分配的股利为多少?

(4) 若达达公司实行低正常股利加额外股利政策,低正常股利150万元,以增长的净利润的10%作为额外股利,2022年净利润增长5%,则该公司2022年应向投资者支付的股利为多少?

任务二 确定股利支付形式

 任务要求

悠扬公司自2004年上市以来,每年都派发股利,目前情况如下:公司处于发展成熟阶段,有足够的盈余能够满足再投资的资金需求,并有足够的现金用于支付股利,公司股东认为股利具有信号传递作用,即可以通过股利政策向市场传递有关公司未来盈利能力的信息,而且股东希望发放股利后能保持每股收益和公司股价稳定。请根据悠扬公司的情况帮助其确定合理的股利支付形式。

 知识准备

股份有限公司支付股利的形式有现金股利、财产股利、负债股利和股票股利四种。在实务中,运用得最广泛的主要支付方式是现金股利和股票股利两种。

一、现金股利

现金股利是指股份公司以现金的形式发放给股东的股利,它是股利支付最常见的方式。发放现金股利的多少主要取决于公司的股利政策和经营业绩。公司采用现金股利形式时,必须具备两个基本条件:第一,公司要有足够的未指明用途的留存收益(未分配利润);第二,公司要有足够的现金。公司支付现金股利除了要有累计盈余(特殊情况下可用弥补亏损后的盈余公积金支付)外,还要有足够的现金,因此公司在支付现金股利前需筹备充足的现金。

二、财产股利

财产股利是以现金以外的资产支付给股东的股利,主要包括产品、商品,但更多的是金融性资产(公司拥有的政府债券、其他公司的债券和股票)。财产股利可解决公司支付股利与现金不足的矛盾。因用于分派股利的有价证券流通性强,易于变现,能被大多数股东所接受。

三、负债股利

负债股利是以应付票据、应付债券等负债向股东发放的股利。负债股利适用于那些有盈利但现金不足的公司,但实际上公司只有在万不得已的情况下才采用这种方式。

财产股利和负债股利这两种股利方式实际上都是现金股利的替代方式,目前在我国公司实务中很少使用,但并非法律所禁止。

四、股票股利

(一)股票股利的含义及发放股票股利对企业的影响

股票股利是公司以增发的股票作为股利的支付方式,我国实务中通常也称其为"红股"。股票股利并不直接增加股东的财富,不会导致公司资产的流出或负债的增加,因而不是公司资金的使用,同时也并不因此而增加公司的财产,但会引起股东权益各项目的结构发生变化。发放股票股利会减少未分配利润项目的金额而增加公司的股本额,同时还会引起资本公积的增减变化,而股东权益总额并不改变。

为了很好地理解发放股票股利对企业的影响,我们需要引入一个案例。

某公司宣布发放10%的股票股利,并规定股东每10股可得1股股票,股票面额1元,市价20元,发放股票股利前,公司资产负债表上的股东权益情况如表7-1所示,试列出股票股利发放后资产负债表中股东权益的变化。

表7-1 某公司发放股票股利前的股东权益 单位:元

项目	金额
普通股(面值1元,发行在外100 000股)	100 000
资本公积	200 000
未分配利润	1 000 000
股东权益合计	1 300 000

增发10%的股票股利,即增加发行普通股10 000股(100 000×10%),随着股票股利的发放,需从"未分配利润"项目中划转出资金200 000元(10 000×20)。

由于股票面额为1元,增发10 000股,普通股只能增加"普通股"项目1万元,其余19万元,应作为股票溢价转至"资本公积"项目,相应地,未分配利润账户要减少20万元,所以股东权益总额保持不变,股票股利发放后的资产负债表中股东权益各项目如表7-2所示。

表7-2 某公司发放股票股利后的股东权益 单位:元

项目	金额
普通股(面值1元,发行在外110 000股)	110 000
资本公积	390 000
未分配利润	800 000
股东权益合计	1 300 000

可见,发放股票股利,不会对股东权益总额产生影响,但会发生资金在各股东权益项目之间的再分配。而且发放股票股利会因普通股股数的增加而引起每股利润的下降,每股市价有可能因此而下跌,但发放股票股利后股东所持股份比例并未改变,所以每位股东所持股票的市场价值总额仍能保持不变。

(二) 发放股票股利的优点

发放股票股利虽不直接增加股东的财富,也不增加公司的价值,但对股东和公司都有特殊意义。

对股东来讲,股票股利的优点主要有:

(1) 派发股票股利后,理论上每股市价会呈反比例下降,但实务中,这并非必然结果。因为市场和投资者普遍认为,发放股票股利往往预示着公司会有较大的发展和成长,这样的信息传递会稳定股价或使股价下降比例减小甚至不降反升,股东便可获得股票价值相对上升的好处。

(2) 由于股利收入和资本利得税率的差异,如果把股票股利出售,还会给股东带来资本利得纳税上的好处。

对公司来讲,股票股利的优点主要有:

(1) 发放股票股利不需要向股东支付现金,在再投资机会较多的情况下,公司就可以为再投资提供成本较低的资金,从而有利于公司的发展。

(2) 发放股票股利可以降低公司股票的市场价格,既有利于促进股票的交易和流通,又有利于吸引更多的投资者成为公司股东,进而使股权更为分散,有效地防止公司被恶意控制。

(3) 股票股利的发放可以传递公司未来发展前景良好的信息,从而增强投资者的信心,在一定程度上稳定股票价格。

任务指导

在实务中,公司股利支付方式主要是现金股利和股票股利两种。公司发放现金股利时,必须具备两个基本条件:第一,公司要有足够的未指明用途的留存收益(未分配利润);第二,公司要有足够的现金。发放股票股利,不会对股东权益总额产生影响,但会发生资金在各股东权益项目之间的再分配,而且会因普通股股数的增加而引起每股利润的下降,每股市价有可能因此而下跌。如果企业满足现金股利支付的条件,可以选择现金股利。

任务实施

考虑到目前悠扬公司的情况,公司目前有未分配利润以及足够的现金支付股利,而且股东希望发放股利后能保持每股收益和公司股价稳定,结合上述现金股利和股票股利的特点,悠扬公司应选择发放现金股利。

任务三　确定股利支付程序

任务要求

悠扬公司于2023年4月10日公布2022年度的最后分红方案,其公告如下:"2023年4月9日召开的股东大会,通过了董事会关于每股分派0.15元的2022年股息分配方案。股权登记日为4月25日,除息日为4月26日,股东可在5月10日至25日之间通过深圳证券交易所按交易方式领取股息。特此公告。"根据公告内容确定悠扬公司此次支付股利的股利宣告日、股权登记日、除息日与股利支付日。

任务指导

公司股利的发放必须遵守相关的要求,按照日程安排来进行。一般情况下,先由董事会提出分配预案,然后提交股东大会决议,股东大会决议通过才能进行分配。股东大会决议通过分配预案后,要向股东宣布发放股利的方案,并确定股利宣告日、股权登记日、除息日和股利发放日。

一、股利宣告日

股利宣告日是指股东大会决议通过并由董事会将股利支付情况予以公告的日期。公告中将宣布每股应支付的股利、股权登记日、除息日和股利支付日。

二、股权登记日

股权登记日是指有权领取本期股利的股东资格登记截止日期。凡是在此指定日期收盘之前取得公司股票,成为公司在册股东的投资者都可以作为股东享受公司本期分派的股利。在这一天之后取得股票的股东则无权领取本次分派的股利。

三、除息日

除息日是指领取股利的权利与股票分离的日期。在除息日之前购买股票的股东才能领取本次股利,而在除息日当天或是以后购买股票的股东,则不能领取本次股利。由于失去了"收息"的权利,除息日的股票价格会下跌。除息日是股权登记的下一个交易日。

四、股利发放日

股利发放日是指公司按照公布的分红方案向股权登记日在册的股东实际支付股利的日期。

任务实施

悠扬公司股利宣告日为2023年4月10日;股权登记日为2023年4月25日;除息日为2023年4月26日;股利支付日为2023年5月10日至5月25日。

同步训练

洁雅公司于 2022 年 5 月 24 日发布《洁雅公司 2021 年度利润分配方案实施公告》称，本公司 2021 年度利润分配方案已经于 2022 年 5 月 10 日召开的股东大会审议并通过。2022 年 5 月 31 日，洁雅公司对股东名册中登记在册的股东进行 2021 年度利润分配。按每股派送现金股利人民币 100 元（含税）的比例进行分红，2022 年 7 月 30 日向符合条件的股东派发 2021 年度现金股利。

要求：根据以上内容确定该公司此次支付股利的股利宣告日、股权登记日、除息日与股利支付日。

 任务拓展

小组任务：5~6 人一组，分别从网上或实地调查两家企业不同类型的股利分配政策资料，并对不同的股利政策进行对比分析。

项目练习

一、单项选择题

1. 最常见、也是最易被投资者接受的股利支付方式为（　　）。
   A. 现金股利　　B. 股票股利　　C. 财产股利　　D. 负债股利

2. 下列各项股利分配政策中,能保持股利与利润间的一定比例关系,体现风险投资与风险收益的对象关系的是（　　）。
   A. 剩余股利政策　　　　　　　B. 固定股利政策
   C. 固定股利支付率政策　　　　D. 低正常股利加额外股利政策

3. 公司采取剩余股利政策分配利润的根本理由在于（　　）。
   A. 降低综合资本成本　　　　　B. 使公司的利润分配具有较大的灵活性
   C. 稳定对股东的利润分配额　　D. 使对股东的利润分配与公司的盈余紧密配合

4. 从股东自身需求出发,制定股利分配政策时应该考虑的因素是（　　）。
   A. 资本保全　　　　　　　　　B. 盈余的稳定性
   C. 资本成本　　　　　　　　　D. 控制权的稀释

5. 下列项目中,属于利润分配中优先的是（　　）。
   A. 法定盈余公积　　　　　　　B. 普通股股利
   C. 优先股股利　　　　　　　　D. 任意盈余公积

6. 一般而言,适用于采用固定或稳定增长的股利政策的公司是（　　）。
   A. 负债率较高的公司　　　　　B. 盈利稳定或处于成长期的公司
   C. 盈利波动较大的公司　　　　D. 盈利较高但投资机会较多的公司

二、多项选择题

1. 在下列收益分配政策中,企业普遍采用、并为广大投资者所认可的基本政策有（　　）。
   A. 剩余股利政策　　　　　　　B. 固定股利政策
   C. 固定股利比例政策　　　　　D. 正常股利加额外股利政策

2. 采用固定股利政策的理由包括（　　）。
   A. 有利于投资者安排收入与支出　　B. 有利于公司树立良好的形象
   C. 有利于稳定股票价格　　　　　　D. 有利于保持理想的资金结构

3. 下列项目中,不能用于支付股利的有（　　）。
   A. 原始投资　　B. 资本公积　　C. 股本　　D. 上年未分配利润

4. 发放股票股利会产生的影响有（　　）。
   A. 引起公司资产的流出　　　　B. 引起股东权益各项目的比例发生变化
   C. 引起股东权益总额发生变化　D. 引起每股利润下降

5. 影响收益分配政策的公司因素包括（　　）。

A. 公司举债能力　　　　　　B. 未来投资机会
C. 资产流动状况　　　　　　D. 筹资成本

三、判断题

1. 股东为防止控制权稀释,往往希望公司提高股利支付率。（ ）
2. 较多地支付现金股利,会增加现金流出量。（ ）
3. 与其他收益分配政策相比,采用剩余政策的优点是有利于保持理想的资本结构,降低企业的综合资金成本。（ ）
4. 企业以前年度未分配的利润,不得并入本年度的利润内向投资者分配,以免企业过度分利。（ ）
5. 在除息日前,股利权从属于股票;从除息日开始,股利权与股票相分离。（ ）
6. 采用现金股利形式的企业必须具备两个条件：一是企业要有足够的现金,二是企业要有足够的未指明用途的留存收益。（ ）
7. 发放股票股利会引起每股利润的下降,每股市价也有可能下跌,因而每位股东所持股票的市场总价值也将下降。（ ）
8. 股利发放日是公司董事会公开宣布发放股利之日。（ ）

【课赛融通项目训练】

业务资料：

泰科公司是一家高科技上市公司,流通在外普通股加权平均股数 2 000 万股,2021 年净利润 5 000 万元。为回馈投资者,泰科公司董事会正在讨论相关分配方案,资料如下：

方案一：现金股利 1 500 万元。2022 年只投资一个新项目,总投资额 8 000 万元。

方案二：每 10 股发放现金股利 6 元。

方案三：每 10 股发放股票股利 10 股。

要求：

1. 计算 2021 年净利润的股利支付率

根据前述业务资料,如果采用方案一：泰科公司采用固定股利政策,计算 2021 年净利润的现金股利额和股利支付率。如果泰科公司采用剩余股利政策,目标资本结构是负债/权益等于 2/3,计算 2021 年净利润的现金股利额和股利支付率,并将计算结果填入表 7-3 中。

表 7-3　方案一不同股利政策的股利支付率

项目	发放现金股利额	股利支付率
固定股利政策		
剩余股利政策		

注意：题目没有给出的信息填 0,计算过程及结果均保留 2 位小数,利率填写百分数,百分号前的数值保留 2 位小数。

2. 计算泰科公司每股收益、每股股利及股利总额

如果采用方案二,计算泰科公司每股收益、每股股利及股利总额,并将计算结果填入表 7-4 中。

表 7-4　方案二每股收益、每股股利、股利总额

项目	单位	数值
每股收益	元	
每股股利	元	
股利总额	万元	

注意:题目没有给出的信息填 0,计算过程及结果均保留 2 位小数,利率填写百分数,百分号前的数值保留 2 位小数。

3. 计算发放股票股利后泰科公司每股收益

如果采用方案三,计算发放股票股利后泰科公司每股收益,并将计算结果填入表 7-5 中。

表 7-5　方案三每股收益

项目	单位	数值
每股收益	元	

注意:题目没有给出的信息填 0,计算过程及结果均保留 2 位小数,利率填写百分数,百分号前的数值保留 2 位小数。

4. 判断相关表述是否正确

判断相关表述是否正确,在表 7-6 中进行选择。

表 7-6　判断分析表

项目	选择
(1) 发放股票股利会导致股东权益总额和内部结构变化	
(2) 如果发放股票股利后股票的市盈率增加,则原股东所持股票的市场价值增加	
(3) 发放股票股利会导致股价下降,因此股票股利会使股票总市场价值下降	
(4) 发放股票股利使得每股收益下降	

说明:

计算结果为利率的填写百分数,百分号前的数值保留 2 位小数;计算结果为金额的保留 2 位小数。

附 录

计算公式：$(1+i)^n$

复利终值系数表(1)

期数	1%	2%	3%	4%	5%	6%	7%	8%	9%	10%	12%
1	1.0100	1.0200	1.0300	1.0400	1.0500	1.0600	1.0700	1.0800	1.0900	1.1000	1.1200
2	1.0201	1.0404	1.0609	1.0816	1.1025	1.1236	1.1449	1.1664	1.1881	1.2100	1.2544
3	1.0303	1.0612	1.0927	1.1249	1.1576	1.1910	1.2250	1.2597	1.2950	1.3310	1.4049
4	1.0406	1.0824	1.1255	1.1699	1.2155	1.2625	1.3108	1.3605	1.4116	1.4641	1.5735
5	1.0510	1.1041	1.1593	1.2167	1.2763	1.3382	1.4026	1.4693	1.5386	1.6105	1.7623
6	1.0615	1.1262	1.1941	1.2653	1.3401	1.4185	1.5007	1.5869	1.6771	1.7716	1.9738
7	1.0721	1.1487	1.2299	1.3159	1.4071	1.5036	1.6058	1.7138	1.8280	1.9487	2.2107
8	1.0829	1.1717	1.2668	1.3686	1.4775	1.5938	1.7182	1.8509	1.9926	2.1436	2.4760
9	1.0937	1.1951	1.3048	1.4233	1.5513	1.6895	1.8385	1.9990	2.1719	2.3579	2.7731
10	1.1046	1.2190	1.3439	1.4802	1.6289	1.7908	1.9672	2.1589	2.3674	2.5937	3.1058
11	1.1157	1.2434	1.3842	1.5395	1.7103	1.8983	2.1049	2.3316	2.5804	2.8531	3.4786
12	1.1268	1.2682	1.4258	1.6010	1.7959	2.0122	2.2522	2.5182	2.8127	3.1384	3.8960
13	1.1381	1.2936	1.4685	1.6651	1.8856	2.1329	2.4098	2.7196	3.0658	3.4523	4.3635
14	1.1495	1.3195	1.5126	1.7317	1.9799	2.2609	2.5785	2.9372	3.3417	3.7975	4.8871
15	1.1610	1.3459	1.5580	1.8009	2.0789	2.3966	2.7590	3.1722	3.6425	4.1772	5.4736
16	1.1726	1.3728	1.6047	1.8730	2.1829	2.5404	2.9522	3.4259	3.9703	4.5950	6.1304
17	1.1843	1.4002	1.6528	1.9479	2.2920	2.6928	3.1588	3.7000	4.3276	5.0545	6.8660
18	1.1961	1.4282	1.7024	2.0258	2.4066	2.8543	3.3799	3.9960	4.7171	5.5599	7.6900
19	1.2081	1.4568	1.7535	2.1068	2.5270	3.0256	3.6165	4.3157	5.1417	6.1159	8.6128
20	1.2202	1.4859	1.8061	2.1911	2.6533	3.2071	3.8697	4.6610	5.6044	6.7275	9.6463
21	1.2324	1.5157	1.8603	2.2788	2.7860	3.3996	4.1406	5.0338	6.1088	7.4002	10.8038
22	1.2447	1.5460	1.9161	2.3699	2.9253	3.6035	4.4304	5.4365	6.6586	8.1403	12.1003
23	1.2572	1.5769	1.9736	2.4647	3.0715	3.8197	4.7405	5.8715	7.2579	8.9543	13.5523
24	1.2697	1.6084	2.0328	2.5633	3.2251	4.0489	5.0724	6.3412	7.9111	9.8497	15.1786
25	1.2824	1.6406	2.0938	2.6658	3.3864	4.2919	5.4274	6.8485	8.6231	10.8347	17.0001
26	1.2953	1.6734	2.1566	2.7725	3.5557	4.5494	5.8074	7.3964	9.3992	11.9182	19.0401
27	1.3082	1.7069	2.2213	2.8834	3.7335	4.8223	6.2139	7.9881	10.2451	13.1100	21.3249
28	1.3213	1.7410	2.2879	2.9987	3.9201	5.1117	6.6488	8.6271	11.1671	14.4210	23.8839
29	1.3345	1.7758	2.3566	3.1187	4.1161	5.4184	7.1143	9.3173	12.1722	15.8631	26.7499
30	1.3478	1.8114	2.4273	3.2434	4.3219	5.7435	7.6123	10.0627	13.2677	17.4494	29.9599

计算公式：$(1+i)^n$

复利终值系数表(2)

期数	14%	15%	16%	18%	20%	22%	24%	26%	28%	30%
1	1.1400	1.1500	1.1600	1.1800	1.2000	1.2200	1.2400	1.2600	1.2800	1.3000
2	1.2996	1.3225	1.3456	1.3924	1.4400	1.4884	1.5376	1.5876	1.6384	1.6900
3	1.4815	1.5209	1.5609	1.6430	1.7280	1.8158	1.9066	2.0004	2.0972	2.1970
4	1.6890	1.7490	1.8106	1.9388	2.0736	2.2153	2.3642	2.5205	2.6844	2.8561
5	1.9254	2.0114	2.1003	2.2878	2.4883	2.7027	2.9316	3.1758	3.4360	3.7129
6	2.1950	2.3131	2.4364	2.6996	2.9860	3.2973	3.6352	4.0015	4.3980	4.8268
7	2.5023	2.6600	2.8262	3.1855	3.5832	4.0227	4.5077	5.0419	5.6295	6.2749
8	2.8526	3.0590	3.2784	3.7589	4.2998	4.9077	5.5895	6.3528	7.2058	8.1573
9	3.2519	3.5179	3.8030	4.4355	5.1598	5.9874	6.9310	8.0045	9.2234	10.6045
10	3.7072	4.0456	4.4114	5.2338	6.1917	7.3046	8.5944	10.0857	11.8059	13.7858
11	4.2262	4.6524	5.1173	6.1759	7.4301	8.9117	10.6571	12.7080	15.1116	17.9216
12	4.8179	5.3503	5.9360	7.2876	8.9161	10.8722	13.2148	16.0120	19.3428	23.2981
13	5.4924	6.1528	6.8858	8.5994	10.6993	13.2641	16.3863	20.1752	24.7588	30.2875
14	6.2613	7.0757	7.9875	10.1472	12.8392	16.1822	20.3191	25.4207	31.6913	39.3738
15	7.1379	8.1371	9.2655	11.9737	15.4070	19.7423	25.1956	32.0301	40.5648	51.1859
16	8.1372	9.3576	10.7480	14.1290	18.4884	24.0856	31.2426	40.3579	51.9230	66.5417
17	9.2765	10.7613	12.4677	16.6722	22.1861	29.3844	38.7408	50.8510	66.4614	86.5042
18	10.5752	12.3755	14.4625	19.6733	26.6233	35.8490	48.0386	64.0722	85.0706	112.4554
19	12.0557	14.2318	16.7765	23.2144	31.9480	43.7358	59.5679	80.7310	108.8904	146.1920
20	13.7435	16.3665	19.4608	27.3930	38.3376	53.3576	73.8641	101.7211	139.3797	190.0496
21	15.6676	18.8215	22.5745	32.3238	46.0051	65.0963	91.5915	128.1685	178.4060	247.0645
22	17.8610	21.6447	26.1864	38.1421	55.2061	79.4175	113.5735	161.4924	228.3596	321.1839
23	20.3616	24.8915	30.3762	45.0076	66.2474	96.8894	140.8312	203.4804	292.3003	417.5391
24	23.2122	28.6252	35.2364	53.1090	79.4968	118.2050	174.6306	256.3853	374.1444	542.8008
25	26.4619	32.9190	40.8742	62.6686	95.3962	144.2101	216.5420	323.0454	478.9049	705.6410
26	30.1666	37.8568	47.4141	73.9490	114.4755	175.9364	268.5121	407.0373	612.9982	917.3333
27	34.3899	43.5353	55.0004	87.2598	137.3706	214.6424	332.9550	512.8670	784.6377	1192.5333
28	39.2045	50.0656	63.8004	102.9666	164.8447	261.8637	412.8642	646.2124	1004.3361	1550.2933
29	44.6931	57.5755	74.0085	121.5005	197.8136	319.4737	511.9518	814.2276	1285.5504	2015.3813
30	50.9502	66.2118	85.8499	143.3706	237.3763	389.7579	634.8199	1025.9267	1645.5046	2619.9956

计算公式：$(1+i)^{-n}$

复利现值系数表(1)

期数	1%	2%	3%	4%	5%	6%	7%	8%	9%	10%	11%	12%	13%
1	0.9901	0.9804	0.9709	0.9615	0.9524	0.9434	0.9346	0.9259	0.9174	0.9091	0.9009	0.8929	0.8850
2	0.9803	0.9612	0.9426	0.9246	0.9070	0.8900	0.8734	0.8573	0.8417	0.8264	0.8116	0.7972	0.7831
3	0.9706	0.9423	0.9151	0.8890	0.8638	0.8396	0.8163	0.7938	0.7722	0.7513	0.7312	0.7118	0.6931
4	0.9610	0.9238	0.8885	0.8548	0.8227	0.7921	0.7629	0.7350	0.7084	0.6830	0.6587	0.6355	0.6133
5	0.9515	0.9057	0.8626	0.8219	0.7835	0.7473	0.7130	0.6806	0.6499	0.6209	0.5935	0.5674	0.5428
6	0.9420	0.8880	0.8375	0.7903	0.7462	0.7050	0.6663	0.6302	0.5963	0.5645	0.5346	0.5066	0.4803
7	0.9327	0.8706	0.8131	0.7599	0.7107	0.6651	0.6227	0.5835	0.5470	0.5132	0.4817	0.4523	0.4251
8	0.9235	0.8535	0.7894	0.7307	0.6768	0.6274	0.5820	0.5403	0.5019	0.4665	0.4339	0.4039	0.3762
9	0.9143	0.8368	0.7664	0.7026	0.6446	0.5919	0.5439	0.5002	0.4604	0.4241	0.3909	0.3606	0.3329
10	0.9053	0.8203	0.7441	0.6756	0.6139	0.5584	0.5083	0.4632	0.4224	0.3855	0.3522	0.3220	0.2946
11	0.8963	0.8043	0.7224	0.6496	0.5847	0.5268	0.4751	0.4289	0.3875	0.3505	0.3173	0.2875	0.2607
12	0.8874	0.7885	0.7014	0.6246	0.5568	0.4970	0.4440	0.3971	0.3555	0.3186	0.2858	0.2567	0.2307
13	0.8787	0.7730	0.6810	0.6006	0.5303	0.4688	0.4150	0.3677	0.3262	0.2897	0.2575	0.2292	0.2042
14	0.8700	0.7579	0.6611	0.5775	0.5051	0.4423	0.3878	0.3405	0.2992	0.2633	0.2320	0.2046	0.1807
15	0.8613	0.7430	0.6419	0.5553	0.4810	0.4173	0.3624	0.3152	0.2745	0.2394	0.2090	0.1827	0.1599
16	0.8528	0.7284	0.6232	0.5339	0.4581	0.3936	0.3387	0.2919	0.2519	0.2176	0.1883	0.1631	0.1415
17	0.8444	0.7142	0.6050	0.5134	0.4363	0.3714	0.3166	0.2703	0.2311	0.1978	0.1696	0.1456	0.1252
18	0.8360	0.7002	0.5874	0.4936	0.4155	0.3503	0.2959	0.2502	0.2120	0.1799	0.1528	0.1300	0.1108
19	0.8277	0.6864	0.5703	0.4746	0.3957	0.3305	0.2765	0.2317	0.1945	0.1635	0.1377	0.1161	0.0981
20	0.8195	0.6730	0.5537	0.4564	0.3769	0.3118	0.2584	0.2145	0.1784	0.1486	0.1240	0.1037	0.0868
21	0.8114	0.6598	0.5375	0.4388	0.3589	0.2942	0.2415	0.1987	0.1637	0.1351	0.1117	0.0926	0.0768
22	0.8034	0.6468	0.5219	0.4220	0.3418	0.2775	0.2257	0.1839	0.1502	0.1228	0.1007	0.0826	0.0680
23	0.7954	0.6342	0.5067	0.4057	0.3256	0.2618	0.2109	0.1703	0.1378	0.1117	0.0907	0.0738	0.0601
24	0.7876	0.6217	0.4919	0.3901	0.3101	0.2470	0.1971	0.1577	0.1264	0.1015	0.0817	0.0659	0.0532
25	0.7798	0.6095	0.4776	0.3751	0.2953	0.2330	0.1842	0.1460	0.1160	0.0923	0.0736	0.0588	0.0471
26	0.7720	0.5976	0.4637	0.3607	0.2812	0.2198	0.1722	0.1352	0.1064	0.0839	0.0663	0.0525	0.0417
27	0.7644	0.5859	0.4502	0.3468	0.2678	0.2074	0.1609	0.1252	0.0976	0.0763	0.0597	0.0469	0.0369
28	0.7568	0.5744	0.4371	0.3335	0.2551	0.1956	0.1504	0.1159	0.0895	0.0693	0.0538	0.0419	0.0326
29	0.7493	0.5631	0.4243	0.3207	0.2429	0.1846	0.1406	0.1073	0.0822	0.0630	0.0485	0.0374	0.0289
30	0.7419	0.5521	0.4120	0.3083	0.2314	0.1741	0.1314	0.0994	0.0754	0.0573	0.0437	0.0334	0.0256

计算公式：$(1+i)^{-n}$

复利现值系数表(2)

期数	14%	15%	16%	18%	20%	22%	24%	25%	26%	28%	30%
1	0.8772	0.8696	0.8621	0.8475	0.8333	0.8197	0.8065	0.8000	0.7937	0.7813	0.7692
2	0.7695	0.7561	0.7432	0.7182	0.6944	0.6719	0.6504	0.6400	0.6299	0.6104	0.5917
3	0.6750	0.6575	0.6407	0.6086	0.5787	0.5507	0.5245	0.5120	0.4999	0.4768	0.4552
4	0.5921	0.5718	0.5523	0.5158	0.4823	0.4514	0.4230	0.4096	0.3968	0.3725	0.3501
5	0.5194	0.4972	0.4761	0.4371	0.4019	0.3700	0.3411	0.3277	0.3149	0.2910	0.2693
6	0.4556	0.4323	0.4104	0.3704	0.3349	0.3033	0.2751	0.2621	0.2499	0.2274	0.2072
7	0.3996	0.3759	0.3538	0.3139	0.2791	0.2486	0.2218	0.2097	0.1983	0.1776	0.1594
8	0.3506	0.3269	0.3050	0.2660	0.2326	0.2038	0.1789	0.1678	0.1574	0.1388	0.1226
9	0.3075	0.2843	0.2630	0.2255	0.1938	0.1670	0.1443	0.1342	0.1249	0.1084	0.0943
10	0.2697	0.2472	0.2267	0.1911	0.1615	0.1369	0.1164	0.1074	0.0992	0.0847	0.0725
11	0.2366	0.2149	0.1954	0.1619	0.1346	0.1122	0.0938	0.0859	0.0787	0.0662	0.0558
12	0.2076	0.1869	0.1685	0.1372	0.1122	0.0920	0.0757	0.0687	0.0625	0.0517	0.0429
13	0.1821	0.1625	0.1452	0.1163	0.0935	0.0754	0.0610	0.0550	0.0496	0.0404	0.0330
14	0.1597	0.1413	0.1252	0.0985	0.0779	0.0618	0.0492	0.0440	0.0393	0.0316	0.0254
15	0.1401	0.1229	0.1079	0.0835	0.0649	0.0507	0.0397	0.0352	0.0312	0.0247	0.0195
16	0.1229	0.1069	0.0930	0.0708	0.0541	0.0415	0.0320	0.0281	0.0248	0.0193	0.0150
17	0.1078	0.0929	0.0802	0.0600	0.0451	0.0340	0.0258	0.0225	0.0197	0.0150	0.0116
18	0.0946	0.0808	0.0691	0.0508	0.0376	0.0279	0.0208	0.0180	0.0156	0.0118	0.0089
19	0.0829	0.0703	0.0596	0.0431	0.0313	0.0229	0.0168	0.0144	0.0124	0.0092	0.0068
20	0.0728	0.0611	0.0514	0.0365	0.0261	0.0187	0.0135	0.0115	0.0098	0.0072	0.0053
21	0.0638	0.0531	0.0443	0.0309	0.0217	0.0154	0.0109	0.0092	0.0078	0.0056	0.0040
22	0.0560	0.0462	0.0382	0.0262	0.0181	0.0126	0.0088	0.0074	0.0062	0.0044	0.0031
23	0.0491	0.0402	0.0329	0.0222	0.0151	0.0103	0.0071	0.0059	0.0049	0.0034	0.0024
24	0.0431	0.0349	0.0284	0.0188	0.0126	0.0085	0.0057	0.0047	0.0039	0.0027	0.0018
25	0.0378	0.0304	0.0245	0.0160	0.0105	0.0069	0.0046	0.0038	0.0031	0.0021	0.0014
26	0.0331	0.0264	0.0211	0.0135	0.0087	0.0057	0.0037	0.0030	0.0025	0.0016	0.0011
27	0.0291	0.0230	0.0182	0.0115	0.0073	0.0047	0.0030	0.0024	0.0019	0.0013	0.0008
28	0.0255	0.0200	0.0157	0.0097	0.0061	0.0038	0.0024	0.0019	0.0015	0.0010	0.0006
29	0.0224	0.0174	0.0135	0.0082	0.0051	0.0031	0.0020	0.0015	0.0012	0.0008	0.0005
30	0.0196	0.0151	0.0116	0.0070	0.0042	0.0026	0.0016	0.0012	0.0010	0.0006	0.0004

计算公式：$\dfrac{(1+i)^n-1}{i}$

年金终值系数表（1）

期数	1%	2%	3%	4%	5%	6%	7%	8%	9%	10%	12%
1	1.0000	1.0000	1.0000	1.0000	1.0000	1.0000	1.0000	1.0000	1.0000	1.0000	1.0000
2	2.0100	2.0200	2.0300	2.0400	2.0500	2.0600	2.0700	2.0800	2.0900	2.1000	2.1200
3	3.0301	3.0604	3.0909	3.1216	3.1525	3.1836	3.2149	3.2464	3.2781	3.3100	3.3744
4	4.0604	4.1216	4.1836	4.2465	4.3101	4.3746	4.4399	4.5061	4.5731	4.6410	4.7793
5	5.1010	5.2040	5.3091	5.4163	5.5256	5.6371	5.7507	5.8666	5.9847	6.1051	6.3528
6	6.1520	6.3081	6.4684	6.6330	6.8019	6.9753	7.1533	7.3359	7.5233	7.7156	8.1152
7	7.2135	7.4343	7.6625	7.8983	8.1420	8.3938	8.6540	8.9228	9.2004	9.4872	10.0890
8	8.2857	8.5830	8.8923	9.2142	9.5491	9.8975	10.2598	10.6366	11.0285	11.4359	12.2997
9	9.3685	9.7546	10.1591	10.5828	11.0266	11.4913	11.9780	12.4876	13.0210	13.5795	14.7757
10	10.4622	10.9497	11.4639	12.0061	12.5779	13.1808	13.8164	14.4866	15.1929	15.9374	17.5487
11	11.5668	12.1687	12.8078	13.4864	14.2068	14.9716	15.7836	16.6455	17.5603	18.5312	20.6546
12	12.6825	13.4121	14.1920	15.0258	15.9171	16.8699	17.8885	18.9771	20.1407	21.3843	24.1331
13	13.8093	14.6803	15.6178	16.6268	17.7130	18.8821	20.1406	21.4953	22.9534	24.5227	28.0291
14	14.9474	15.9739	17.0863	18.2919	19.5986	21.0151	22.5505	24.2149	26.0192	27.9750	32.3926
15	16.0969	17.2934	18.5989	20.0236	21.5786	23.2760	25.1290	27.1521	29.3609	31.7725	37.2790
16	17.2579	18.6393	20.1569	21.8245	23.6575	25.6725	27.8881	30.3243	33.0034	35.9497	42.7533
17	18.4304	20.0121	21.7616	23.6975	25.8404	28.2129	30.8402	33.7502	36.9737	40.5447	48.8837
18	19.6147	21.4123	23.4144	25.6454	28.1324	30.9057	33.9990	37.4502	41.3013	45.5992	55.7497
19	20.8109	22.8406	25.1169	27.6712	30.5390	33.7600	37.3790	41.4463	46.0185	51.1591	63.4397
20	22.0190	24.2974	26.8704	29.7781	33.0660	36.7856	40.9955	45.7620	51.1601	57.2750	72.0524
21	23.2392	25.7833	28.6765	31.9692	35.7193	39.9927	44.8652	50.4229	56.7645	64.0025	81.6987
22	24.4716	27.2990	30.5368	34.2480	38.5052	43.3923	49.0057	55.4568	62.8733	71.4027	92.5026
23	25.7163	28.8450	32.4529	36.6179	41.4305	46.9958	53.4361	60.8933	69.5319	79.5430	104.6029
24	26.9735	30.4219	34.4265	39.0826	44.5020	50.8156	58.1767	66.7648	76.7898	88.4973	118.1552
25	28.2432	32.0303	36.4593	41.6459	47.7271	54.8645	63.2490	73.1059	84.7009	98.3471	133.3339
26	29.5256	33.6709	38.5530	44.3117	51.1135	59.1564	68.6765	79.9544	93.3240	109.1818	150.3339
27	30.8209	35.3443	40.7096	47.0842	54.6691	63.7058	74.4838	87.3508	102.7231	121.0999	169.3740
28	32.1291	37.0512	42.9309	49.9676	58.4026	68.5281	80.6977	95.3388	112.9682	134.2099	190.6989
29	33.4504	38.7922	45.2189	52.9663	62.3227	73.6398	87.3465	103.9659	124.1354	148.6309	214.5828
30	34.7849	40.5681	47.5754	56.0849	66.4388	79.0582	94.4608	113.2832	136.3075	164.4940	241.3327

计算公式：$\dfrac{(1+i)^n - 1}{i}$

年金终值系数表(2)

期数	14%	15%	16%	18%	20%	22%	24%	26%	28%	30%
1	1.0000	1.0000	1.0000	1.0000	1.0000	1.0000	1.0000	1.0000	1.0000	1.0000
2	2.1400	2.1500	2.1600	2.1800	2.2000	2.2200	2.2400	2.2600	2.2800	2.3000
3	3.4396	3.4725	3.5056	3.5724	3.6400	3.7084	3.7776	3.8476	3.9184	3.9900
4	4.9211	4.9934	5.0665	5.2154	5.3680	5.5242	5.6842	5.8480	6.0156	6.1870
5	6.6101	6.7424	6.8771	7.1542	7.4416	7.7396	8.0484	8.3684	8.6999	9.0431
6	8.5355	8.7537	8.9775	9.4420	9.9299	10.4423	10.9801	11.5442	12.1359	12.7560
7	10.7305	11.0668	11.4139	12.1415	12.9159	13.7396	14.6153	15.5458	16.5339	17.5828
8	13.2328	13.7268	14.2401	15.3270	16.4991	17.7623	19.1229	20.5876	22.1634	23.8577
9	16.0853	16.7858	17.5185	19.0859	20.7989	22.6700	24.7125	26.9404	29.3692	32.0150
10	19.3373	20.3037	21.3215	23.5213	25.9587	28.6574	31.6434	34.9449	38.5926	42.6195
11	23.0445	24.3493	25.7329	28.7551	32.1504	35.9620	40.2379	45.0306	50.3985	56.4053
12	27.2707	29.0017	30.8502	34.9311	39.5805	44.8737	50.8950	57.7386	65.5100	74.3270
13	32.0887	34.3519	36.7862	42.2187	48.4966	55.7459	64.1097	73.7506	84.8529	97.6250
14	37.5811	40.5047	43.6720	50.8180	59.1959	69.0100	80.4961	93.9258	109.6117	127.9125
15	43.8424	47.5804	51.6595	60.9653	72.0351	85.1922	100.8151	119.3465	141.3029	167.2863
16	50.9804	55.7175	60.9250	72.9390	87.4421	104.9345	126.0108	151.3766	181.8677	218.4722
17	59.1176	65.0751	71.6730	87.0680	105.9306	129.0201	157.2534	191.7345	233.7907	285.0139
18	68.3941	75.8364	84.1407	103.7403	128.1167	158.4045	195.9942	242.5855	300.2521	371.5180
19	78.9692	88.2118	98.6032	123.4135	154.7400	194.2535	244.0328	306.6577	385.3227	483.9734
20	91.0249	102.4436	115.3797	146.6280	186.6880	237.9893	303.6006	387.3887	494.2131	630.1655
21	104.7684	108.8101	134.8405	174.0210	225.0256	291.3469	377.4648	489.1098	633.5927	820.2151
22	120.4360	137.6316	157.4150	206.3448	271.0307	356.4432	469.0563	617.2783	811.9981	1067.2796
23	138.2970	159.2764	183.6014	244.4868	326.2369	435.8607	582.6298	778.7701	1040.3583	1388.4635
24	158.6586	184.1678	213.9775	289.4945	392.4842	532.7501	723.4610	982.2511	1332.6586	1806.0026
25	181.8708	212.7930	249.2140	342.6035	471.9811	650.9551	898.0916	1238.6363	1706.8031	2348.8033
26	208.3327	245.7120	290.0883	405.2721	567.3773	795.1653	1114.6338	1561.6818	2185.7079	3054.4443
27	238.4993	283.5688	337.5024	479.2211	681.8528	971.1016	1383.1457	1968.7192	2798.7061	3971.7776
28	272.8892	327.1043	392.5028	566.4809	819.2235	1185.7440	1716.1007	2481.5860	3583.3438	5164.3109
29	312.0937	377.1697	456.3032	669.4475	984.0680	1447.6077	2128.9648	3127.7984	4587.6801	6714.6042
30	356.7868	434.7451	530.3117	790.9480	1181.8816	1767.0813	2640.9164	3942.0265	5873.2306	8729.9855

计算公式：$\frac{1-(1+i)^{-n}}{i}$

年金现值系数表(1)

期数	1%	2%	3%	4%	5%	6%	7%	8%	9%	10%	12%
1	0.9901	0.9804	0.9709	0.9615	0.9524	0.9434	0.9346	0.9259	0.9174	0.9091	0.8929
2	1.9704	1.9416	1.9135	1.8861	1.8594	1.8334	1.8080	1.7833	1.7591	1.7355	1.6901
3	2.9410	2.8839	2.8286	2.7751	2.7232	2.6730	2.6243	2.5771	2.5313	2.4869	2.4018
4	3.9020	3.8077	3.7171	3.6299	3.5460	3.4651	3.3872	3.3121	3.2397	3.1699	3.0373
5	4.8534	4.7135	4.5797	4.4518	4.3295	4.2124	4.1002	3.9927	3.8897	3.7908	3.6048
6	5.7955	5.6014	5.4172	5.2421	5.0757	4.9173	4.7665	4.6229	4.4859	4.3553	4.1114
7	6.7282	6.4720	6.2303	6.0021	5.7864	5.5824	5.3893	5.2064	5.0330	4.8684	4.5638
8	7.6517	7.3255	7.0197	6.7327	6.4632	6.2098	5.9713	5.7466	5.5348	5.3349	4.9676
9	8.5660	8.1622	7.7861	7.4353	7.1078	6.8017	6.5152	6.2469	5.9952	5.7590	5.3282
10	9.4713	8.9826	8.5302	8.1109	7.7217	7.3601	7.0236	6.7101	6.4177	6.1446	5.6502
11	10.3676	9.7868	9.2526	8.7605	8.3064	7.8869	7.4987	7.1390	6.8052	6.4951	5.9377
12	11.2551	10.5753	9.9540	9.3851	8.8633	8.3838	7.9427	7.5361	7.1607	6.8137	6.1944
13	12.1337	11.3484	10.6350	9.9856	9.3936	8.8527	8.3577	7.9038	7.4869	7.1034	6.4235
14	13.0037	12.1062	11.2961	10.5631	9.8986	9.2950	8.7455	8.2442	7.7862	7.3667	6.6282
15	13.8651	12.8493	11.9379	11.1184	10.3797	9.7122	9.1079	8.5595	8.0607	7.6061	6.8109
16	14.7179	13.5777	12.5611	11.6523	10.8378	10.1059	9.4466	8.8514	8.3126	7.8237	6.9740
17	15.5623	14.2919	13.1661	12.1657	11.2741	10.4773	9.7632	9.1216	8.5436	8.0216	7.1196
18	16.3983	14.9920	13.7535	12.6593	11.6896	10.8276	10.0591	9.3719	8.7556	8.2014	7.2497
19	17.2260	15.6785	14.3238	13.1339	12.0853	11.1581	10.3356	9.6036	8.9501	8.3649	7.3658
20	18.0456	16.3514	14.8775	13.5903	12.4622	11.4699	10.5940	9.8181	9.1285	8.5136	7.4694
21	18.8570	17.0112	15.4150	14.0292	12.8212	11.7641	10.8355	10.0168	9.2922	8.6487	7.5620
22	19.6604	17.6580	15.9369	14.4511	13.1630	12.0416	11.0612	10.2007	9.4424	8.7715	7.6446
23	20.4558	18.2922	16.4436	14.8568	13.4886	12.3034	11.2722	10.3711	9.5802	8.8832	7.7184
24	21.2434	18.9139	16.9355	15.2470	13.7986	12.5504	11.4693	10.5288	9.7066	8.9847	7.7843
25	22.0232	19.5235	17.4131	15.6221	14.0939	12.7834	11.6536	10.6748	9.8226	9.0770	7.8431
26	22.7952	20.1210	17.8768	15.9828	14.3752	13.0032	11.8258	10.8100	9.9290	9.1609	7.8957
27	23.5596	20.7069	18.3270	16.3296	14.6430	13.2105	11.9867	10.9352	10.0266	9.2372	7.9426
28	24.3164	21.2813	18.7641	16.6631	14.8981	13.4062	12.1371	11.0511	10.1161	9.3066	7.9844
29	25.0658	21.8444	19.1885	16.9837	15.1411	13.5907	12.2777	11.1584	10.1983	9.3696	8.0218
30	25.8077	22.3965	19.6004	17.2920	15.3725	13.7648	12.4090	11.2578	10.2737	9.4269	8.0552

计算公式：$\frac{1-(1+i)^{-n}}{i}$

年金现值系数表(2)

期数	14%	15%	16%	18%	20%	22%	24%	25%	26%	28%	30%
1	0.8772	0.8696	0.8621	0.8475	0.8333	0.8197	0.8065	0.8000	0.7937	0.7813	0.7692
2	1.6467	1.6257	1.6052	1.5656	1.5278	1.4915	1.4568	1.4400	1.4235	1.3916	1.3609
3	2.3216	2.2832	2.2459	2.1743	2.1065	2.0422	1.9813	1.9520	1.9234	1.8684	1.8161
4	2.9137	2.8550	2.7982	2.6901	2.5887	2.4936	2.4043	2.3616	2.3202	2.2410	2.1662
5	3.4331	3.3522	3.2743	3.1272	2.9906	2.8636	2.7454	2.6893	2.6351	2.5320	2.4356
6	3.8887	3.7845	3.6847	3.4976	3.3255	3.1669	3.0205	2.9514	2.8850	2.7594	2.6427
7	4.2883	4.1604	4.0386	3.8115	3.6046	3.4155	3.2423	3.1611	3.0833	2.9370	2.8021
8	4.6389	4.4873	4.3436	4.0776	3.8372	3.6193	3.4212	3.3289	3.2407	3.0758	2.9247
9	4.9464	4.7716	4.6065	4.3030	4.0310	3.7863	3.5655	3.4631	3.3657	3.1842	3.0190
10	5.2161	5.0188	4.8332	4.4941	4.1925	3.9232	3.6819	3.5705	3.4648	3.2689	3.0915
11	5.4527	5.2337	5.0286	4.6560	4.3271	4.0354	3.7757	3.6564	3.5435	3.3351	3.1473
12	5.6603	5.4206	5.1971	4.7932	4.4392	4.1274	3.8514	3.7251	3.6059	3.3868	3.1903
13	5.8424	5.5831	5.3423	4.9095	4.5327	4.2028	3.9124	3.7801	3.6555	3.4272	3.2233
14	6.0021	5.7245	5.4675	5.0081	4.6106	4.2646	3.9616	3.8241	3.6949	3.4587	3.2487
15	6.1422	5.8474	5.5755	5.0916	4.6755	4.3152	4.0013	3.8593	3.7261	3.4834	3.2682
16	6.2651	5.9542	5.6685	5.1624	4.7296	4.3567	4.0333	3.8874	3.7509	3.5026	3.2832
17	6.3729	6.0472	5.7487	5.2223	4.7746	4.3908	4.0591	3.9099	3.7705	3.5177	3.2948
18	6.4674	6.1280	5.8178	5.2732	4.8122	4.4187	4.0799	3.9279	3.7861	3.5294	3.3037
19	6.5504	6.1982	5.8775	5.3162	4.8435	4.4415	4.0967	3.9424	3.7985	3.5386	3.3105
20	6.6231	6.2593	5.9288	5.3527	4.8696	4.4603	4.1103	3.9539	3.8083	3.5458	3.3158
21	6.6870	6.3125	5.9731	5.3837	4.8913	4.4756	4.1212	3.9631	3.8161	3.5514	3.3198
22	6.7429	6.3587	6.0113	5.4099	4.9094	4.4882	4.1300	3.9705	3.8223	3.5558	3.3230
23	6.7921	6.3988	6.0442	5.4321	4.9245	4.4985	4.1371	3.9764	3.8273	3.5592	3.3254
24	6.8351	6.4338	6.0726	5.4509	4.9371	4.5070	4.1428	3.9811	3.8312	3.5619	3.3272
25	6.8729	6.4641	6.0971	5.4669	4.9476	4.5139	4.1474	3.9849	3.8342	3.5640	3.3286
26	6.9061	6.4906	6.1182	5.4804	4.9563	4.5196	4.1511	3.9879	3.8367	3.5656	3.3297
27	6.9352	6.5135	6.1364	5.4919	4.9636	4.5243	4.1542	3.9903	3.8387	3.5669	3.3305
28	6.9607	6.5335	6.1520	5.5016	4.9697	4.5281	4.1566	3.9923	3.8402	3.5679	3.3312
29	6.9830	6.5509	6.1656	5.5098	4.9747	4.5312	4.1585	3.9938	3.8414	3.5687	3.3317
30	7.0027	6.5660	6.1772	5.5168	4.9789	4.5338	4.1601	3.9950	3.8424	3.5693	3.3321